汽车车身电气设备检修

主　编　孙士成　赵　锦　吕　猛
副主编　张君健　石　磊　仇彦伟
参　编　李　宁　王　丹　王　慧
　　　　纪中敏
主　审　彭德豹

北京理工大学出版社
BEIJING INSTITUTE OF TECHNOLOGY PRESS

内容简介

本教材整合了传统的"汽车电气设备""汽车电气设备拆装""汽车电气设备检修"等课程内容,由绪论、6个项目、15个任务组成。

绪论部分是完成后续学习任务的基础,包括车身电气线路特点、汽车电源系统、车身电路及元器件、常用故障诊断及检修办法等四部分;项目一为汽车照明系统检修,包含了车外、车内照明系统检修两个学习任务;项目二为汽车信号系统检修,包含了转向信号灯、制动信号灯、电喇叭及电路检修三个学习任务;项目三为汽车仪表与报警系统检修,包含了仪表系统、报警装置检修两个学习任务;项目四为汽车车内常见电气设备检修,包含了中控门锁、电动座椅、安全气囊检修三个学习任务;项目五为汽车其他常见电气设备检修,包含了雨刮系统、电动车窗、电动后视镜检修三个学习任务;项目六为汽车空调系统检修,包含了汽车空调系统认知与维护、汽车空调系统检修两个学习任务。

本教材主要适用于开设汽车服务类、汽车制造类相关专业学校。也可作为相关从业人员提升业务水平的参考书和培训教材。

版权专有 侵权必究

图书在版编目(CIP)数据

汽车车身电气设备检修 / 孙士成,赵锦,吕猛主编. -- 北京:北京理工大学出版社,2024.4
ISBN 978-7-5763-3913-0

Ⅰ. ①汽… Ⅱ. ①孙… ②赵… ③吕… Ⅲ. ①汽车 – 电气设备 – 车辆修理 – 中等专业学校 – 教材 Ⅳ. ①U472.41

中国国家版本馆 CIP 数据核字(2024)第 089479 号

责任编辑:陈莉华		文案编辑:李海燕	
责任校对:周瑞红		责任印制:施胜娟	

出版发行 / 北京理工大学出版社有限责任公司
社　　址 / 北京市丰台区四合庄路6号
邮　　编 / 100070
电　　话 /（010）68914026（教材售后服务热线）
　　　　　（010）68944437（课件资源服务热线）
网　　址 / http://www.bitpress.com.cn

版 印 次 / 2024年4月第1版第1次印刷
印　　刷 / 定州市新华印刷有限公司
开　　本 / 889 mm × 1194 mm　1/16
印　　张 / 12.5
字　　数 / 352千字
定　　价 / 98.00元

图书出现印装质量问题,请拨打售后服务热线,负责调换

前言

我们组织行业企业专家、教科研机构研究人员及骨干教师,以国产汽车为主要教学对象,联合开发了本教材。

本教材由传统的"汽车电气设备""汽车电气设备拆装""汽车电气设备检修"等课程内容整合而成,主要体现了以下编写特色:

一、突出立德树人根本任务,融入课程思政内容

为贯彻落实党的二十大精神,教材以立德树人为根本任务,通过深挖教学内容中的思政基因,提炼思政属性,引发、生成中国传统文化、精益求精的工匠精神、爱岗敬业的劳模精神、服务他人的责任意识、锐意创新的价值追求、坚韧不拔的意志品质、无私奉献的职业情怀等方面的思政教育。既将专业素养、职业精神和工匠精神培育等融入人才培养全过程,又增强本书的可读性和趣味性。

二、以"项目—任务"为引领,构建完整课程体系

教材立足教育基本属性,以"项目—任务"为引领,突破传统学科化教材编写模式,通过对典型岗位职业能力分析,提炼工作任务标准和流程,以工作页驱动学生技能训练和知识学习,推动基于"做中学、学中做"的教学方法改革,激发学生学习兴趣,使学生真正获得与实际工作岗位紧密联系的必备知识、关键能力和职业素养。

三、以职业标准和教学标准为基础,重构知识体系

依据职业标准和教学标准,将知识区分为理论知识和实践知识,即"是什么的知识"和"如何做的知识",并以知识准备、技能准备、任务实施的形式予以体现,与多家汽车服务类企业合作,重构了知识体系。突出知识的够用、实用。

四、以学生能力提升为目标

引入行业"新技术、新工艺、新规范、典型生产案例",实现教学体系与社会需求体系的对接。

五、以方便学生学习和教师教学为目的,配备了比较丰富的教学资源

针对车身电路复杂、学生难以理解的情况,将典型的电路原理通过动画视频进行演示,增加了数字化教学资源,方便学生理解,增强学生学习兴趣。每个项目均配置了一定数量的知识与技能题库,方便学生巩固练习使用。每项任务均配备了一定数量的知识与技能视频微

课，便于学生自学、教师讲解；配备了相应的教案，供教师教学参考使用；配备了步骤详细的工作页，便于学生操作练习。

本教材由济南市教育教学研究院孙士成、济南市历城职业中等专业学校赵锦、济南市教育教学研究院吕猛担任主编；济南市工业学校张君健、济南理工学校石磊、莱芜职业中等专业学校仇彦伟担任副主编；济南技师学院李宁，济南理工学校王丹，济南新技术应用学校王慧，济南市济阳职业中等专业学校纪中敏担任参编，济南工程职业技术学院彭德豹担任主审。感谢山东润华汽车集团首席技师李绪升与吉利汽车集团十大工匠徐宝玉对教材项目和任务的提炼与设计。本教材的任务案例由山东顺骋集团、山东润华集团、济南新大友集团的一线维修技术人员收集提供，在编写过程中参阅了一些国内外出版的同类书籍，在此特向有关维修技术人员和作者表示衷心的感谢！

本教材主要适用于开设汽车服务类、汽车制造类相关专业的学校，参考学时数为72学时。本教材也可作为其他相关专业的教材或参考书，还可供相关岗位工程技术人员参考。由于编者水平有限，书中错误、疏漏之处在所难免，敬请使用本书的广大师生和读者批评指正。

编 者

目录

绪　论 ·· 1

项目一　汽车照明系统检修 ···10
任务1　车外照明系统检修 ··10
任务2　车内照明系统检修 ··27

项目二　汽车信号系统检修 ···36
任务1　转向信号灯及电路检修 ···36
任务2　制动信号灯及电路检修 ···47
任务3　电喇叭及电路检修 ··53

项目三　汽车仪表与报警系统检修 ···62
任务1　仪表系统检修 ··62
任务2　报警装置检修 ··74

项目四　汽车车内常见电气设备检修 · 88

　　任务1　中控门锁检修 · 88

　　任务2　电动座椅检修 · 98

　　任务3　安全气囊检修 · 108

项目五　汽车其他常见电气设备检修 · 123

　　任务1　雨刮系统检修 · 123

　　任务2　电动车窗检修 · 136

　　任务3　电动后视镜检修 · 149

项目六　汽车空调系统检修 · 160

　　任务1　汽车空调系统认知与维护 · 160

　　任务2　汽车空调系统检修 · 171

参考文献 · 194

绪 论

一、车身电气线路

汽车的种类很多，各种汽车电气设备的功能和安装位置也各有不同，无论是进口汽车还是国产汽车，大型汽车还是小型汽车，其电气线路的设计通常都遵循以下几个共同特点。

1. 单线并联

单线是指，车身电路中，电源正极与用电设备之间通过导线连接和控制，而用电设备和负极之间的连接导线用车身等金属体替代；并联是指用电设备之间采用并联电路连接。汽车用电设备较多，采用单线并联连接，能确保各支路的电气设备相互独立控制，布线清晰、安装方便、节省导线。

2. 负极搭铁

蓄电池负极与汽车车身、发动机、变速器等金属机件连接，利用汽车的金属机体作为一条公共负极。目前我国生产的燃油汽车均采用负极搭铁的方式。新能源汽车低压电路也是采用负极搭铁的方式。

3. 两个电源

传统燃油汽车有发电机和蓄电池两个电源，发电机是汽车的主要电源，蓄电池作为辅助电源。新能源汽车有动力电池和蓄电池两个电源，动力电池属于高压电源，蓄电池属于低压电源。

4. 低压直流

传统燃油汽车电源采用低压直流供电方式，汽油发动机大都采用 12 V 直流电源供电，柴油发动机大都采用24 V直流电源供电。绝大部分新能源汽车低压电路也采用12 V直流电源供电。

二、汽车电源系统

1. 传统燃油汽车电源系统

电源系统包括蓄电池和发电机。当发电机不工作时，由蓄电池向用电设备供电；当发电机工作，车辆用电负荷较低时，主要由发电机向全车用电设备供电，同时向蓄电池充电；当发电机工作，车辆用电负荷过大时，由发电机和蓄电池共同向用电设备供电。燃油汽车电源系统连接关系简图如图0-1所示。

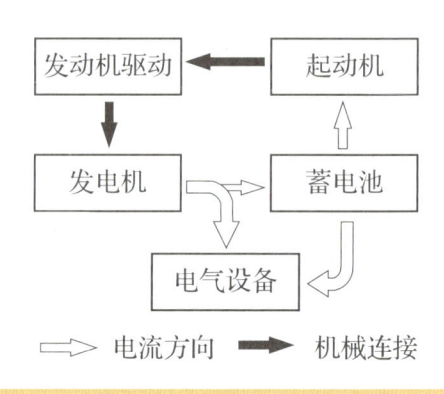

图0-1 燃油汽车电源系统连接关系简图

（1）发电机

传统汽车发电机一般采用三相交流发电机，主要由端盖、风扇、转子、定子、整流器和调节器等组成，如图0-2所示。发电机转子在旋转时会产生三相交流电，通过发电机内的整流器将交流电转变为直流电对外输出。发电机输出的电压由发电机内的调节器进行控制，调节器根据设定值或电脑输入的控制信号，通过调节励磁电流的大小来调节发电机定子绕组的磁场强度，从而调节发电机输出电压，一般为12.0~14.5 V。带有智能控制的发电机，当蓄电池亏电过大时，会在补充充电的初期，将充电电压调节至16 V左右。

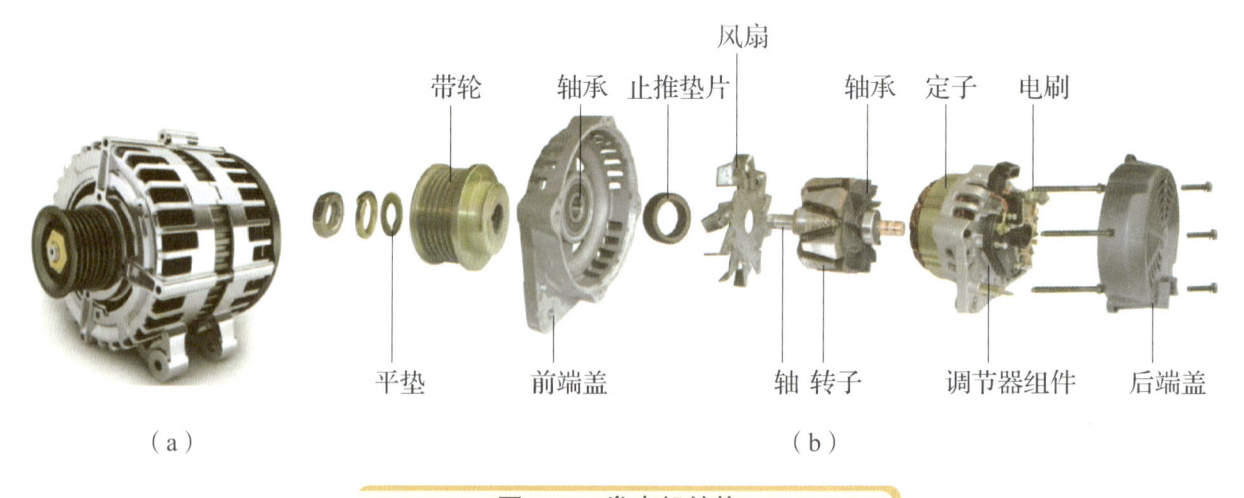

图0-2 发电机结构
（a）交流发电机外观；（b）交流发电机组成

（2）蓄电池

燃油汽车广泛使用免维护铅酸蓄电池，简称铅酸蓄电池，如图0-3所示。作为汽车的辅助电源，其主要作用是在发电机不工作时，向汽车用电设备供电，在发动机起动时能够在短时间向起动机输出大电流，此外蓄电池还有稳定电源系统电压、大负荷时辅助发电机向用电设备供电等功用。

图 0-3 中蓄电池的型号为 6-QW-55，其中 6 表示 6 个单格蓄电池串联，额定电压为 12 V；Q 表示启动型；W 表示免维护；55 表示蓄电池容量为 55 A·h。

图 0-3 免维护铅酸蓄电池实物

2. 电动汽车电源系统

电动汽车电源系统主要包括动力电池、电池管理系统、车载充电机及辅助动力源等，如图 0-4 所示。车辆正常工作时，车身用电设备由蓄电池进行供电，当蓄电池电量低于设定值时，由动力电池向蓄电池进行充电，或通过 DC/DC 变换器将高压电转换为低压直流电向用电设备供电。

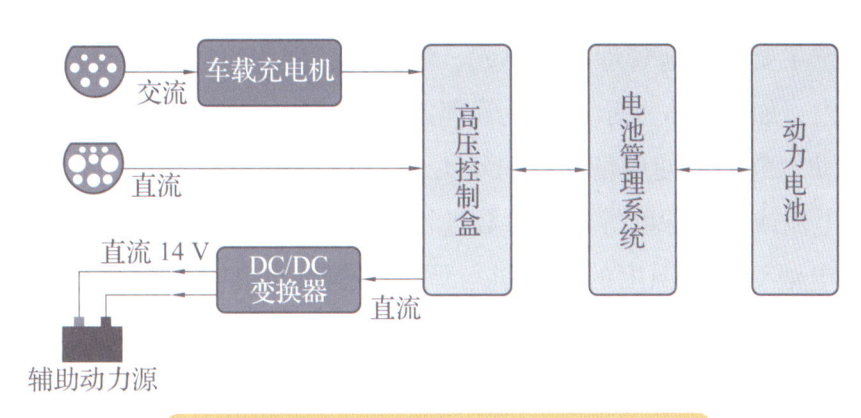

图 0-4 电动汽车电源系统组成示意图

（1）动力电池

动力电池是电动汽车的动力源，是能量的储存装置。目前纯电动汽车广泛使用锂离子电池，其分类如下：

①按照电池的外观形状，分为圆柱形锂离子电池、扁条形锂离子电池和块状锂离子电池，如图 0-5 所示。

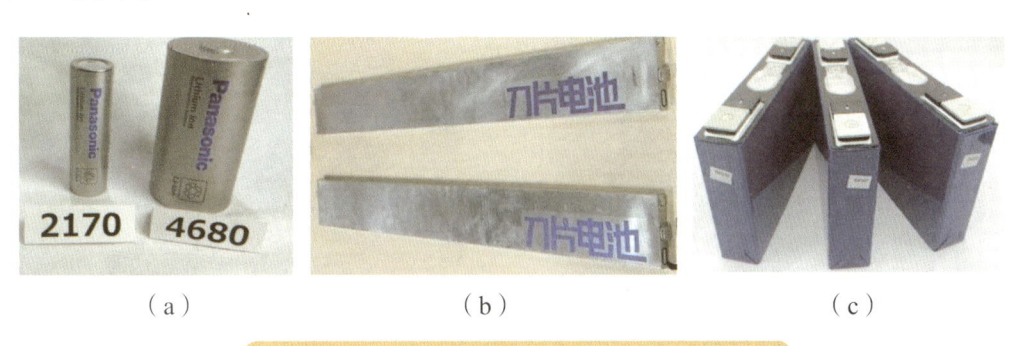

图 0-5 不同外观形状的锂离子电池

（a）圆柱形锂离子电池 （b）扁条形锂离子电池 （c）块状锂离子电池

②按照电解质材料不同，分为聚合物锂离子电池和液体锂离子电池。

③按照锂离子电池正极的材料不同，分为磷酸铁锂蓄电池、钴酸锂电池、锰酸锂电池和三元聚合物锂离子电池等。

四种不同正极材料的锂离子电池性能对比如表0-1所示。

表0-1　四种不同正极材料的锂离子电池性能对比

项目	磷酸铁锂	钴酸锂	锰酸锂	三元聚合物
单位容量/(mA·h·g^{-1})	160~170	140~160	110~120	130~220
放电平台/V	3.2~3.3	3.6~3.7	3.6~3.7	3.7
循环寿命/次	>2 000	>500	>300	>500
工作温度/℃	0~70	0~45	0~45	-20~60
安全性能	优	中	良	良

（2）电池管理系统

电池管理系统主要由电池管理控制单元、温度传感器等组成。电池管理控制单元一般安装在动力电池包内，如图0-6所示。电池管理系统主要作用是：

①实时监控动力电池的使用情况，对动力电池的端电压、内阻、温度、电池剩余电量、放电时间、放电电流或放电深度等状态参数进行监测。

②按照动力电池对环境温度的要求进行调温控制，通过限流控制避免动力电池过充过放，对有关参数进行显示和报警。

③传送信号给电气系统，并在组合仪表上显示相关信息，以便驾驶员随时掌握车辆信息。

（3）车载充电机及辅助动力源

车载充电机是把220 V交流电或直流充电机输入的直流电转换为相应电压（240~410 V）的直流电，并控制充电电流，通过高压控制盒向动力电池充电的设备，如图0-7所示。

电动汽车广泛使用铅酸蓄电池作为辅助动力源，输出12 V或24 V的直流低压电，它主要给动力转向、照明、仪表、电动座椅、电动车窗等各种辅助用电装置提供所需的电能。

图0-6　电池管理控制单元

图0-7　车载充电机

三、汽车车身电路及常用元器件

汽车车身电路一般包括导线、开关、保险装置、继电器、接插器等。不同车型的车身电气设备控制电路，设计会有一定的差异，在实际维修中，主要以生产厂家提供的车辆维修技术资料为准。

1. 导线

导线的作用是连接电路中各电气元器件，形成电流回路。汽车上使用的导线按颜色不同分为单色线、双色线和多色线等，按截面积不同分为 0.5 mm²、1.0 mm²、1.5 mm²、2.0 mm²、2.5 mm² 等。以国产长城汽车为例，电路图中单色导线采用的颜色和代号缩写如表 0-2 所示。

表 0-2 国产长城汽车电路颜色和代号缩写

序号	颜色	代号	序号	颜色	代号
1	黑色	B	6	蓝色	Bl
2	白色	W	7	灰色	Gr
3	黄色	Y	8	橙色	Or
4	红色	R	9	粉色	P
5	绿色	G	10	棕色	Br

汽车上不仅使用单色导线，还大量应用双色导线。双色导线中，条纹较宽的导线颜色为主色，较细的颜色为辅色。对于双色导线的标注，主色在前，辅色在后。

电路图中导线的标注，例如，单色导线：红色，标注为 R；双色导线：主色为绿色，辅色为黑色，标注为 G/B。

2. 开关

开关的主要作用是控制电路的通断。汽车上常用的开关有旋钮开关、拨片开关、按压开关等。为便于驾驶员操作，汽车驾驶室内的开关大多是按照功能不同，以组合开关的形式安装在驾驶员身旁，如图 0-8 所示。

（a） （b） （c） （d）

图 0-8 驾驶室常用电气开关

（a）电动车窗开关总成；（b）方向盘多功能开关；（c）灯光系统组合开关；（d）风窗雨刮组合开关

3. 保险装置

保险装置的主要部件是熔断器,其作用是当电路中电流超过限定值时,熔断熔体,保护电气线路。熔断器俗称保险丝,熔断器的种类繁多,形状多样,但熔断丝的材料相对单一,目前广泛使用的熔断器一般采用两种熔断方式,一种是过流熔断对电路进行保护,一种是过温熔断来对电路进行保护。汽车中常用的熔断器形状有片状和管状两种,如图0-9所示。常用的汽车用熔断器有5 A、10 A、15 A、20 A、25 A、30 A等。

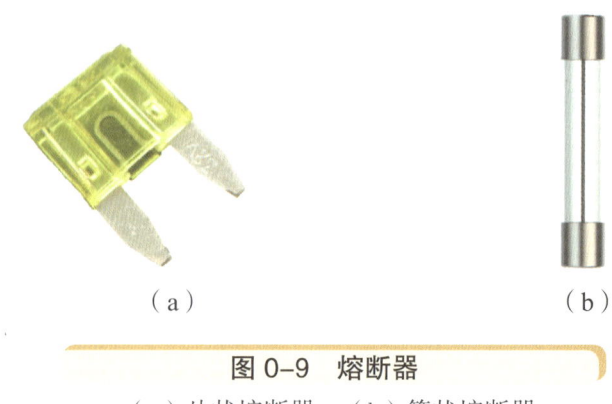

(a)　　　　　　　　(b)

图 0-9　熔断器

(a)片状熔断器;(b)管状熔断器

4. 继电器

在汽车电路中,通过操作开关接通或断开小电流电路,控制继电器接通或断开大电流用电设备,达到保护开关触点,节约用线的作用。汽车上常用的继电器有常开继电器、常闭继电器、双掷继电器、特殊功能的继电器等,如图0-10所示。

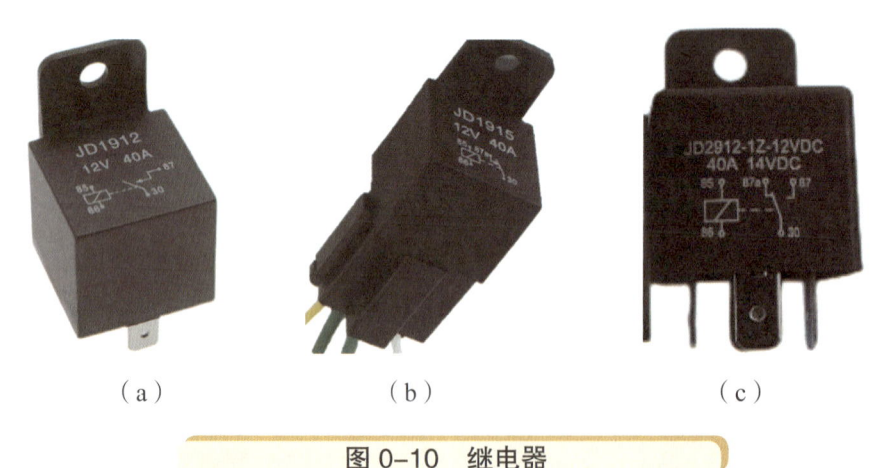

(a)　　　　　(b)　　　　　(c)

图 0-10　继电器

(a)常开继电器;(b)常闭继电器;(c)双掷继电器

5. 线束连接器

线束连接器又称为插接器,主要作用是将汽车上不同区域的线束进行连接,或将线束与开关、电脑、用电器等电气设备进行连接,如图0-11所示。线束连接器主要由插头和插座组成,插头上用一个或多个卡扣进行固定,防止松脱。不同厂家生产的汽车,其线束连接器的外观形状各有不同,按连接线束的数量分为1芯、2芯、3芯、4芯等,对于车身电脑的线束连接器,一个连接器连接的线束可达到上百根,如图0-12所示。

图 0-11　线束连接器

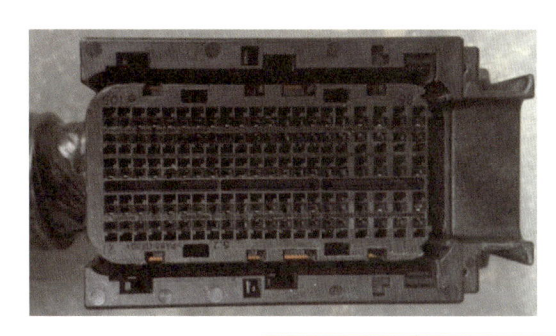

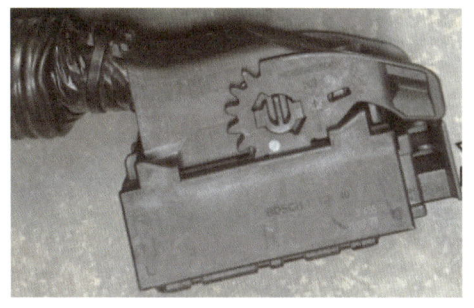

图 0-12　电脑板连接器

6. 车身电路图常用符号

不同国家生产的汽车,电路原理图中电气元器件的标识也有一定的区别,下面以国产汽车为例,介绍汽车车身电路常见电气元器件符号,如表0-3所示。

表 0-3　车身电路图中常用符号及使用说明

图形符号	使用说明
	蓄电池:车辆的辅助电源,为车辆各电路提供低压直流电
GND 06	搭铁:线束连接车身的点,为电路提供回路,编号为搭铁点的位置
F02 5 A	保险丝:广泛应用于各类汽车电路中,如果流经的电流超出保险设定值,则会熔断,从而保护电路免受进一步损坏,图中保险丝位置为F02,额定电流为5 A
	熔断器:一般应用于大电流电路中,如果电流过大超过设定值,其会熔断,从而保护电路
	线束接合:在相交处有实心圆标记的代表线束接合

续表

图形符号	使用说明
	线束未连接：在相交处无实心圆标记的代表线束未连接
	继电器：流经小线圈的电流可产生磁场，打开或关闭附属的开关，实现小电流控制大电流
	双掷继电器：一种使电流流过两组触点中任意一组触点的继电器
	发光二极管：发光二极管中通过电流时发光，但是不会产生热量
	双绞线：主要应用于CAN网络线
	灯：电流流经灯丝，使灯丝变热并发光

四、汽车线路故障诊断与检修的常用方法

1. 直观法

当汽车电气系统的某个部分发生故障时，通常会出现冒烟、火花、异响、焦臭、高温等异常现象。通过人体的感觉器官，听、摸、闻、看等对汽车电器进行直观检查，进而判断出故障的所在部位，从而大大提高检修速度。

2. 检查保险法

当汽车电气系统出现故障时，首先应查看保险是否完好。如汽车在行驶中，若某个电器突然停止工作，同时该支路上的熔断器熔断，说明该支路可能有短路故障存在。某个系统的保险反复烧断，则表明该系统一定有类似短路的故障存在，不能只更换熔断器，还应检测出导致短路的位置，并进行排除。

3. 刮火法

刮火法又称试火法，是指拆下用电设备的某一线头对汽车的金属部分（搭铁）碰试，根据火花的有无，判断是否开路。在现代汽车维修过程中，此种方法极易造成车辆电子电路损坏，已被禁止使用。

4. 试灯法

用一个汽车灯泡作为临时试灯，检查线束是否开路或短路，电器或电路有无故障等。此方法特别适合检查不允许直接短路的带有电子元器件的电器。使用试灯法应注意试灯的功率不要太大，在测试电子控制器的控制（输出）端子是否有输出及是否有足够的输出时尤其要慎重，防止使控制器超载损坏。

5. 短路法

短路法又叫短接法，即用一根导线将某段导线或某一电器短接后观察用电器的变化。此种方法常用于滑动电阻式传感器、温控传感器等线路的检测。

6. 替换法

替换法常用于故障原因比较复杂的情况，能对可能产生的原因逐一进行排除。其具体做法是：用一个已知是完好的零部件来替换被认为或怀疑是有故障的零部件，这样做可以试探出怀疑是否正确。若替换后故障消除，说明怀疑成立；否则，装回原件，进行新的替换，直至找到真正的故障部位。

拓展阅读

望、闻、问、切是从我国古代传承下来的中医诊断疾病的方法，望，指观气色；闻，指听声息；问，指询症状；切，指摸脉象，合称四诊。汽车线路故障诊断与检修的常用方法中，"直观法"与中医诊断疾病的方法类似，都是利用人的感觉器官进行直观检查。例如，在汽车线路故障诊断中，可以通过"看"判断出现了冒烟、火花等现象；可以通过"闻"判断出现的焦臭、异响；可以通过"问"判断大致的故障位置和状况；可以通过"摸"判断高温等异常现象。与中医诊断方法"四诊"非常相似。古人给我们留下了弥足珍贵的中医遗产，至今值得我们学习借鉴，全国劳动模范、重庆长安汽车股份有限公司发动机维修工张永忠，同事们都称他为汽车发动机维修的"老中医"，我们要像医生一样采用科学的方法，准确地确定和排除汽车线路故障。

项目一

汽车照明系统检修

项目描述

汽车照明系统是汽车安全行驶的必备系统之一,主要用于夜间行车时照亮车前的道路和物体,确保行车安全。按其所安装的位置可分为外部照明系统和内部照明系统。本项目内容包括汽车照明、信号和仪表系统的结构、功用及工作原理知识,系统电路图分析方法,系统常见故障的检修方法等。

任务1 车外照明系统检修

任务导入

客户王先生开着一辆哈弗M6汽车来到4S店。王先生反映车辆前照灯远光不亮,仪表板上指示灯正常点亮。假如你负责王先生车辆的接待工作,请为王先生解释该车故障的可能原因,介绍车外照明系统的组成和类型,对该车进行检修,并排除故障。

项目一 汽车照明系统检修

任务目标

素养目标：

1）养成认真负责的工作态度，具有良好的职业道德。

2）培养学生观察和了解社会的意识，树立正确的价值观。

知识目标：

1）了解车外照明系统的组成和作用。

2）理解车外照明系统的工作原理。

3）掌握车外照明系统检修工作中的安全隐患和规避方法。

技能目标：

1）能够正确使用各种常见维修工具和检测仪器。

2）能够正确分析车外照明系统的电路图。

3）能够操作和正确使用车外照明系统的各种灯具。

4）能够进行车外照明系统的检修。

知识准备

汽车外部照明灯具安装在车辆外部，照亮车外道路和物体，保证夜间行车安全。主要有前照灯、日行车灯、雾灯、倒车灯、牌照灯、转向灯等，如图 1-1 所示，一些车辆前照灯总成集成了前照灯、日行车灯等功能。该类照明灯具一般功率较大，通常由电源、照明装置、控制部分组成，控制部分主要是各种灯光开关和继电器等。

图 1-1 汽车外部照明系统组成

一、前照灯

前照灯的主要用途是照亮车前的道路和物体，确保行车安全；同时还可利用远近开关交替变换作为夜间超车信号。前照灯又称"大灯"，安装在汽车头部两侧，如图 1-2 所示。前照灯有两灯制和四灯制之分。采用四灯制时，装于外侧的两个前照灯应为近、远光双光束灯；装于内侧的两个前照灯应为远光单光束灯。

1. 前照灯的要求

前照灯是汽车上最主要的照明灯具。前照灯的照明效果直接影响夜间行车驾驶的操作和交通安全，因此世界各国交通管理部门都以法律形式规定了汽车前照灯的照明标准，以确保夜间行车的安全。我国对汽车前照灯照明基本要求为：前照灯应保证车前有明亮而均匀的照明，使驾驶员能看清车前 100 m 以内路面上的任何障碍物，现代有些汽车的前照灯照明距离已达到 200~250 m；应具有防止眩目的装置，确保夜间两车迎面相遇时，不使对方驾驶员因产生眩目而造成事故。

图 1-2 汽车前照灯安装位置

2. 前照灯的结构

前照灯主要由光源（灯泡）、反射镜和配光镜三部分组成。

（1）光源（灯泡）

目前，汽车前照灯使用的光源主要有灯泡和发光二极管（LED）两种，灯泡是应用最为广泛的光源。灯泡一般有充气灯泡、卤钨灯泡和高压灯泡三种，额定电压一般有 6 V、12 V、24 V 三种。高亮度弧光灯泡（高压灯泡）使用较少。

充气灯泡的灯丝由功率大的远光灯丝和功率较小的近光灯丝组成，由钨丝制作成螺旋状，以缩小灯丝的尺寸，有利于光束的聚合。一般前照灯的灯泡是充气灯泡，如图 1-3 所示，是把玻璃泡内的空气抽出后，再充满惰性混合气体。

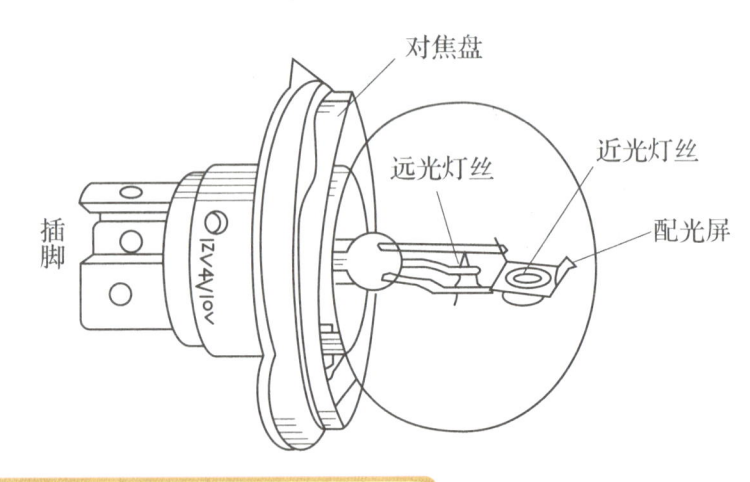

图 1-3 充气灯泡

近年来，国内外已使用一种新型的卤钨灯泡，其类型主要有 H1、H2、H3、H4 四种，结构如图 1-4 所示。我国目前生产的是溴钨灯泡。卤钨灯泡是利用卤钨再生循环反应的原理制成。卤钨灯泡尺寸小，泡壳由耐高温、机械强度较高的石英玻璃制成，所以充入惰性气体的压力较高。因为工作温度高,灯内的工作气压将比其他灯泡高得多,故钨的蒸发也受到更为有力的抑制。

图1-4 各类卤钨灯泡

(2) 反射镜

反射镜的作用是将灯泡的光线聚合并导向远方。反射镜一般用 0.6~0.8 mm 的薄钢板、玻璃、塑料等制作而成。如图 1-5 所示,反射镜的表面形状呈旋转抛物面,其内表面镀银、铬或镀铝,然后抛光。镀铝的反射系数可以达到 94% 以上,机械强度也较好,所以现在一般采用真空镀铝。由于前照灯灯丝发出的光度有限,若无反射镜,只能照清楚汽车灯前 6 m 左右的路面;而有了反射镜之后,灯丝位于焦点 F 上,如图 1-6 所示,灯丝的绝大部分光线向后照射在立体角范围内,经反射镜反射后将平行于主光轴的光束射向远方,使光度显著增强,从而照亮车前 150 m 甚至 400 m 内的路面。

图1-5 反射镜

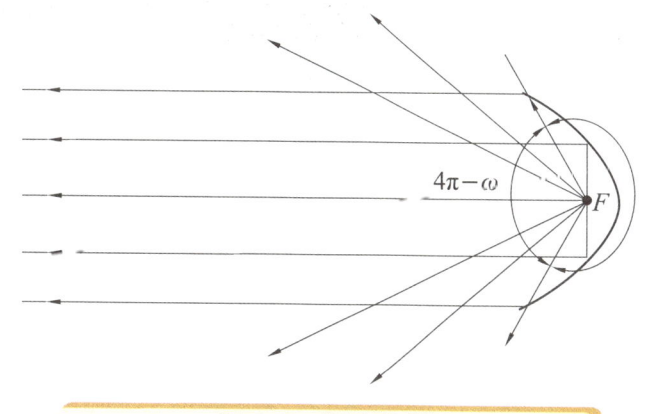

图1-6 聚光作用

(3) 配光镜

配光镜又称散光玻璃,作用是将反射镜反射出的平行光束进行折射,使车前路面和路线都有良好而均匀的照明。它是用透光玻璃压制而成,是很多块特殊的棱镜和透镜的组合。其几何形状比较复杂,外形一般为圆形和矩形,工作原理如图 1-7 所示。为了弥补具有反射镜的前照灯光束太窄的缺点,现在的车辆上大部分采用了配光镜。

(a)　　　　　　　　　(b)　　　　　　　　　(c)

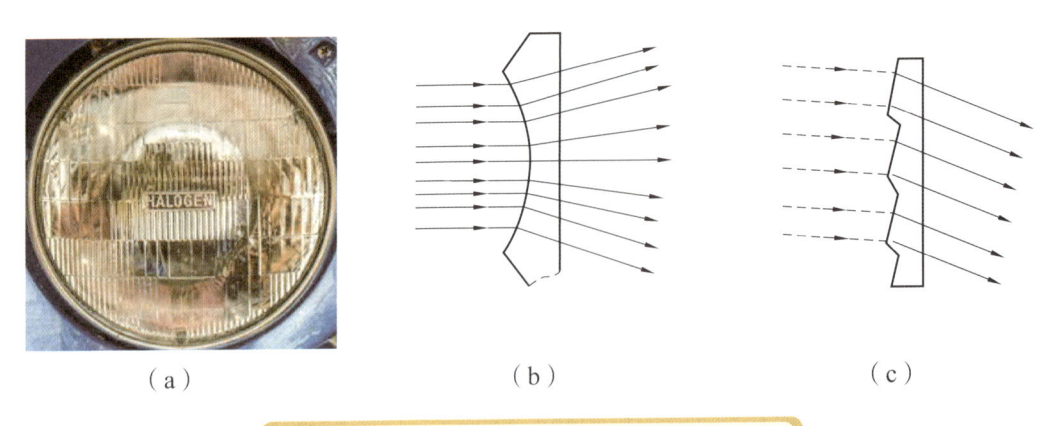

图 1-7　配光镜的结构与作用
（a）外观；（b）水平部分（散射）；（c）垂直部分（折射）

3. 前照灯的防眩目措施

为保障夜间会车安全，汽车前照灯必须经过良好的防眩目措施处理。目前国产汽车防眩目措施有三项，先进轿车还有更严格的防眩目措施。

（1）采用远近光束变换

为了防止眩目，前照灯灯泡中装有远光与近光两根灯丝，由变光开关控制其电路，如图 1-8 所示。夜间公路行车且对面无来车时，使用远光灯，以增大照明距离，保证行车安全。夜间公路行车会车、夜间市区行车有路灯或尾随其他汽车行驶时，使用近光灯。

图 1-8　远近光灯束

（2）近光灯丝加装配光屏

现代汽车前照灯的近光灯丝下方均装设配光屏（又称遮光罩、护罩或光束偏转器），用以遮挡近光灯丝射向反射镜下半部的光线，消除反射后向上照射的光束，提高防眩目效果，如图 1-9 所示。现代轿车的前照灯灯泡，还在近光灯丝的前方装设一个遮光罩，遮挡近光灯丝的直射光线，防止眩目。

（3）采用不对称光形

为了达到既能防止眩目，又能以较高车速会车的目的，

图 1-9　带配光屏的双丝灯泡
1—近光灯灯丝；2—远光灯灯丝

我国汽车的前照灯近光常采用E形非对称光形，如图1-10所示。将近光灯右侧亮区倾斜升高，即将本车行进方向光束照射距离延长。非对称光形是将遮光罩单边倾斜形成的，这种光形既有遮光罩的作用，也有配光镜的作用。

4. 前照灯的类型

前照灯的分类方法较多，按照前照灯光学组件的结构不同，通常分为可拆式前照灯、半封闭式前照灯、封闭式前照灯和投射式前照灯等。

图1-10 非对称光形
（a）E形非对称光形；（b）Z形非对称光形

（1）可拆式前照灯

可拆式前照灯由于反射镜和配光镜分别安装而构成组件，因此气密性差，反射镜易受湿气和尘埃污染而降低反射能力，严重减弱照明效果，目前已很少采用。

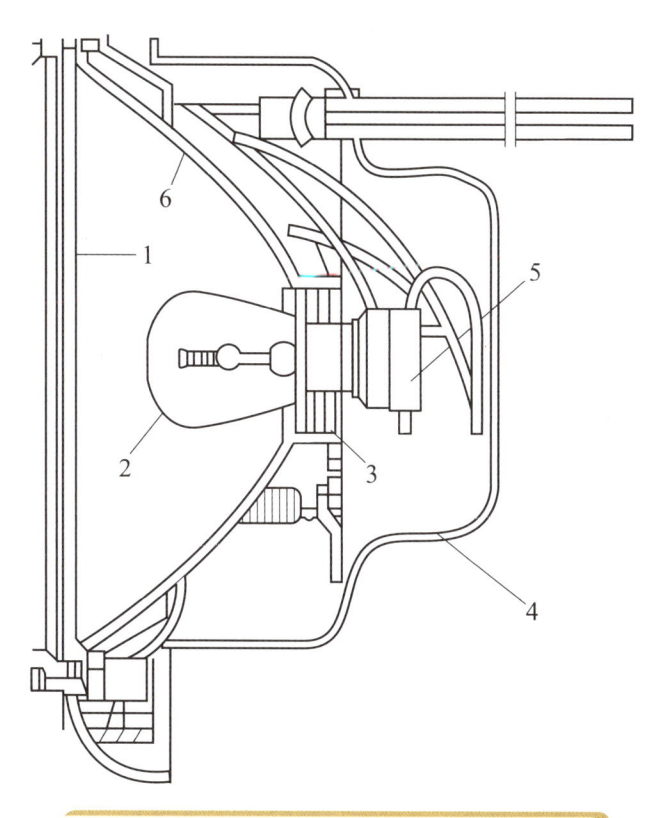

（2）半封闭式前照灯

半封闭式前照灯的结构如图1-11所示，其配光镜靠卷曲反射镜边缘上的牙齿紧固在反射镜上，二者之间垫有橡皮密封圈，灯泡只能从反射镜后端装入。当需要更换损坏的配光镜时，应从配光镜的外缘撬开，进行更换。由于这种灯具结构简单，维修方便，因此得到广泛使用。

图1-11 半封闭式前照灯的结构
1—配光镜；2—灯泡；3—插座；4—灯壳；5—接线器；6—反射镜

(3) 封闭式前照灯

封闭式前照灯（又叫真空灯），其反射镜和配光镜用玻璃制成一体，形成灯泡，里面充以惰性气体。灯丝焊装在反射镜底座上，反射镜的反射面进行真空镀铝。由于封闭式前照灯完全避免反射镜被污染以及遭受大气的影响，因此其反射效率高，照明效果好，使用寿命长，得到很快普及。但当灯丝烧断后，需要更换整个总成，成本高，因此限制了它的使用范围，如图1-12所示。

(4) 投射式前照灯

投射式前照灯的反射镜近似于椭圆形状，它具有两个焦点。第一焦点处放置灯泡，第二焦点是由光线形成的，凸形配光镜聚成第二焦点，再通过配光镜将聚集的光投射到前方，投射式前照灯所采用的灯泡为卤钨灯泡。第二焦点附近设有遮光板，可遮挡上半部分光，形成明暗分明的配光。由于它的这种配光特性，因而也可用于雾灯，如图1-13所示。

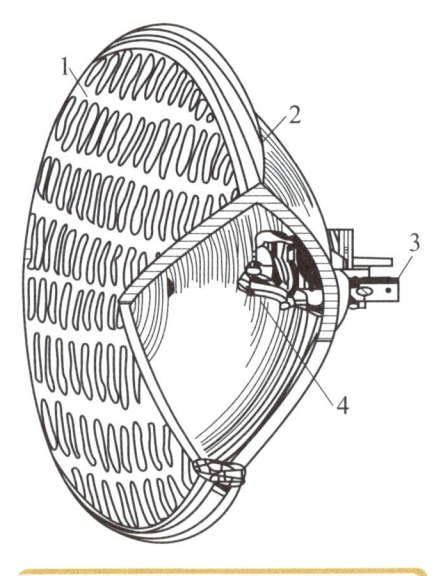

图1-12 封闭式前照灯
1—配光镜；2—反射镜；3—插片；4—灯丝

图1-13 投射式前照灯

> **小贴示**
>
> 养成绿色低碳的环保意识。现在汽车前照灯迭代更新较快，越来越多的新型前照灯正在应用，最终目标是更加节能、环保。

5. 前照灯电路的主要元件

(1) 前照灯继电器

前照灯继电器是一只小型继电器，它由一个电磁线圈和一对常开触点组成，有三柱式、四柱式两种，常用的为四柱式，如图1-14所示。车灯开关控制前照灯继电器初级线圈电路的通断，继电器次级线圈产生感生电动势形成磁场，在磁场作用下控制触点吸合或断开，接通或断开前照灯执行电路，实现前照灯点亮或关闭。

（2）车灯总开关

车灯总开关又称灯光总开关，其作用是控制除特种信号灯以外的全车照明灯的接通、切断以及变换，现在常用的是组合式车灯总开关（前照灯、夜间行车灯、转向灯、变光开关），如图1-15所示。

图1-14　前照灯继电器（四柱式）

图1-15　组合式车灯总开关

（3）变光开关

前照灯变光开关的作用是根据行驶与会车的需要，及时变换远光与近光。通常有拨动式和自动式两种。拨动式变光开关由驾驶员手动上提的方式控制灯光变换。自动式变光开关一般由光电传感器、信号放大器和继电器组成，由于其工作原理较为复杂，并且现在国内汽车运用较少，本书不再详述。

二、雾灯

雾灯又称防雾灯，前雾灯安装在汽车头部前照灯附近，一般比前照灯的位置稍低，如图1-16所示。它的作用是在有雾、雨雪或尘埃弥漫等能见度较低的情况下，提供道路照明和车辆信号。

1. 雾灯的类型和要求

按照安装位置和功能不同可分为前雾灯和后雾灯。因黄色光光波较长，具有良好的透雾性能，前雾灯光束一般为明亮的黄色；后雾灯光束一般为红色，在有雾等能见度不足的天气，警示后方车辆注意安全。

图1-16　前雾灯

按照国标规定，家用车可以不配备前雾灯，但后雾灯至少要有一个。前雾灯的功率一般是35 W左右，后雾灯功率较小，一般为21 W。后雾灯的光线和前雾灯稍有区别，前雾灯的灯光线条是向下的，后雾灯的是平行的，控制开关一般位于车内的仪表控制台上。由于雾灯亮度高、穿透性强，因雾气而产生漫反射较轻，所以正确使用能够有效预防事故的发生。

2. 雾灯电路的主要元件

传统的汽车雾灯电路通常由雾灯总成、前雾灯开关、后雾灯开关、雾灯继电器等组成。雾灯总成结构较为简单，主要由灯罩、灯泡和灯座组成。雾灯开关通常集成在灯光总开关中；雾灯继电器为普通四脚继电器。

汽车雾灯的开启逻辑很特别，与远光灯和近光灯有所不同，一般车辆必须打开示宽灯或者近光灯，才能开启雾灯；必须打开前雾灯，才能开启后雾灯。

三、牌照灯

牌照灯装于汽车尾部牌照的上方或左右两侧，灯光为白色，如图 1-17 所示。它的作用是为车辆后车牌照明，确保行人距车尾 20 m 处看清照牌上的文字及数字。它没有单独的开关控制，受示宽灯或前照灯开关控制。

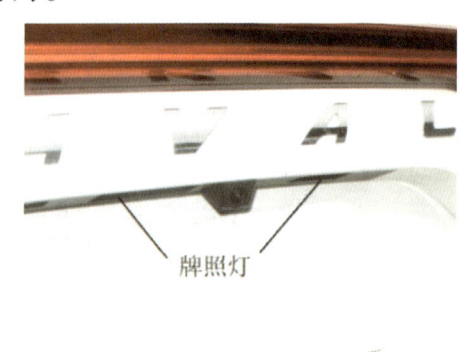

图 1-17　牌照灯

四、汽车外部照明系统电路分析

1. 传统汽车外部照明系统电路

传统汽车的灯光电路组成和控制逻辑较为简单，前照灯和雾灯的功率较大，在电路中通常加装了相应的继电器，本书以前照灯电路进行分析。

（1）常用前照灯控制电路

汽车前照灯随车型不同，控制方式有所差异。当功率较小时，灯光电路直接受灯光总开关控制；当功率较大时，采用继电器控制，以减少线材使用量、提高开关触点使用寿命。因车型不同，继电器控制线路分为控制火线式和控制搭铁线式，如图 1-18 所示。

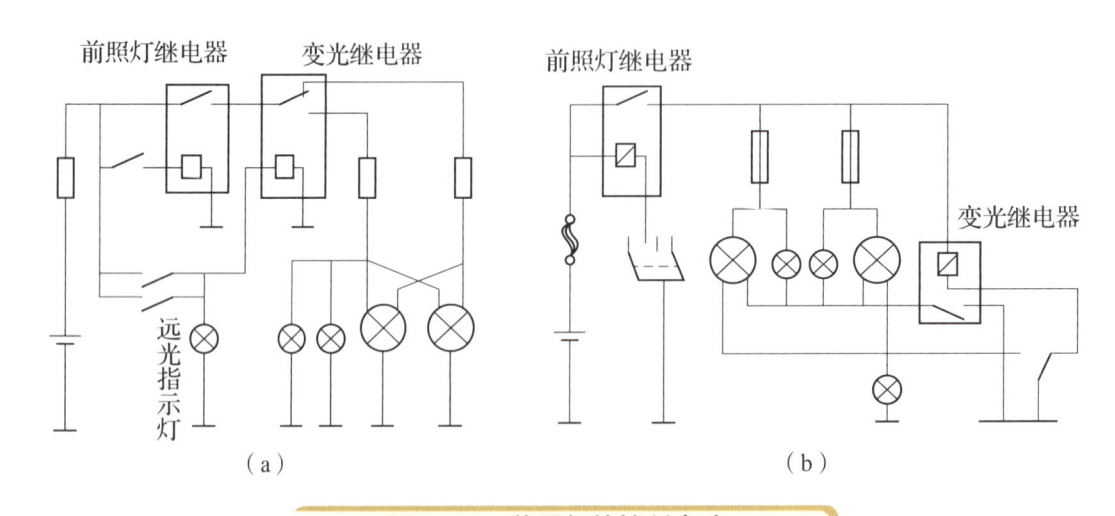

图 1-18　前照灯的控制电路
（a）控制火线式；（b）控制搭铁线式

（2）前照灯自动变光电路

为保证行车照明的安全与方便，降低驾驶员的劳动强度，近年来，出现了多种新型的灯光控制系统，常见的有夜间行车自动点亮系统、光束调整系统、延时控制等。灯光自动点亮系统的控制电路，如图1-19所示。当前照灯开关打至AUTO位置时，由安装在仪表板上部的光传感器检测周围的光线强度，自动控制灯光的点亮。其工作原理如下：

当车门关闭，点火开关处于ON状态时，触发器控制晶体管VT_1导通，为灯光自动控制器提供电源。当周围环境的亮度比夜幕检测电路的熄灯照度L_2及夜间检测电路的熄灯照度L_4更亮时，夜幕检测电路与夜间检测电路都输出低电平，晶体管VT_2和VT_3截止，所有灯都不工作。当周围的亮度比夜幕检测电路的点灯照度L_1暗时，夜幕检测电路输出高电平，使VT_2导通。此时，尾灯电路接通，点亮尾灯。当变成更暗的状态，达到夜间检测电路的点灯照度L_3以下时，夜间检测电路输出高电平。此时，延迟电路也输出高电平，使晶体管VT_3导通。前照灯继电器动作，点亮前照灯。

在前照灯点亮时，由于路灯等原因周围环境突然变为明亮的情况下，夜间检测电路的输出变为低电平。但在延迟电路的作用下，在时间T期间，VT_3仍保持导通状态，所以前照灯不熄灭。在周围的亮度比夜幕检测电路的熄灯照度L_2更亮的情况下（如白天汽车从隧道出来），从夜幕检测电路输出低电平，从而解除延迟电路，尾灯和前照灯都立即熄灭。

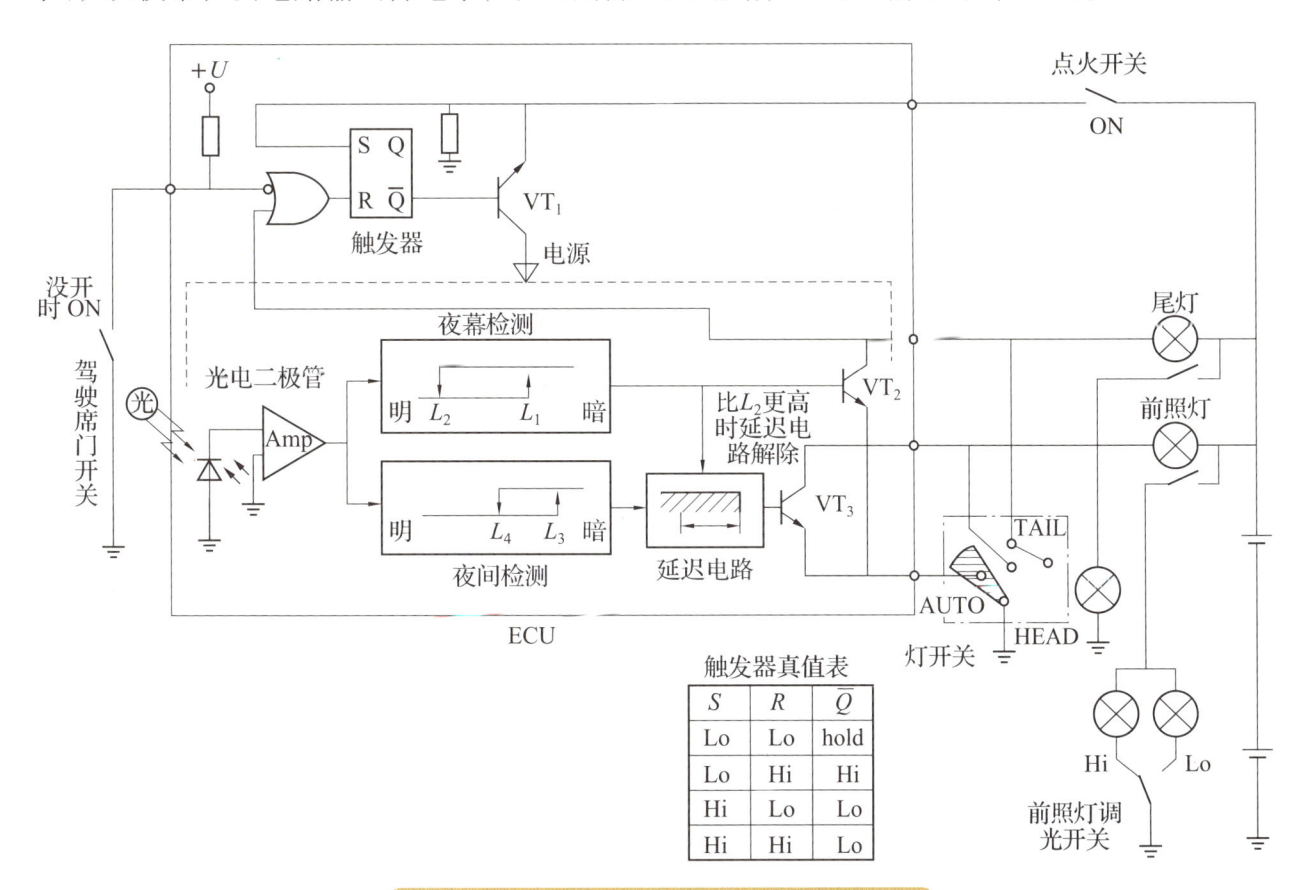

图1-19 灯光自动点亮系统的控制电路

2. 车身电控单元控制的汽车外部照明系统电路

近年来，汽车照明电路控制策略发生变化，大部分车辆使用车身控制单元来控制照明系统，由于不同车辆的控制逻辑有较大差距，本书以哈弗 M6 汽车照明系统为例进行阐述。哈弗 M6 汽车照明系统是车身控制模块（BCM）控制，该车的车外照明灯具主要有前组合灯、后组合灯、牌照灯、雾灯等，各种灯具装在各自所需照明的位置，并配以各自的控制开关、线路及保险丝等。哈弗 M6 汽车灯光照明系统示意图，如图 1-20 所示。

```
近光灯 ← 近光继电器 ← BCM → 背景灯
远光灯 ← BCM                    → 转向灯
位置灯 ← BCM                    → 阅读灯 ← 节电继电器 ← BCM
倒车灯 ← BCM                    → 顶灯 ← 节电继电器
牌照灯 ← BCM                    → 中央控制开关
前雾灯 ← BCM                    → 组合开关
后雾灯 ← BCM                    → 昼间行车灯
                                → PEPS开关
```

图 1-20　哈弗 M6 汽车灯光照明系统示意图

哈弗 M6 车型是通过车身控制模块（BCM）来控制前照灯的，电路如图 1-21 所示。当车辆灯光总开关接通近光时，BCM 通过导线 J2-A9 和 J2-A22 同时接收到灯光总开关的搭铁信号，从而判断近光灯需要打开。BCM 通过内部的控制芯片控制近光灯导线 J1-A15 输出电流，从而使近光灯继电器吸合，此时左、右近光灯同时点亮。

当车辆变光开关远光接通时，BCM 通过导线 J2-A9、J2-A22 和 J2-A21 同时接收到变光开关的搭铁信号，从而判断远光灯需要打开。BCM 通过内部的控制芯片控制远光灯信号导线 J1-A7 输出信号给左右组合前灯模块，从而使左、右远光灯同时点亮。

当车辆灯光总开关处于 OFF 时，BCM 接收到导线 J2-A23 的搭铁信号，从而判断前照灯处于关闭。

项目一 汽车照明系统检修

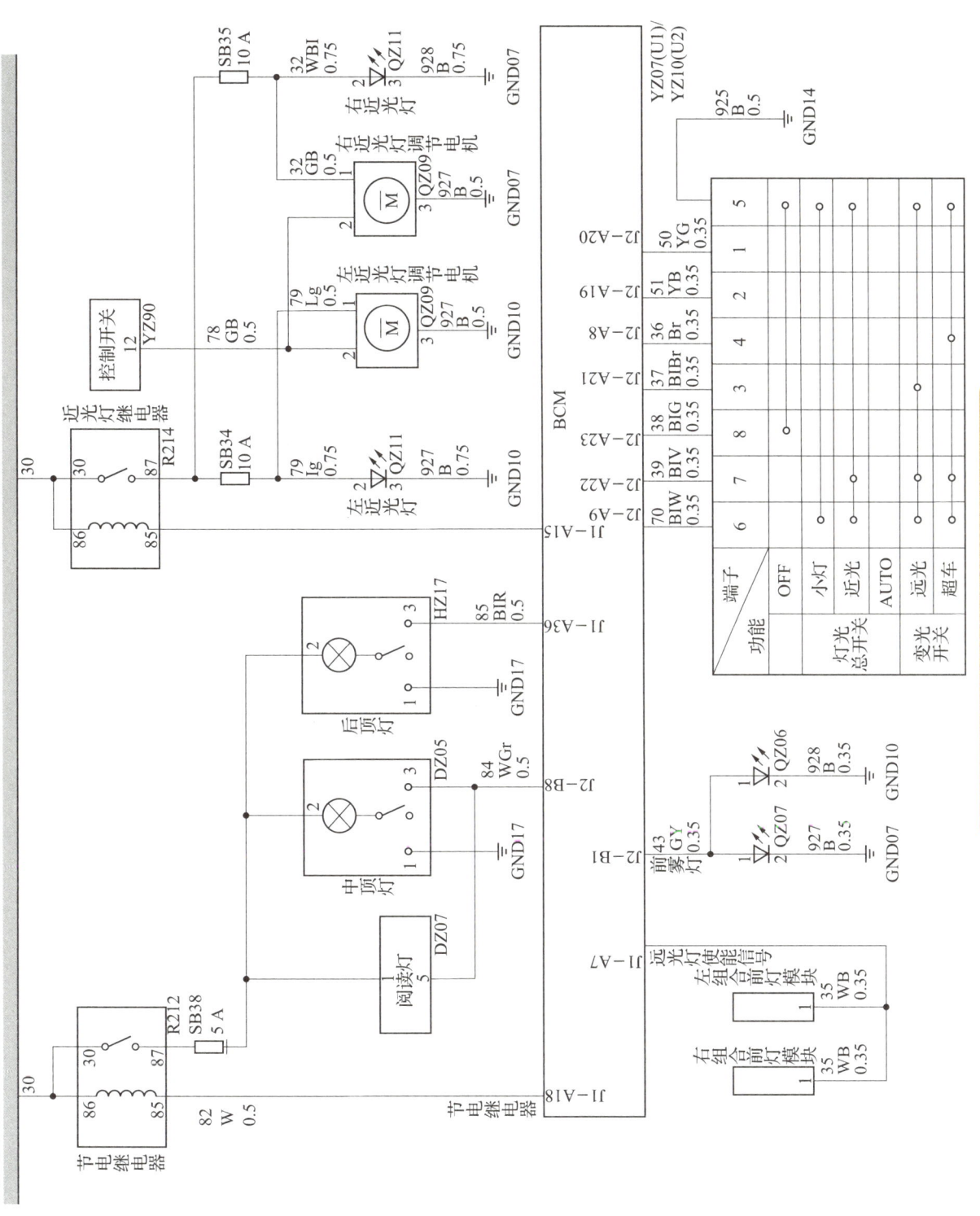

图 1-21 哈弗 M6 汽车照明系统电路图

直通高考（知识）

1）能将反射光束扩展分配，使光形分布更适宜汽车照明的器件是（　　）。
A. 反射镜　　　　　B. 配光屏　　　　　C. 配光镜　　　　　D. 灯泡

2）功率低、发光强度最高、寿命长且无灯丝的汽车前照灯是（　　）。
A. 投射式前照灯　　B. 封闭式前照灯　　C. 氙灯　　　　　　D. 灯泡

3）四灯制前照灯的内侧两灯一般使用（　　）。
A. 双丝灯泡　　　　B. 单丝灯泡　　　　C. 两者都可　　　　D. 无要求

4）能将光束折射，以扩大光线照射的范围，使前照灯有良好的照明效果的是（　　）。
A. 反射镜　　　　　B. 配光镜　　　　　C. 灯泡　　　　　　D. 以上答案都对

技能实训

由于不同车辆的照明灯光控制策略相差较大，因而灯光故障诊断的方法和步骤也有较大差异，本任务以哈弗M6汽车前照灯故障诊断为例进行讲解。

| 电动调节前灯照射位置 | 手动调节前灯照射位置 | 车外照明电路故障案例1（保险丝损坏） | 车外照明电路故障案例2（线路损坏） |

1. 查阅维修资料

在计算机（或其他信息化终端）上打开电子（或纸质）维修手册。

① 打开维修手册电子（或纸质）目录，如图1-22所示。

② 从目录页找到灯光系统目录，如图1-23所示。

③ 从灯光系统目录下找到组合前灯目录，如图1-24所示。

④ 用同样的方法进入子电路图，查找与组合前灯有关的电路图，如图1-25所示。

⑤ 综合所有与前照灯有关的电路图，分析其工作过程。

图1-22　维修手册目录　　　　图1-23　灯光系统目录

项目一 汽车照明系统检修

图 1-24 组合前灯目录

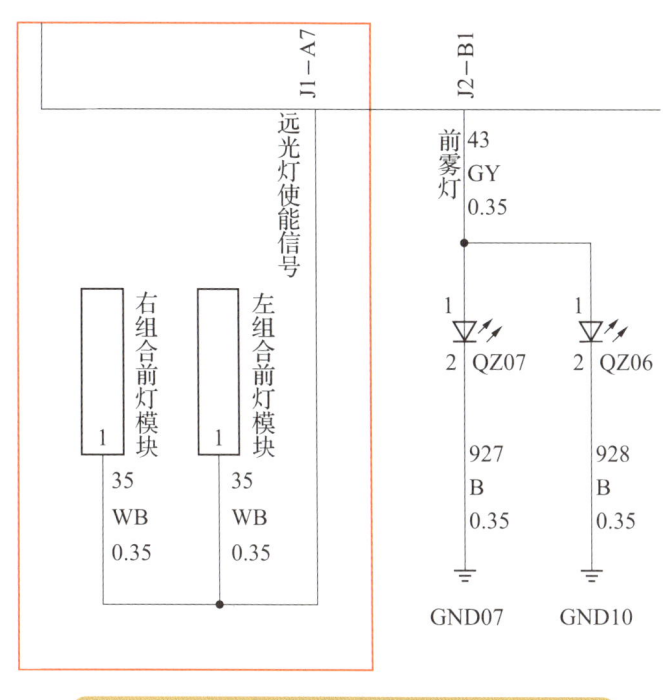

图 1-25 前照灯电路

2. 相关元件的拆装

（1）组合前灯

组合前灯的拆卸：断开蓄电池负极，如图 1-26 所示；拆卸机舱格栅装饰板，如图 1-27 所示；拆卸前保险杠总成，如图 1-28 所示；拆卸翼子板装饰板；拆下组合前灯 4 个螺栓，如图 1-29 所示。

图 1-26 拆卸蓄电池负极

图 1-27 拆卸机舱格栅装饰板

图 1-28 拆卸前保险杠总成

图 1-29 拆下组合前灯螺栓

组合前灯的安装：以与拆卸相反的顺序进行。

23

（2）灯光总开关

灯光总开关的拆卸：断开蓄电池负极；拆下灯光总开关上护罩；拆下3个螺钉，拆下灯光开关下护罩，如图1-30所示；断开线束接插件；拆下2个螺钉，向左侧取下灯光总开关，如图1-31所示。

图 1-30　拆下护罩

图 1-31　拆下开关固定螺钉

灯光总开关的安装：以与拆卸相反的顺序进行。

3. 照明系统故障诊断

由于哈弗M6汽车的照明系统是通过车身控制模块（BCM）来控制远光、近光和雾灯，故照明系统出现故障时，BCM将以故障代码形式进行储存，常见的照明系统故障代码如表1-1所示。

表 1-1　常见的照明系统故障代码

序号	故障代码	故障描述
1	B103694	灯光总开关输入错误
2	B103894	变光灯开关输入错误
3	B101214	近光灯继电器短路到地或开路
4	B101212	近光灯继电器短路到电源
5	B101814	节电继电器短路到地或开路
6	B101812	节电继电器短路到电源
7	B102611	牌照灯过载或者短路到地
8	B100911	前雾灯继电器对地短路
9	B108512	行李箱灯短路到电源

（1）B103694/B103894

故障代码B103694/B103894的含义是灯光总开关/变光灯开关输入信号错误。这类故障代码报码的条件是打开点火开关，打开转向灯开关，自动灯光系统工作异常。

故障可能原因：灯光总开关线束异常；灯光总开关损坏；BCM局部故障。

故障诊断步骤如表1-2所示。

表 1-2 灯光开关 B103694/B103894 故障诊断步骤

步骤	操作	是	否
1	检查灯光总开关/变光开关线路是否有异常	正确安装线束，故障排除	转第2步
2	检查灯光总开关/变光开关是否损坏	更换灯光总开关/变光开关，故障排除	转第3步
3	更换BCM，查看故障是否排除	故障排除	转第4步
4	用诊断仪读取车身控制器是否有故障代码	排除其他故障代码	故障排除

（2）B101212/B101214/B100911

故障代码 B101212 的含义是近光灯继电器对正极短路故障，B101214/B100911 的含义是近光灯继电器/前雾灯继电器短路到地或开路故障；故障代码报码的条件是打开点火开关，灯光总开关处于近光/前雾灯挡位，BCM检测到近光灯/前雾灯继电器负载对正极短路或者负载过流/对地短路或开路。

故障可能原因：近光灯/前雾灯继电器负载线束发生对正极/对地短路；近光灯/前雾灯继电器负载过流。

近光灯/前雾灯继电器对正极短路/对地短路或开路故障诊断步骤，如表1-3所示。

表 1-3 近光灯/前雾灯继电器 B101212/B101214/B100911 故障诊断步骤

步骤	操作	是	否
1	关闭所有负载用电器	转第2步	—
2	用诊断仪读取车身控制器是否有故障代码	转第3步	排查其他故障代码
3	检查近光灯/前雾灯继电器负载回路线束	检查线束并正确安装，转第5步	转第4步
4	检查近光灯/前雾灯继电器负载	更换近光灯/前雾灯继电器，转第5步	转第5步
5	清除故障代码，重起车辆并做检测，查看故障是否消除	故障排除，系统正常	重复第1步

（3）B101812/B101814

故障代码 B101812 的含义是节电继电器对正极短路故障，B101814 的含义是节电继电器短路到地或开路故障；故障代码报码的条件是打开点火开关，灯光总开关处于行车灯、近光和远光挡位，BCM检测到节电继电器负载对正极短路或者负载过流/对地短路或开路。

故障可能原因：节电继电器负载线束发生对正极/对地短路；节电继电器负载过流。

节电继电器 B101812/ B101814 故障诊断步骤如表 1-4 所示。

表 1-4　节电继电器 B101812/ B101814 故障诊断步骤

步骤	操作	是	否
1	关闭所有负载用电器	转第 2 步	—
2	用诊断仪读取车身控制器是否有故障代码	转第 3 步	排查其他故障代码
3	检查节电继电器负载回路线束	检查线束并正确安装，转第 5 步	转第 4 步
4	检查节电继电器负载	更换节电继电器，转第 5 步	转第 5 步
5	清除故障代码，重起车辆并做检测，查看故障是否消除	故障排除，系统正常	重复第 1 步

（4）B102611 /B108512

故障代码 B102611/B108512 的含义是牌照灯过载或者短路到地 / 行李箱灯短路到电源故障。故障代码报码的条件是打开点火开关，灯光总开关处于行车灯、近光和远光挡位，BCM 检测到牌照灯过载或者短路到地 / 行李箱灯短路到电源故障。

故障可能原因：牌照灯过载或者线束短路到地 / 行李箱灯线束发生对正极短路；牌照灯 / 行李箱灯负载过流。

牌照灯过载或者短路到地 / 行李箱灯短路到电源故障诊断步骤如表 1-5 所示。

表 1-5　牌照灯 / 行李箱灯 B102611 /B108512 故障诊断步骤

步骤	操作	是	否
1	关闭所有负载用电器	转第 2 步	—
2	用诊断仪读取车身控制器是否有故障代码	转第 3 步	排查其他故障代码
3	检查牌照灯 / 行李箱灯负载回路线束	检查线束并正确安装，转第 5 步	转第 4 步
4	检查牌照灯 / 行李箱灯负载	更换牌照灯 / 行李箱灯，转第 5 步	转第 5 步
5	清除故障代码，重起车辆并做检测，查看故障是否消除	故障排除，系统正常	重复第 1 步

小贴示

细节决定成败。前照灯检修过程中应养成严谨的工作作风，细微的错误会造成故障诊断的失败。任务实施过程中一定要认真仔细，严格按维修手册要求进行操作。

项目一 汽车照明系统检修

直通高考（技能）

1）更换卤素灯泡时，甲说可以用手触灯泡玻璃部位，乙说不能。说法正确的是（ ）。

A. 甲正确　　　　　B. 乙正确　　　　　C. 甲乙都正确　　　　D. 甲乙均不正确

2）前照灯灯泡中的近光灯丝应安装在（ ）。

A. 反射镜的焦点处　　　　　　　　　B. 反射镜的焦点上方
C. 反射镜的焦点下方　　　　　　　　D. 无要求

任务实施

扫码并参照本教材配套工作页中的项目一任务1——车外照明系统检修，实施任务。

工作页–车外照明系统检修

任务2　车内照明系统检修

任务导入

客户李先生开着一辆哈弗M6汽车来到4S店。李先生反映车辆的顶灯常亮，其他设备正常。假如你负责李先生车辆的接待工作，请为李先生分析该车故障的可能原因，介绍汽车内部照明系统的组成和类型，并对该车进行检修，排除故障。

任务目标

素养目标：

1）养成遵守操作规范的习惯，具有良好的职业道德。
2）养成严谨细致的工作作风，树立正确的人生观。

知识目标：

1）了解车内照明系统的组成和作用。
2）理解车内照明系统的工作过程。
3）掌握车内照明系统检修工作中的安全隐患及规避方法。

能力目标：

1）能够正确使用各种常见维修工具和检测仪器。
2）能够正确分析车内照明系统的电路图。
3）能够操作和正确使用车内照明系统的各种灯具。
4）能够进行车内照明系统的检修。

知识准备

汽车内部照明灯具安装在车辆驾驶室内，保证车内必要的照明。内部照明灯具包括顶灯、仪表灯、踏步灯、行李箱灯和工作灯等。该类照明灯具功率通常较小，电路较为简单，主要由电源、照明装置、控制部分组成，控制部分主要是各种灯光开关。

一、顶灯

顶灯又叫阅读灯、地图灯，安装在驾驶室或车厢内顶部，为驾驶室或车厢内照明的灯具，是最常见的汽车内部照明设备，如图1-32所示。顶灯灯光颜色一般为白色。

1. 结构

顶灯主要由灯泡和灯罩组成，近年来为了绿色节能，灯泡通常采用白色LED灯源，提供既充足又明亮的照明，并且具有省电、寿命长等优点。一些车顶灯还配备有夜视红灯功能，以保护驾驶员的视力。此外，一些车顶灯还可以提供不同色温的照明，如冷光、暖光等，以满足不同乘客的需求。

2. 顶灯电路的主要元件

汽车顶灯电路主要由顶灯开关、电源、顶灯组成。顶灯开关形式各异，安装位置也有较大区别，大部分车型顶灯开关安装在顶灯附近，如图1-33所示；少部分安装在仪表板上；还有部分车辆顶灯可以拨动，起到开关作用。

图1-32 顶灯

图1-33 顶灯开关

二、仪表灯

仪表灯是安装在车辆仪表盘面板上的小型灯具，灯光颜色一般为白色，方便驾驶员在夜间或弱光环境下观察仪表。此外，一些仪表灯还可以提供不同颜色的照明，以满足驾驶员的个性化需求。

三、行李箱灯

行李箱灯通常位于行李箱内部或行李箱盖上，方便乘客在夜间使用行李箱。行李箱灯一般具有自动开启和关闭的功能，当行李箱或行李箱盖关闭时，灯会自动关闭以节省电能。

四、其他车内照明灯

1. 座椅灯

座椅灯通常安装在座椅上方，提供局部照明，方便乘客读书、使用电脑等活动。一些座椅灯还具有可调节灯光亮度和灯光颜色的功能，以满足不同乘客的需求。

2. 踏步灯

踏步灯一般安装在汽车上下车台阶的左右两侧，用来照明门槛踏步区域，方便乘客上下车。灯光为白色。

3. 地板灯

地板灯又称氛围灯，是安装在车厢地板上的照明设备，它们提供柔和的照明，美化车辆内部氛围，带给乘客更好的乘坐体验。一些地板灯还配备有呼吸灯效果，增强视觉效果。

五、汽车内部照明系统电路分析

1. 传统汽车内部照明系统电路

由于汽车内部照明灯具的功率较小，电路组成较为简单，通常是利用灯光开关直接控制相应的灯具，现在这类控制方法已经很少采用。

2. 车身电控模块控制的内部照明电路

近年来，汽车内部照明电路通常使用车身控制模块来控制，不同车辆的控制逻辑有较大差距，本任务以哈弗 M6 汽车内部照明系统为例进行阐述。哈弗 M6 汽车内部照明系统是车身控制模块（BCM）控制，该车的车内照明灯具主要有阅读灯、中顶灯、后顶灯、仪表盘灯等，各种灯具装在各自所需照明的位置，并配以各自的控制开关、线路及保险丝等。哈弗 M6 汽车内部主要灯光照明电路，如图 1-34 所示。

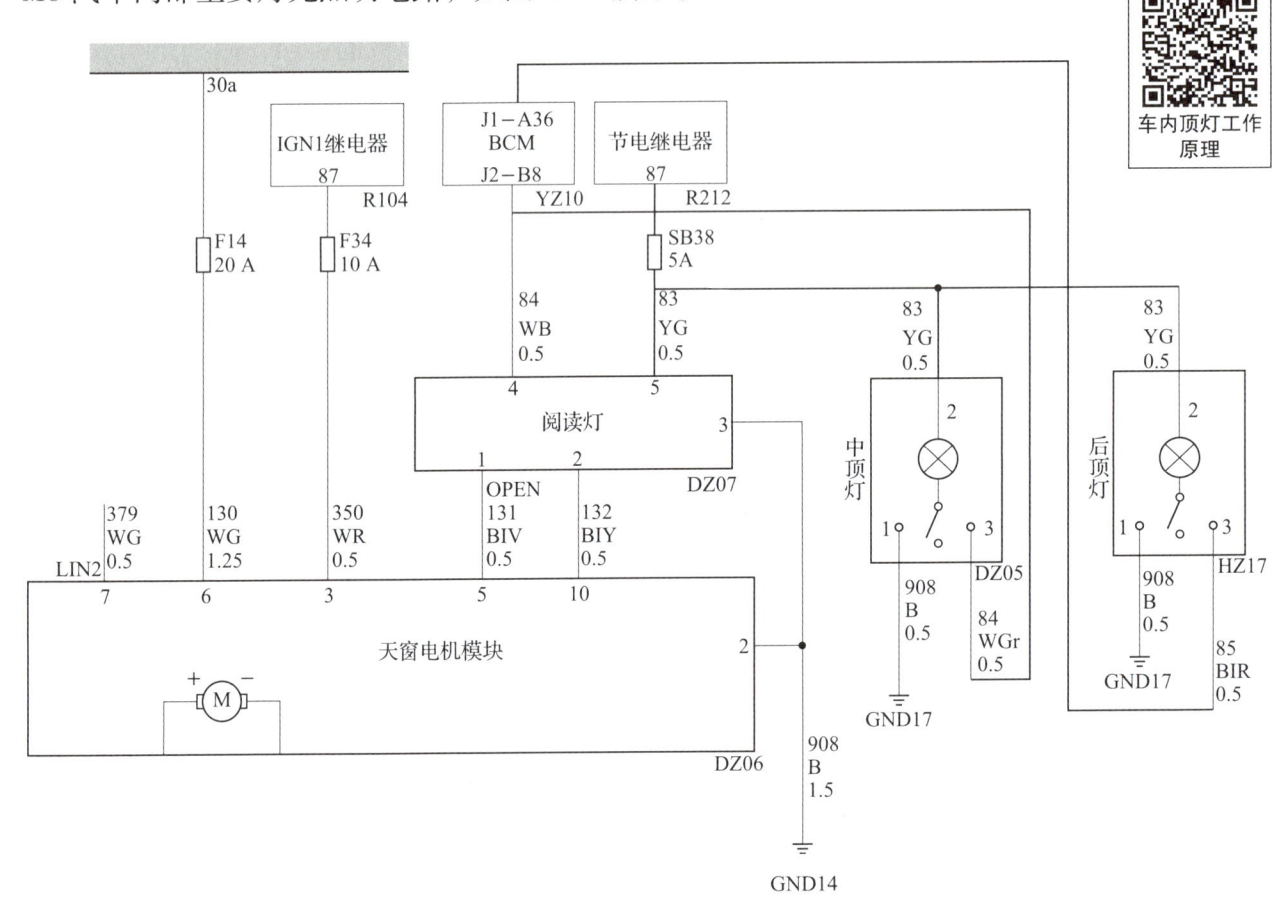

图 1-34　哈弗 M6 汽车内部主要灯光照明电路图

哈弗 M6 阅读灯总成由左右阅读灯、阅读灯开关、门控开关、阅读灯总开关组成。按压阅读灯开关就可以控制相应阅读灯的开启或关闭。按压阅读灯总开关就可以控制所有阅读灯的开启或关闭。门控功能开启后，阅读灯会根据车门状态自动开启或关闭。

哈弗 M6 阅读灯的电源由节电继电器 R212 控制，当按下阅读灯总开关时，电流通过保险 SB38，进入阅读灯后经过阅读灯总成，通过 3 号端子搭铁，形成回路，阅读灯点亮。

中顶灯、后顶灯的 2、3 号端子接通后，当按下门控开关时，此时阅读灯、中顶灯和后顶灯具有门控灯功能，阅读灯会根据车门状态自动开启或关闭。当车门打开时，车身控制模块（BCM）接收到门控灯开关信号，BCM 控制端子 J1-A36、J2-B8 搭铁，此时电流通过保险 SB38 进入阅读灯、中顶灯和后顶灯，通过各自的 3 号端子搭铁，阅读灯、中顶灯和后顶灯同时点亮。

直通高考（知识）

1）下列选项中，属于汽车内部照明灯具的是（　　）。
A. 前照灯　　　　B. 前雾灯　　　　C. 仪表灯　　　　D. 牌照灯

2）汽车顶灯的颜色通常是（　　）。
A. 绿色　　　　　B. 蓝色　　　　　C. 黄色　　　　　D. 白色

技能实训

由于不同车辆的内部照明灯光控制策略相差较大，因而灯光故障诊断的方法和步骤也有较大差异，本节将以哈弗 M6 汽车内部照明灯故障诊断为例进行讲解。

1. 查阅维修资料

在计算机（或其他信息化终端）上打开电子（或纸质）维修手册。

①打开维修手册电子（或纸质）目录。
②从目录页找到灯光系统目录。
③从灯光系统目录下找到阅读灯和顶灯，如图 1-35 所示。
④用同样的方法进入子电路图，查找与阅读灯/顶灯有关的电路图，如图 1-36 所示。
⑤综合所有与阅读灯/顶灯有关的电路图，分析其工作过程。

▶ 阅读灯-带天窗
▶ 阅读灯-不带天窗
▶ 顶灯
▶ 行李箱灯
▶ 灯光组合开关

图 1-35　阅读灯目录

▶ 电动车窗
▶ 电动座椅
▼ 天窗及阅读灯
　　天窗及阅读灯
▶ PEPS(6MT)

图 1-36　阅读灯/顶灯电路

2. 相关元件的拆装

（1）阅读灯

阅读灯的拆卸：断开蓄电池负极；拆下阅读灯面罩；拆卸翼子板装饰板；拆下 2 个螺栓，如图 1-37 所示。

组合前灯的安装：以与拆卸相反的顺序进行。

（2）顶灯

顶灯的拆卸：断开蓄电池负极；拆卸顶灯面罩，如图 1-38 所示；拆下 2 个固定螺钉，如图 1-39 所示；断开线束接插件。

顶灯的安装：以与拆卸相反的顺序进行。

图 1-37　固定螺栓拆卸

图 1-38　拆卸顶灯面罩　　　　　图 1-39　拆下固定螺钉

3. 内部照明系统故障诊断

由于哈弗 M6 汽车的内部照明系统是通过车身控制模块（BCM）来控制阅读灯、顶灯和仪表灯，其常见故障及原因如表 1-6 所示。内部照明系统出现故障时，BCM 将以故障代码形式进行储存，常见的故障代码如表 1-7 所示。

表 1-6　内部照明系统故障可能部位对照表

序号	故障现象	可能故障部位
1	阅读灯部分不亮	灯泡、线束
2	所有阅读灯不亮	线束、继电器、保险
3	顶灯不亮	灯泡、线束
4	顶灯常亮	线束、继电器、BCM

表 1-7　内照明系统故障代码

序号	故障代码	故障描述
1	B101814	节电继电器短路到地或开路
2	B101812	节电继电器短路到电源
3	B102712	内灯 PWM 输出短路到电源

（1）B101814/B101812

故障代码 B101814/B101812 的含义是节电继电器对地短路或开路/节电继电器短路到电源。这类故障代码报码的条件是打开点火开关，打开顶灯和阅读灯，灯光系统工作异常，BCM 检测到节电继电器负载对地短路或开路/节电继电器短路到电源。

故障可能原因：节电继电器负载线束发生对地短路/对正极短路；节电继电器负载过流。

节电继电器 B101814/B101812 故障诊断步骤如表 1-8 所示。

表 1-8　节电继电器 B101814/B101812 故障诊断步骤

步骤	操作	是	否
1	关闭所有负载用电器	转第 2 步	—
2	用诊断仪读取车身控制器是否有故障代码	转第 3 步	排查其他故障代码

续表

步骤	操作	是	否
3	检查节电继电器负载回路线束	检查线束并正确安装，转第5步	转第4步
4	检查节电继电器负载	更换节电继电器，转第5步	转第5步
5	清除故障代码，重起车辆并做检测，查看故障是否消除	故障排除，系统正常	重复第1步

（2）B102712

故障代码B102712的含义是内灯（包括阅读灯和顶灯等）PWM输出短路到电源，故障代码报码的条件是打开点火开关，打开顶灯和阅读灯，BCM检测到内灯负载对正极短路或者负载过流。

故障可能原因：内灯负载线束发生对正极短路；内灯负载过流。

内灯B102712故障诊断步骤，如表1-9所示。

表1-9 内灯B102712故障诊断步骤

步骤	操作	是	否
1	关闭所有负载用电器	转第2步	—
2	用诊断仪读取车身控制器是否有故障代码	转第3步	排查其他故障代码
3	检查内灯负载回路线束	检查线束并正确安装，转第5步	转第4步
4	检查内灯负载	更换内灯，转第5步	转第5步
5	清除故障代码，重起车辆并做检测，查看故障是否消除	故障排除，系统正常	重复第1步

小贴示

细节决定成败。内部照明灯检修过程中应养成严谨的工作作风，细微的错误会造成故障诊断失败。任务实施过程中一定要认真仔细，严格按维修手册要求进行操作。

更换或维修灯具时，禁止使用化学溶剂或强力清洁剂擦洗灯罩，以免对灯罩造成损伤，并且造成不必要的环境污染，环境保护从身边的小事做起。

直通高考（技能）

1）更换顶灯灯泡时，甲说点火开关应处于ON挡，乙说可以更换大功率灯泡。下列说法正确的是（　　）。

A. 甲正确　　　　B. 乙正确　　　　C. 甲乙都正确　　　　D. 甲乙均不正确

2）阅读灯不能正常点亮，可能存在的原因有（　　）。

A. 开关损坏　　　　B. BCM损坏　　　　C. 搭铁线松脱　　　　D. 控制信号线断路

任务实施

扫码并参照本教材配套工作页中的项目一任务2——车内照明系统检修，实施任务。

拓展阅读

汽车灯光创新技术

近年来，随着国民生活水平的提高，国内人均汽车保有量增高。国内汽车照明产业也在高品质发展。国内汽车照明产业的科技含量正逐步提升，汽车灯光向更加健康、安全、导向性功能化发展。

一、高亮度LED汽车前照灯

高亮度LED汽车前照灯，定位于安全光型技术，在汽车行驶中精准投射灯光的同时，还能发出足够强度的亮白光，与传统卤素前照灯比较，亮度提升2倍，合适的色温区域最大化减轻对行人和司乘人员眩目影响，减少交通参与者眼睛疲劳的风险，为司乘人员和行人带来更加清晰、安全、合适的视觉感受。有些车辆LED前照灯还具备随动、投影等多元功能。

二、车用嵌入式光传感器和智能照明系统

近年来，用于自主导航系统的嵌入式光传感器与智能照明系统逐渐投入使用，使车辆照明系统更加安全、高效。

嵌入式光传感器通过车中的公共窗式元件与外部环境相互作用，同时提供光发射和环境监测，实现自主地导航车辆的最终目的。

智能照明系统利用各类传感器监测车辆外部环境、驾驶员的操作意图等动态信息，自动调整前照灯照射位置以及区域。该系统设置了多种不同的运行模式，响应照明请求或指令，或者自行预期不明确的照明请求或指令，动态地监测乘员数量、外部环境、运动状态等信息，智能调整照明范围和效果。

主题探究

随着社会、科技的发展，汽车灯光照明技术也在不断迭代升级，亮度越来越高，但过亮的汽车照明系统也会造成光污染。光污染主要包括白亮污染、人工白昼污染和彩光污染，在日常生活中，常见的光污染多为由镜面建筑反光所导致的行人和司机的眩晕感，以及夜晚不合理使用灯光给人体造成的不适感。不合理使用车灯或违规改装车灯，成为光污染的重要来源。夜晚会车时，高强度的灯光会让对方驾驶员"瞬间致盲"，致盲时间根据驾驶员自身视力、身体素质、周围环境而定，不过最快也要持续3~5 s的时间。在这数秒之间，驾驶员如同闭眼开车，对驾驶员及周围行人造成很大的安全隐患。请通过调查灯光技术标准和讨论，了解生活中还有哪些光污染现象，如何解决这些问题。

项目小结 →

1. 知识小结

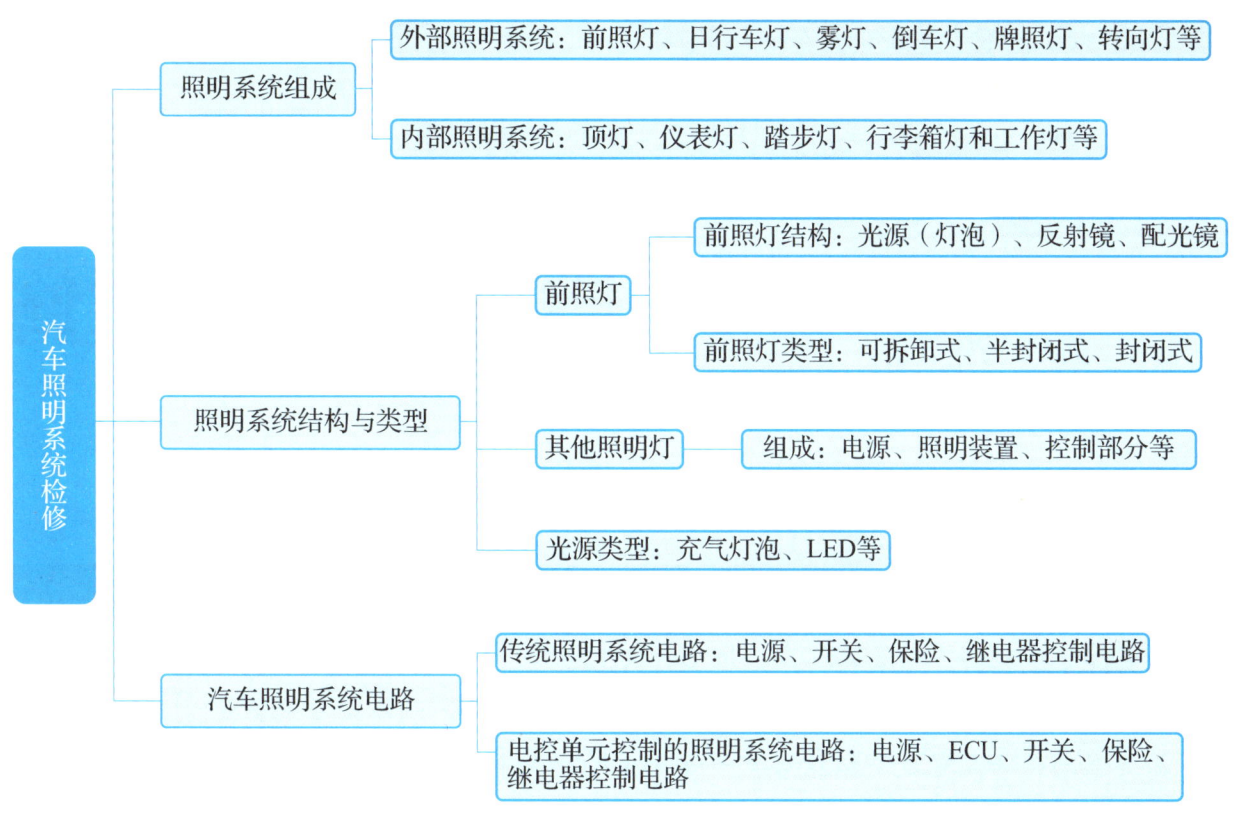

- 汽车照明系统检修
  - 照明系统组成
    - 外部照明系统：前照灯、日行车灯、雾灯、倒车灯、牌照灯、转向灯等
    - 内部照明系统：顶灯、仪表灯、踏步灯、行李箱灯和工作灯等
  - 照明系统结构与类型
    - 前照灯
      - 前照灯结构：光源（灯泡）、反射镜、配光镜
      - 前照灯类型：可拆卸式、半封闭式、封闭式
    - 其他照明灯
      - 组成：电源、照明装置、控制部分等
    - 光源类型：充气灯泡、LED等
  - 汽车照明系统电路
    - 传统照明系统电路：电源、开关、保险、继电器控制电路
    - 电控单元控制的照明系统电路：电源、ECU、开关、保险、继电器控制电路

2. 技能小结

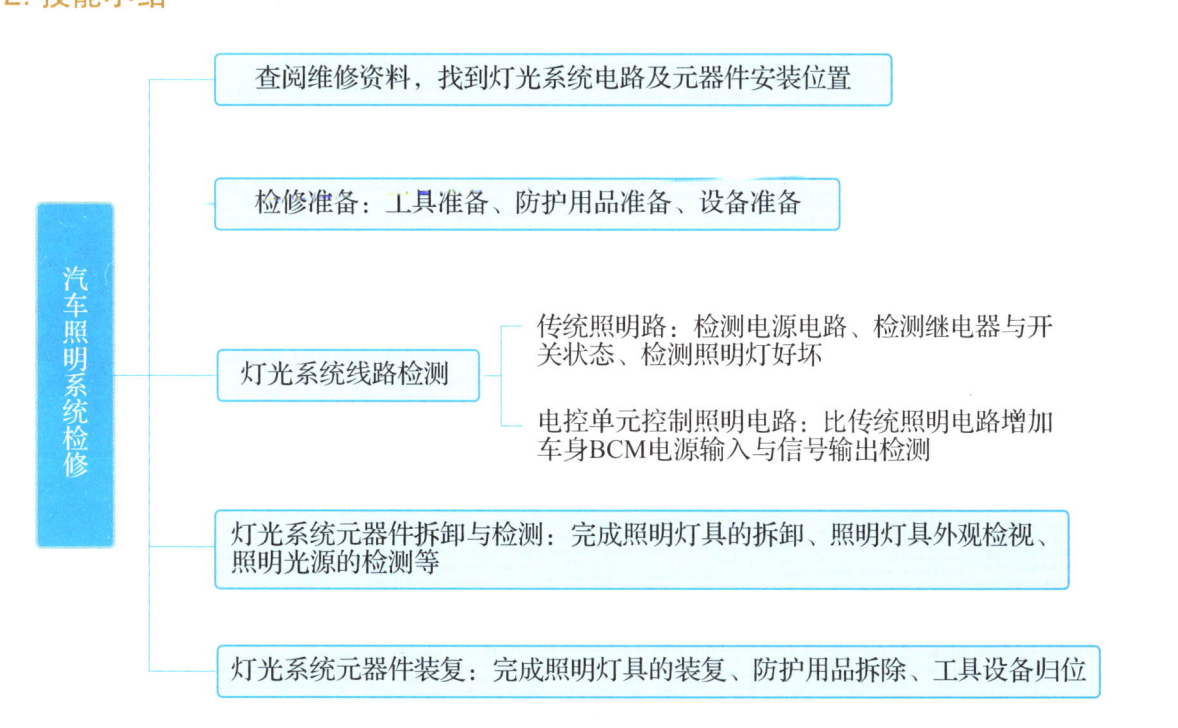

- 汽车照明系统检修
  - 查阅维修资料，找到灯光系统电路及元器件安装位置
  - 检修准备：工具准备、防护用品准备、设备准备
  - 灯光系统线路检测
    - 传统照明路：检测电源电路、检测继电器与开关状态、检测照明灯好坏
    - 电控单元控制照明电路：比传统照明电路增加车身BCM电源输入与信号输出检测
  - 灯光系统元器件拆卸与检测：完成照明灯具的拆卸、照明灯具外观检视、照明光源的检测等
  - 灯光系统元器件装复：完成照明灯具的装复、防护用品拆除、工具设备归位

项目二

汽车信号系统检修

项目描述

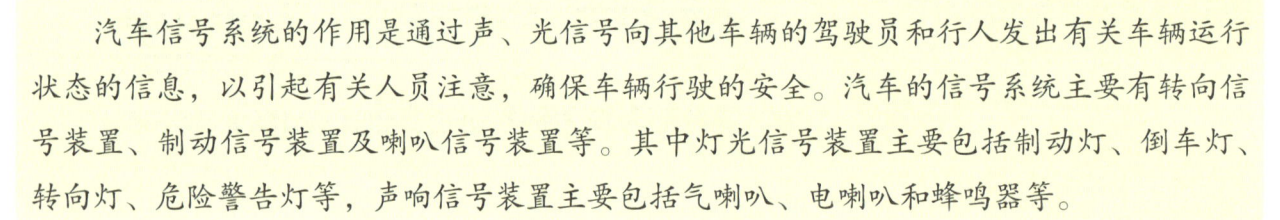

汽车信号系统的作用是通过声、光信号向其他车辆的驾驶员和行人发出有关车辆运行状态的信息，以引起有关人员注意，确保车辆行驶的安全。汽车的信号系统主要有转向信号装置、制动信号装置及喇叭信号装置等。其中灯光信号装置主要包括制动灯、倒车灯、转向灯、危险警告灯等，声响信号装置主要包括气喇叭、电喇叭和蜂鸣器等。

任务 1　转向信号灯及电路检修

任务导入

客户王先生开着一辆哈弗 M6 汽车来到 4S 店，反映无论向左还是向右打转向灯开关，转向灯均不亮，按下危险警告灯开关，危险警告灯也不亮，需要维修。请你负责王先生车辆的接待工作，为王先生解释该车故障的可能原因，介绍汽车转向信号灯的组成和类型，并对该车进行检修，排除故障。

项目二　汽车信号系统检修

任务目标

素养目标：
1）养成认真负责的工作态度，具有良好的职业道德。
2）培养学生安全操作习惯，提高岗位工作安全意识。

知识目标：
1）了解转向信号系统的组成和作用。
2）掌握转向信号灯的工作原理。
3）掌握准确分析工作中的不安全因素的方法。

技能目标：
1）能够正确使用各种常见维修工具和检测仪器。
2）能够正确分析转向信号灯的电路图。
3）能够正确使用转向信号灯。
4）能够进行转向信号灯及电路的检修。

知识准备

转向信号灯简称转向灯，在汽车转弯、超车、调头和停车时，左侧或右侧的转向信号灯会发出明暗交替的闪光信号，以示汽车改变行驶方向，如图2-1所示。汽车的转向信号灯大都采用橙色，一般位于汽车两侧、前部和尾部，转向信号灯的闪光频率应控制在50~110次/min范围内，一般为60~95次/min。转向信号灯每侧至少有前、后转向信号灯，有的还有侧转向信号灯。

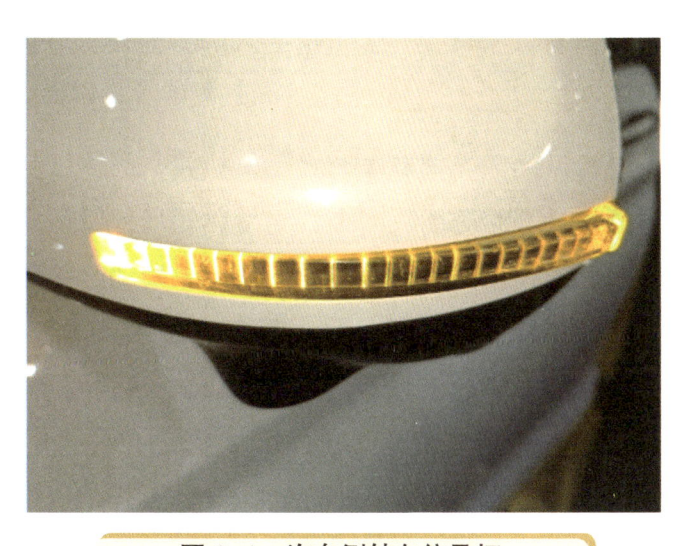

图2-1　汽车侧转向信号灯

一、转向信号灯的作用

转向信号灯由转向开关控制，其闪光频率由闪光（继电）器（或ECU）控制，当汽车转弯时，在闪光器（或ECU）的控制下，指示汽车向左或向右的行驶。当汽车要向左或右转向时，通过操纵转向开关，使车辆左边或右边的转向信号灯经闪光器（或ECU）通电而闪烁发光，发出明暗交替的闪烁信号，使前后车辆、行人、交警知其行驶方向。车辆在行驶过程中如遇危险或紧急情况，可以通过操纵危险警报开关使全部转向灯闪亮，作为危险报警信号，发出警示，如图 2-2 所示。

二、转向信号灯电路的组成

汽车的转向信号灯控制方式有传统闪光器式和基于车身模块控制式两种。闪光器控制的转向信号灯系统一般由转向信号灯、转向指示灯、转向开关、闪光器等组成，如图 2-3 所示。车身模块控制的转向信号灯电路以哈弗 M6 车型为例，在后续电路分析中进行说明。

图 2-2 汽车转向信号灯

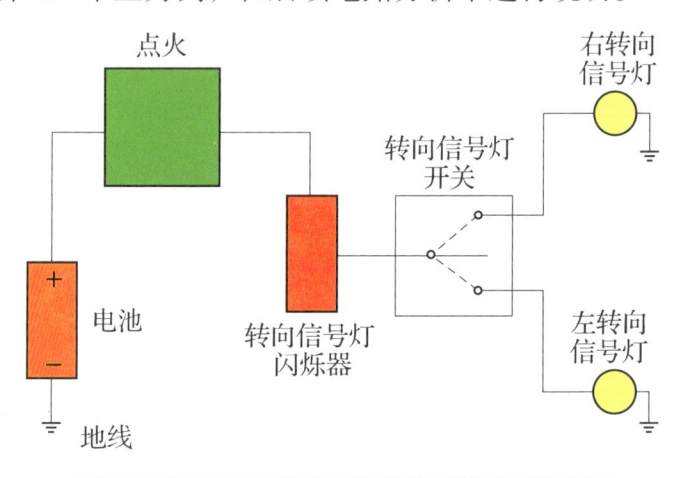

图 2-3 汽车转向信号灯系统组成

1. 闪光器

常见的闪光器有电容式、电热式、晶体管式（电子式）等形式，晶体管具有闪光频率稳定，灯光亮暗分明、清晰，无发热元器件，节约电能，工作可靠，使用寿命长等优点，随着汽车芯片技术的发展，转向信号灯的闪烁已逐渐过渡到由 ECU 控制。

晶体管式闪光器又称电子闪光器，晶体管式闪光器有带继电器晶体管式闪光器（有触点）、无触点式三极管闪光器、集成电路式闪光器等。

（1）带继电器晶体管式闪光器（有触点）

带继电器晶体管式闪光器（有触点）是一种混合式闪光器，它主要由三极管开关电路和小型继电器组成。带继电器晶体管式闪光器（有触点）的工作原理，如图 2-4 所示。

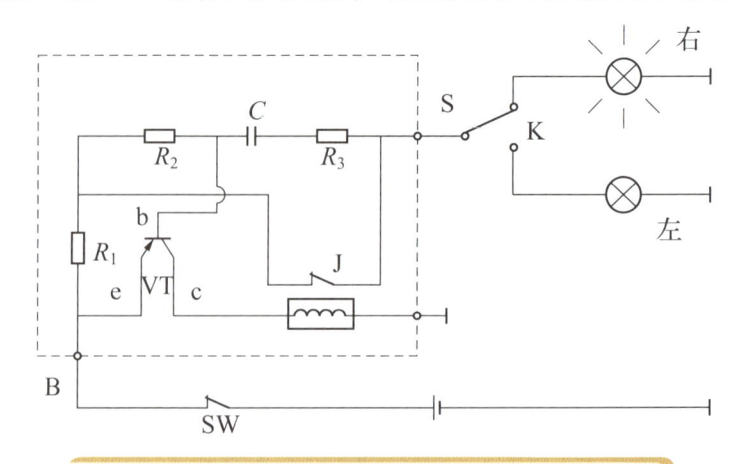

当汽车打开右转向信号灯时，电流由蓄电池正极→电源开关 SW→接线柱 B→电阻 R_1→继电器的常闭触点 J→接线柱 K→转向灯开关 S→右转向信号灯→搭铁→蓄电池负极，形成回

图 2-4 带继电器晶体管式闪光器（有触点）

路，右转向信号灯亮。当电流通过电阻 R_1 时，在电阻 R_1 上产生电压降，三极管 VT 因正向偏压而导通，集电极电流通过继电器线圈 J，使继电器的常闭触点立即打开，右转向信号灯随之熄灭。

三极管导通的同时，其基极电流向电容器 C 充电。电流由蓄电池正极→电源开关 SW →接线柱 B →三极管的发射极 e →基极 b →电容器 C →电阻 R_3 →接线柱 K →转向灯开关 S →转向灯→搭铁→蓄电池负极，形成回路。随着电容器电荷的积累，充电电流逐渐减小，三极管的集电极电流也随之减小，当电流减小，线圈中产生的电磁力不足以维持衔铁的吸合而释放时，继电器触点重又闭合，转向灯又再次发亮。这时电容器 C 通过电阻 R_2、继电器触点 J、电阻 R_3 放电。放电电流在 R_2 上产生的电压降为三极管提供反向偏压，加速三极管的截止。当放电电流接近零时，R_1 上的电压降为三极管 VT 提供正向偏压使其导通。这样，电容器不断地充电和放电，三极管也就不断地导通与截止，控制继电器触点反复地打开、闭合，使转向信号灯闪烁。

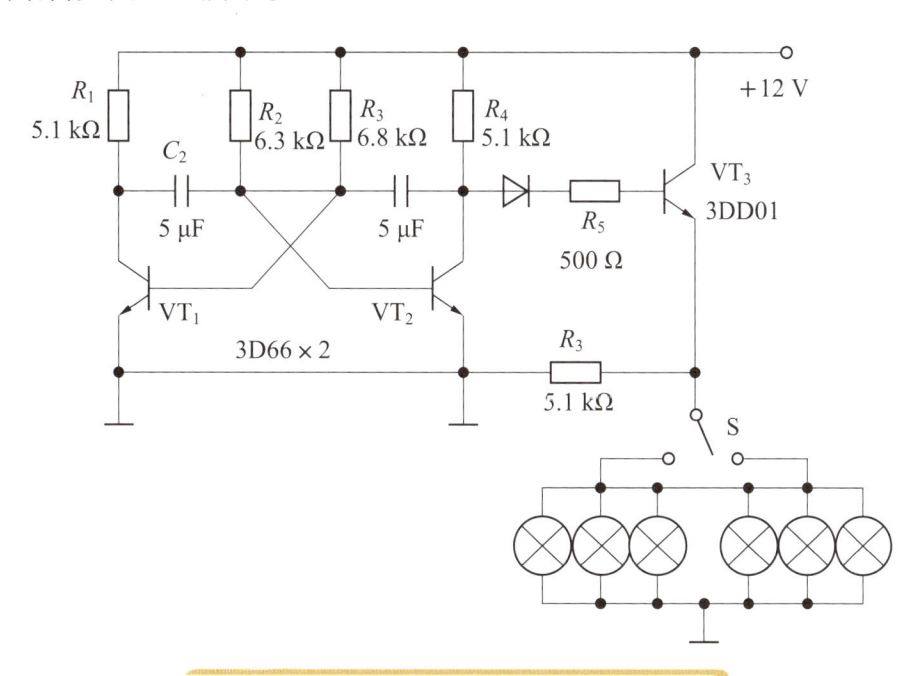

（2）无触点式三极管闪光器

无触点式三极管闪光器是用大功率三极管取代了继电器，取消了触点，所以又称全电子式闪光器，其结构如图 2-5 所示。

图 2-5 无触点式三极管闪光器结构

（3）集成电路式闪光器

集成电路式闪光器与无触点式三极管闪光器的不同之处就是用集成电路 IC 取代了三极管振荡器，这类闪光器也分有触点式和无触点式两种。如图 2-6 所示为 SGF-141 型有触点式集成电路闪光器。该闪光器由控制和监测发声两大部分组成。控制部分由 555 定时器、继电器 K_1、电阻 R_5、电容器 C_1 等组成，其作用是控制转向灯和发声部分工作。

图 2-6 SGF-141 型有触点式集成电路闪光器

无触点式集成电路闪光器用大功率三极管 VT_1 代替了有触点式闪光器的继电器，利用三极管的开关作用，实现对转向灯开关的控制。同时还增设了声响功能，构成了声光并用的转向信号装置，以引起人们对汽车转向的注意，提高了安全性，如图 2-7 所示。

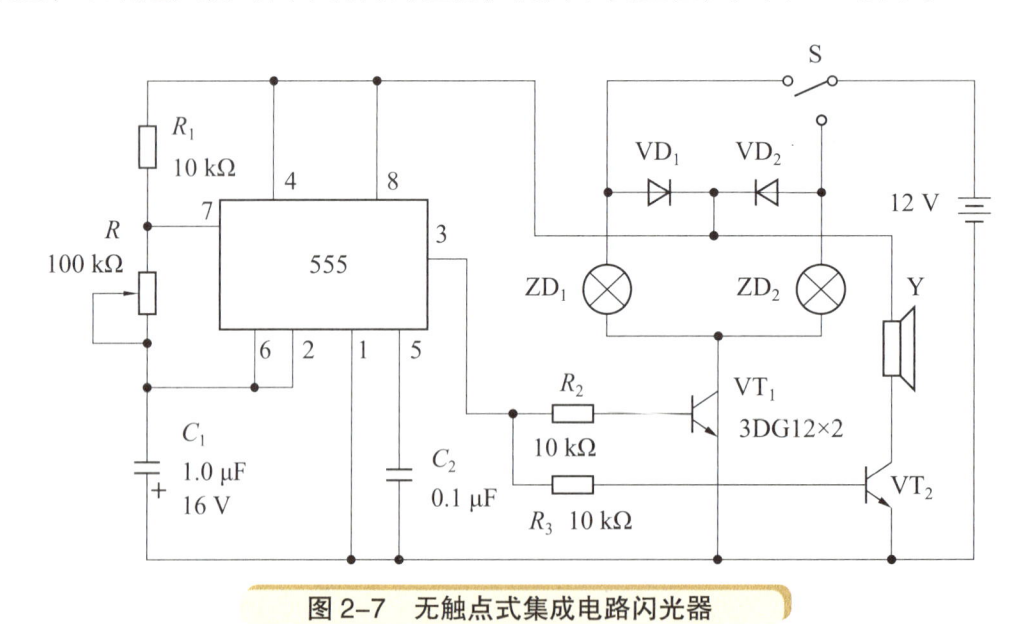

图 2-7 无触点式集成电路闪光器

2. 转向灯开关

目前汽车上使用的转向灯开关有小型三位开关、扳柄式转向开关、自动控制开关三类。

国产汽车使用的多为扳柄式转向开关。扳柄式转向开关装于转向柱上，使用方便。汽车转弯时，只要将手柄反向拨动，转向盘转动，自动回位撞销也随之转动，并能通过撞灭臂，使转向灯一直接通，显示行驶方向。汽车转弯后，回转方向盘时，由于自动回位撞销碰触撞灭臂，拨动转向灯开关回到断开位置，转向灯和转向指示灯自动熄灭。汽车非转向行驶时，由于转向盘转向较小，自动回位撞销不超过撞灭臂位置，该装置不起作用。

三、转向灯、危险警告灯控制电路分析

1. 传统转向灯控制电路分析

传统转向灯、危险警告灯控制电路如图 2-8 所示，当驾驶人要向右侧转向时，将转向信号灯开关拨往右侧，电流通路为蓄电池正极→点火开关→转向熔丝→危险警告灯开关→转向信号闪光器→转向信号灯开关→右转向信号灯→搭铁。此时右侧转向信号灯受闪光器的控制而闪亮。

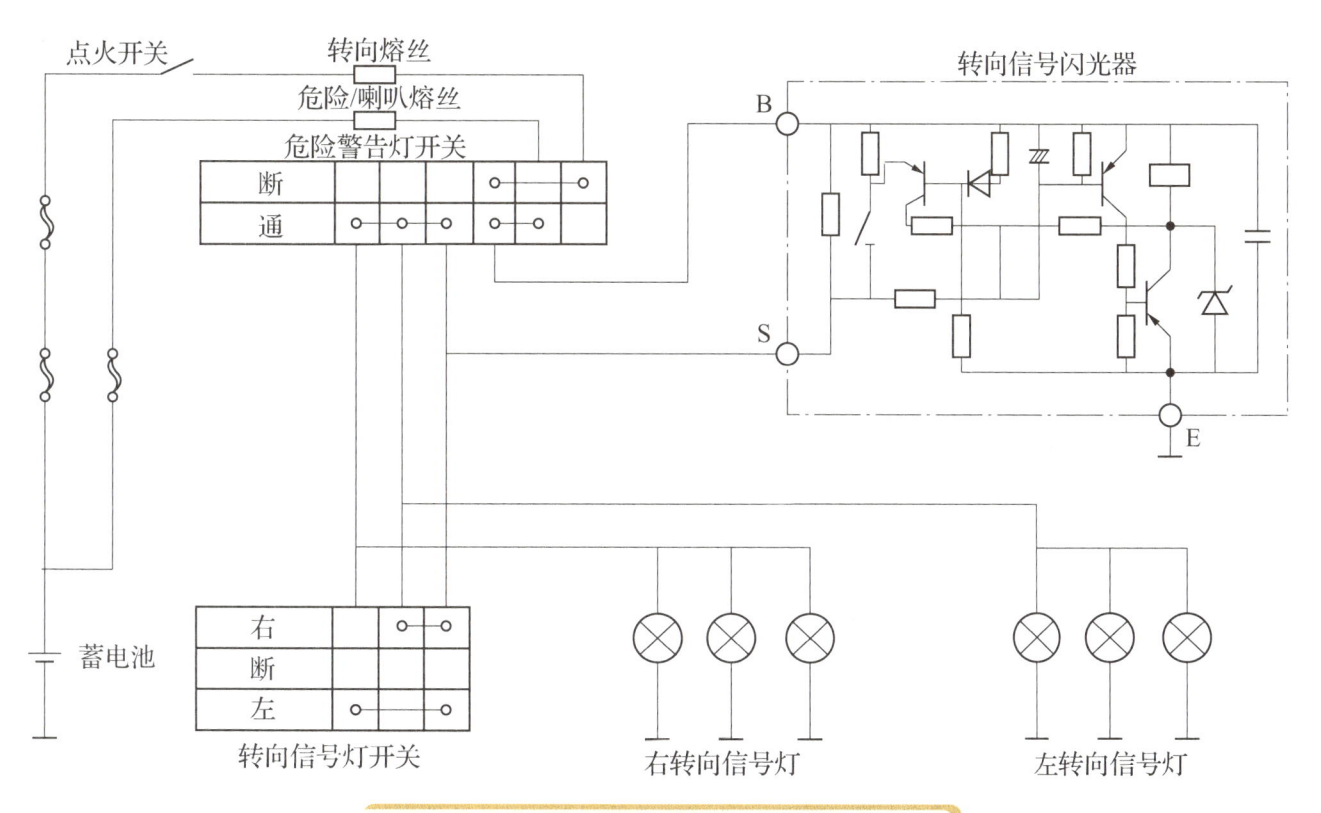

图 2-8 传统转向灯、危险警告灯控制电路

当驾驶人遇到紧急情况需停车时，按下危险警告灯开关，电流通路为蓄电池正极→危险/喇叭熔丝→危险警告灯开关→转向信号闪光器→危险警告灯开关→右转向信号灯和左转向信号灯→搭铁。此时左右转向信号灯都受闪光器的控制而闪亮。

2. 哈弗M6汽车转向灯电路分析

哈弗M6车型是通过车身控制模块（BCM）来控制转向灯的，电路如图2-9所示。

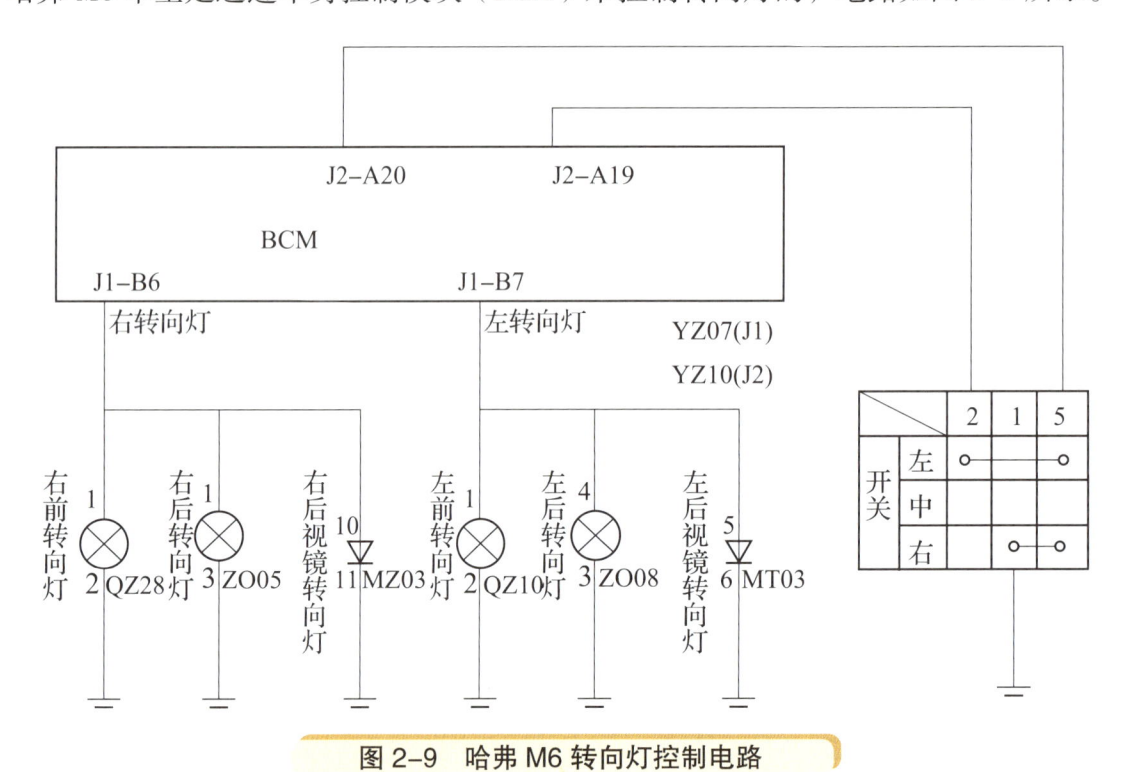

图2-9 哈弗M6转向灯控制电路

当车辆转向开关左位接通时，BCM通过导线J2-A19接收到转向开关的搭铁信号，从而判断左转向灯打开。BCM通过内部的控制芯片控制左转向灯导线J1-B7输出电流，从而左前、左后和左后视镜转向灯同时点亮。

当车辆转向开关右位接通时，BCM通过导线J2-A20接收到转向开关的搭铁信号，从而判断右转向灯打开。BCM通过内部的控制芯片控制左转向灯导线J1-B6输出电流，从而右前、右后和右后视镜转向灯同时点亮。

当车辆转向开关处于中位时，BCM未接收到导线J2-A19和J2-A20的搭铁信号，从而判断转向灯关闭。

在进行故障诊断和维修之前，首先打开点火开关，将转向灯开关打开到左侧或右侧位置，查看相应侧转向灯是否闪亮，然后根据以下故障现象确定实施步骤。

小贴示

如果组合仪表上的转向信号灯指示灯的闪烁比平时快，则表示前面或后面的转向信号灯灯泡被烧毁。

直通高考（知识）

1）以下不属于电子式闪光器的优点的是（　　）。
　A. 使用寿命长　　　B. 工作可靠　　　C. 闪光频率不稳定　　　D. 节约电能
2）闪光器分类中，具有闪光频率稳定，灯光亮暗分明、清晰的是（　　）。
　A. 电容式闪光器　　B. 翼片式闪光器　　C. 晶体管式闪光器　　D. 电阻式闪光器
3）能够控制转向灯闪光频率的是（　　）。
　A. 闪光器　　　　　B. 转向灯　　　　　C. 点火开关　　　　　D. 转向开关

技能实训

由于不同车辆的转向信号灯控制策略相差较大，因而转向信号灯故障诊断的方法和步骤也有较大差异，本节将以哈弗 M6 汽车转向灯故障诊断为例进行讲解。

1. 查阅维修资料

在计算机（或其他信息化终端）上打开电子（或纸质）维修手册。
①打开维修手册电子（或纸质）目录。
②从目录页找到灯光系统目录。
③从灯光系统目录下找到组合前灯目录。
④同样的方法进入子电路图，查找与组合前灯有关的电路图，如图 2-10 所示。
⑤综合所有与转向灯 / 危险报警灯有关的电路图进行综合分析其工作过程。

转向灯电路故障（灯泡损坏）

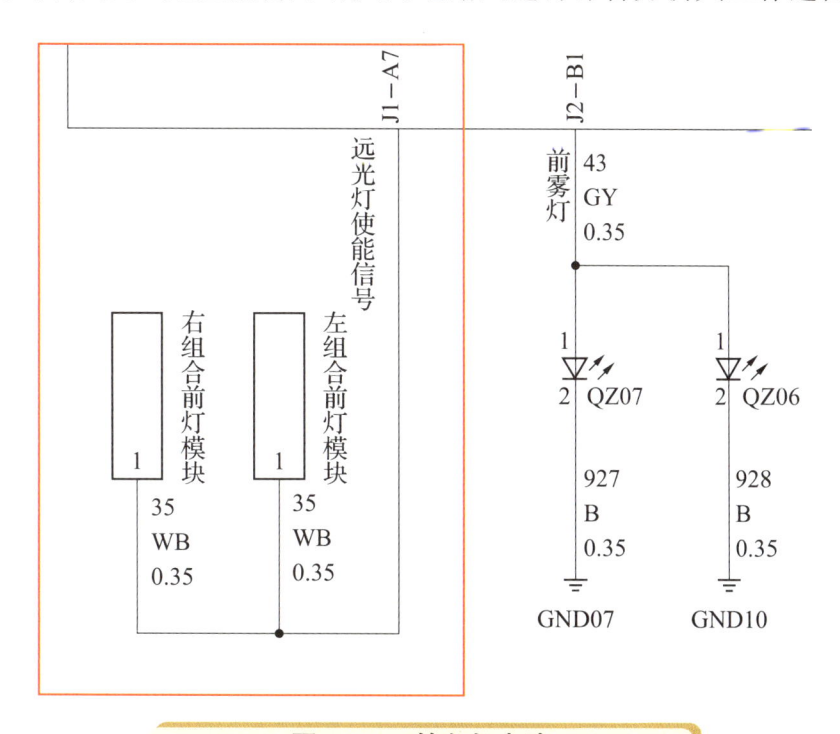

图 2-10　转向灯电路

2. 相关元件的拆装

（1）转向灯

转向灯的拆卸：断开蓄电池负极；找到组合大灯中的转向灯，如图 2-11 所示；拆卸转向灯泡。

转向灯的安装：以与拆卸相反的顺序进行。

（2）灯光总开关

灯光总开关的拆卸：断开蓄电池负极；拆下灯光总开关上护罩；拆下 3 个螺钉，拆下灯光开关下面罩；断开线束接插件；拆下 2 个螺钉，向左侧取下灯光总开关。

灯光总开关的安装：以与拆卸相反的顺序进行。

图 2-11 转向灯位置

3. 转向信号灯及电路故障诊断

由于哈弗 M6 汽车的转向信号灯是通过车身控制模块（BCM）来控制转向灯，故转向信号灯及电路出现故障时，BCM 将以故障代码形式进行储存，常见的照明系统故障代码如表 2-1 所示。

表 2-1 常见的照明系统故障代码

序号	故障代码	故障描述
1	B103694	灯光总开关输入错误
2	B103794	转向灯开关输入错误
3	B102413	右转向灯开路
4	B102411	右转向灯过载或短路到地
5	B102513	左转向灯开路
6	B102511	左转向灯过载或短路到地

（1）B103694/B103794

故障代码 B103694/B103794 的含义是灯光总开关/转向灯开关输入错误。这类故障代码报码的条件是打开点火开关，打开转向灯开关，自动灯光系统工作异常。

故障可能原因：灯光总开关线束异常；灯光总开关损坏；BCM 局部故障。

灯光开关 B103694/B103794 故障诊断步骤如表 2-2 所示。

表 2-2 灯光开关 B103694/B103794 故障诊断步骤

步骤	操作	是	否
1	检查灯光总开关/转向灯开关线路是否有异常	正确安装线束，故障排除	转第 2 步

续表

步骤	操作	是	否
2	检查灯光总开关/转向灯开关是否损坏	更换灯光总开关/转向灯开关，故障排除	转第3步
3	更换BCM，查看故障是否排除	故障排除	转第4步
4	用诊断仪读取车身控制器是否有故障代码	排除其他故障代码	故障排除

（2）B102511/B102411

故障代码B102511的含义是左转向灯对地短路故障。B102411的含义是右转向灯对地短路故障。故障代码报码的条件是打开转向灯挡位，BCM检测到前后左转向灯/右转向灯负载对地短路或者负载过流故障。

故障可能原因：前后左转向灯/右转向灯负载线束发生对地短路；前后左转向灯/右转向灯负载过流。

左转向灯/右转向灯B102511/B102411故障诊断步骤如表2-3所示。

表2-3 左转向灯/右转向灯B102511/B102411故障诊断步骤

步骤	操作	是	否
1	关闭所有负载用电器	转第2步	—
2	用诊断仪读取车身控制器是否有故障代码	转第3步	排查其他故障代码
3	检查前后左转向灯/右转向灯负载回路线束	检查线束并正确安装，转第5步	转第4步
4	检查前后左转向灯/右转向灯负载	更换前后左转向灯/右转向灯，转第5步	转第5步
5	清除故障代码，重起车辆并做检测，查看故障是否消除	故障排除，系统正常	重复第1步

（3）B102513/B102413

故障代码B102513的含义是左转向灯开路故障，B102413的含义是右转向灯开路故障。故障代码报码的条件是打开点火开关，灯光总开关左转向灯/右转向灯挡位，BCM检测到左转向灯/右转向灯负载开路。

故障可能原因：左转向灯/右转向灯负载线束发生故障开路；左转向灯/右转向灯负载故障损坏。

左转向灯/右转向灯B102513/B102413故障诊断步骤如表2-4所示。

表 2-4 左转向灯/右转向灯 B102513/B102413 故障诊断步骤

步骤	操作	是	否
1	关闭所有负载用电器	转第 2 步	—
2	用诊断仪读取车身控制器是否有故障代码	转第 3 步	排查其他故障代码
3	检查左转向灯/右转向灯负载回路线束	检查线束并正确安装，转第 5 步	转第 4 步
4	检查转向灯/右转向灯负载	更换左转向灯/右转向灯，转第 5 步	转第 5 步
5	清除故障代码，重启车辆并做检测，查看故障是否消除	故障排除，系统正常	重复第 1 步

🚗 小贴示 ▶▶▶

知其然也要其所以然，在学习过程中我们只有知原理，才能懂检修，才能做到精益求精，成为高素质技术技能人才。

🚗 直通高考（技能）

1）对转向灯不亮故障进行排查时，首先要（　　）。

A. 打开转向灯开关，确认故障现象　　B. 更换转向灯

C. 更换转向灯开关　　D. 更换转向灯熔断丝

2）带闪光器的转向信号灯电路，如果组合仪表上的转向信号灯指示灯的闪烁比平时快，则表示（　　）。

A. 有个别转向信号灯灯泡损坏　　B. 闪光器故障

C. 转向开关故障　　D. 正常

✏️ 任务实施

扫码并参照本教材配套工作页中的项目二任务 1——转向信号灯及电路检修，实施任务。

工作页-转向信号灯及电路检修

任务2　制动信号灯及电路检修

任务导入

客户王先生开着一辆哈弗 M6 汽车来到 4S 店。王先生反映车辆左后制动灯不亮，仪表板上制动系统报警灯亮起。假如你负责王先生车辆的接待工作，请为王先生解释该车故障的可能原因，介绍汽车制动信号灯的组成和作用，并对该车进行检修，排除故障。

任务目标

素养目标：

1）养成认真负责的工作态度，具有良好的职业道德。
2）培养学生积极主动分析问题、解决问题的能力。

知识目标：

1）了解汽车制动信号灯的组成和作用。
2）理解汽车制动信号灯的工作原理。
3）掌握制动信号灯检修过程中的安全隐患和规避方法。

技能目标：

1）能够正确使用各种常见维修工具和检测仪器。
2）能够正确分析汽车制动信号灯的电路图。
3）能够操作和正确使用汽车制动信号灯的各种灯具。
4）能够进行汽车制动信号灯的检修。

知识准备

一、制动信号灯概述

1. 制动信号灯的作用

制动信号灯的作用是在汽车制动时，向跟进车辆发出较强红色灯光信号，提醒跟进车辆驾驶员采取相应措施，以免发生追尾事故。

2. 要求及安装位置

汽车制动信号灯，简称制动灯（刹车灯），通常安装在汽车尾部两侧，如图 2-12 所示。制动灯法定为红色，大多与后尾灯组合为一体，用双丝灯泡或两个单丝灯泡制成，功率小的灯泡在下部，作为车后的红光标志并照明牌照，功率大的为制动信号灯。制动灯灯泡功率一般为 20~40 W。两个制动灯的安装位置应与汽车的纵轴线对称并在同一高度，制动灯的红色信号应保证距车尾 100 m 处能够观察到灯光信号。乘用车普遍在后窗内加装了高位制动灯，一般为 LED 灯，如图 2-13 所示。

图 2-12 汽车制动灯安装位置

图 2-13 汽车制动灯亮灯效果

二、制动信号灯电路组成

传统汽车制动信号灯简化电路如图 2-14 所示，制动信号装置主要由制动信号灯、制动信号开关装置组成。当松开踏板后，断开制动信号灯电路，制动灯灭；踩下制动踏板后制动灯开关导通，制动灯点亮。

制动信号灯开关主要有机械式、液压式和气压式等，其中机械式使用最多，如图 2-15 所示。

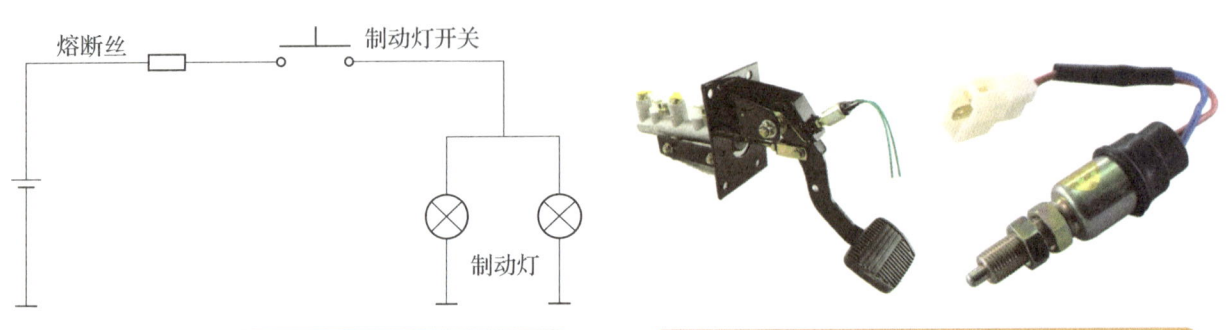

图 2-14 传统汽车制动信号灯简化电路

图 2-15 机械制动开关

1. 机械式制动灯开关

机械式制动灯开关是常闭的开关，通常装在制动踏板后面，制动踏板未被踏下时，制动灯开关处于断开状态；当把制动踏板踩下一段距离后，制动灯开关导通，制动灯点亮。机械式制动灯开关一般为两线，也有部分车辆采用四线控制。

2. 液压式制动灯开关

一般应用于采用液压制动系统的汽车，安装在液压制动主缸的前端或制动管路中，其结构如图2-16所示。当踩下制动踏板时，由于制动系统的压力增大，膜片向上弯曲，接触桥同时接通两个接线柱，使制动灯通电发亮。

3. 气压式制动灯开关

通常安装在制动系统的气压管路上，其结构如图2-17所示。制动时，制动压缩空气推动橡胶膜片向上弯曲，使触点闭合，接通制动灯电路。

图2-16 液压式制动灯开关

图2-17 气压式制动灯开关

三、制动信号灯电路组成

常见车型的制动灯，电源通过保险，然后到制动开关，踩下刹车，开关接通，电流经过两个制动灯和一个高位制动灯，通过负极导线与车体连接构成回路。当踏下制动踏板时，制动灯开关导通，制动信号灯点亮。在踩下制动踏板后，制动信号会共享到发动机ECU或ABS控制器，用来触发制动时的防抱死等功能。

双丝灯泡里面有两根不同电阻的灯丝，分别具备制动灯和行车灯功能。其插头有三根线，其中一根是行车灯和制动灯的搭铁线，通常电线的颜色是黑色的。

为了提高行车安全，在汽车上安装制动灯失效报警灯。其线路原理如图2-18所示，由电磁线圈4、6和舌簧开关5，报警灯3与

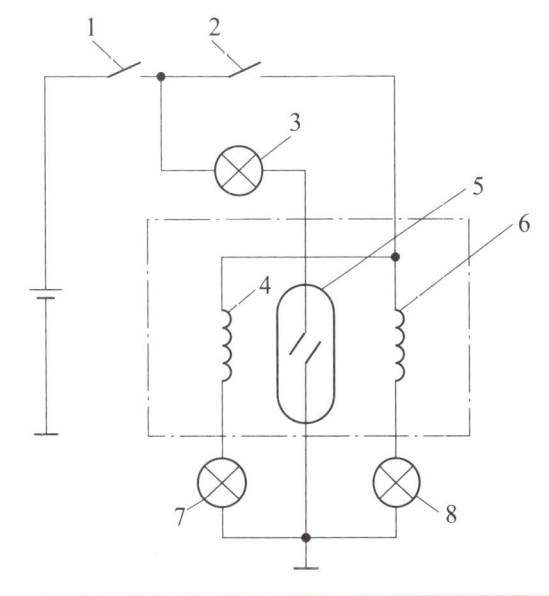

图2-18 制动系统报警灯线路组成

1—点火开关；2—制动开关；3—报警灯；
4，6—电磁线圈；5—舌簧开关；7，8—制动信号灯

制动信号灯 7、8 等组成。

在正常情况下制动时，踩下制动踏板，制动灯开关接通，电流分别经电磁线圈 4 和 6，左右制动信号灯亮。此时，两线圈所产生的磁场互相抵消，舌簧开关 5 在自身弹力作用下断开触点，报警灯不亮。若左（或右）制动信号灯灯线断路（或灯丝烧断）时制动，则电磁线圈 4（或 6）无电流通过，而通电的线圈产生的磁场吸力吸动舌簧开关 5 的触点闭合，与舌簧开关 5 串联的报警灯 3 点亮。

小贴示

根据 GB 7258—2017《机动车运行安全技术条件》第 8.3.2 条规定，机动车的制动灯白天在距其 100 m 处应能观察到其工作状况。制动灯的发光强度应明显大于后位灯。根据 GB 4785—2019《汽车及挂车外部照明和光信号装置的安装规定》第 4.15 条规定，制动灯光色为红色。

直通高考（知识）

1）制动灯要求其灯光在夜间能明显指示（　　）。
A. 30 m 以外　　B. 60 m 以外　　C. 100 m 以外　　D. 50 m 以外

2）制动灯俗称"刹车灯"，装于汽车尾部，灯光颜色一般为（　　）。
A. 白色　　B. 黄色　　C. 红色　　D. 橙色

3）后尾灯双丝灯泡中，两个灯丝分别为（　　）。
A. 行车灯、转向灯　　　　　　　　B. 行车灯、刹车灯
C. 刹车灯、转向灯　　　　　　　　D. 倒车灯、转向灯

技能实训

由于不同车辆的制动灯控制策略相差较大，因而制动灯故障诊断的方法和步骤也有较大差异，本节将以哈弗 M6 汽车制动灯故障诊断为例进行讲解。

1. 查阅维修资料

在计算机（或其他信息化终端）上打开电子（或纸质）维修手册。
①打开维修手册电子（或纸质）目录。
②从目录页找到灯光系统目录。
③从灯光系统目录下找到组合前灯目录。
④同样的方法进入子电路图，查找与组合前灯有关的电路图。
⑤综合所有与转向灯/危险报警灯有关的电路图，分析其工作过程。

制动灯电路检修案例

2. 组合后灯的拆装

（1）组合后灯的拆卸

打开后背门；断开蓄电池负极并拆卸，如图 2-19 所示；撬开 2 个螺钉盖板；拆下 2 个螺栓，如图 2-20 所示；断开线束接插件。

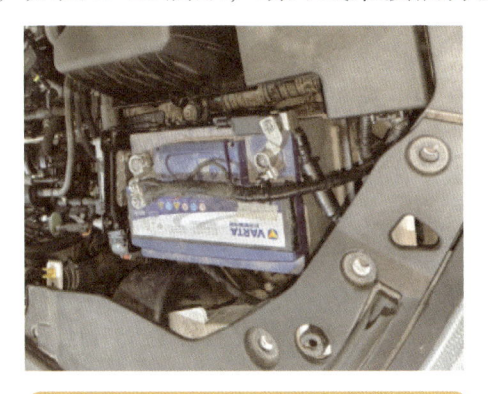

图 2-19　蓄电池负极拆卸

图 2-20　固定螺栓位置

（2）组合后灯的安装

以与拆卸相反的顺序进行。

3. 制动灯及电路故障诊断

由于哈弗 M6 汽车的制动灯是通过车身控制模块（BCM）来控制制动灯，故制动灯及电路出现故障时，BCM 将以故障代码形式进行储存，常见的制动灯故障代码如表 2-5 所示。

表 2-5　常见的制动灯故障代码

序号	故障代码	故障描述
1	B108614	右后制动灯开路
2	B108612	右后制动灯过载或短路到地
3	B108714	左后制动灯开路
4	B108712	左后制动灯过载或短路到地
5	B102111	高位制动灯对地短路
6	C002004	压力传感器信号错误
7	C004008	刹车信号可靠性错误
8	C004510	压力传感器接线错误
9	U160108	刹车信号无效

（1）C002004/C004008/C004510/U160108

故障代码 C002004/C004008/C004510/U160108 的含义是压力传感器信号错误/刹车信号

可靠性错误/压力传感器接线错误/刹车信号无效。这类故障代码报码的条件是打开点火开关，踩下制动踏板，制动灯工作异常。

故障可能原因：制动灯开关线束异常；制动灯开关损坏；BCM 局部故障。

C002004/C004008/C004510/U160108 故障诊断步骤如表 2-6 所示。

表 2-6　C002004/C004008/C004510/U160108 故障诊断步骤

步骤	操作	是	否
1	检查制动灯开关及其线路是否有异常	正确连接安装线束，故障排除	转第 2 步
2	检查制动灯开关是否损坏	更换制动灯开关，故障排除	转第 3 步
3	用诊断仪读取车身控制器是否有故障代码	排除其他故障代码	故障排除

（2）B108614/B108714/B108612/B108712

故障代码 B108614/B108714/B108612/B108712 的含义是右后制动灯开路/左后制动灯开路/右后制动灯过载或短路到地/左后制动灯过载或短路到地。故障代码报码的条件是打开点火开关，踩下制动踏板，BCM 检测到右后制动灯开路/左后制动灯开路故障。

故障可能原因：右后制动灯开路/左后制动灯开路；右/左刹车灯负载线束发生对地短路；右/左刹车灯负载过流。

B108614/B108714/B108612/B108712 故障诊断步骤如表 2-7 所示。

表 2-7　B108614/B108714/B108612/B108712 故障诊断步骤

步骤	操作	是	否
1	关闭所有负载用电器	转第 2 步	—
2	用诊断仪读取车身控制器是否有故障代码	转第 3 步	排查其他故障代码
3	检查右后制动灯/左后制动灯负载回路线束	检查线束并正确安装，转第 5 步	转第 4 步
4	检查右后制动灯/左后制动灯负载	更换右后制动灯/左后制动灯，转第 5 步	转第 5 步
5	清除故障代码，重起车辆并做检测，查看故障是否消除	故障排除，系统正常	重复第 1 步

直通高考（技能）

1）拆卸汽车制动灯开关的操作要领是（　　）。

A. 逆时针旋转拔下制动灯开关

B. 顺时针旋转拔下制动灯开关

C. 先逆时针再顺时针旋转拔下制动灯开关

D. 先顺时针再逆时针旋转拔下制动灯开关

2）实训进行汽车制动灯检修作业前的基本检查，不包括以下（　　）。

A. 现场有无合格灭火设备　　　　B. 举升机能否正常使用

C. 场地是否符合作业要求　　　　D. 实训设备和仪器能否正常使用

任务实施

扫码并参照本教材配套工作页中的项目二任务2——制动信号灯及电路检修，实施任务。

工作页－制动信号灯及电路检修

任务3　电喇叭及电路检修

任务导入

客户李先生开着一辆哈弗M6汽车来到4S店。李先生反映车辆喇叭声音没有以前响亮。假如你负责李先生车辆的接待工作，请为李先生解释该车故障的可能原因，介绍汽车喇叭的组成和类型，并对该车进行检修，排除故障。

任务目标

素养目标：

1）养成认真负责的工作态度，具有良好的职业道德。

2）培养学生理性思维能力，养成乐学善学的习惯。

知识目标：

1）了解电喇叭系统的组成和作用。

2）能理解电喇叭系统的工作原理。

3）掌握电喇叭检修过程中的安全隐患和规避方法。

> **技能目标:**
> 1) 能够正确使用各种常见维修工具和检测仪器。
> 2) 能够正确分析电喇叭系统的电路图。
> 3) 能够操作和正确使用喇叭。
> 4) 能够进行喇叭系统的检修。

📝 知识准备

汽车喇叭安装在前保险杠后面，通常通过支架安装在车身上面，发挥警示和提醒车辆、行人的作用，保证行车安全。

一、电喇叭的概述

汽车上都装有喇叭，它的作用是在行车过程中根据需要和规定，发出必需的声音信号，警告行人和其他车辆，以保证行车安全，同时还可用于传递信号。喇叭按发音动力的不同分有气喇叭和电喇叭两类；按外形分有盆形、螺旋形、筒形三类，如图 2-21 所示；按声频分有高音和低音两种。

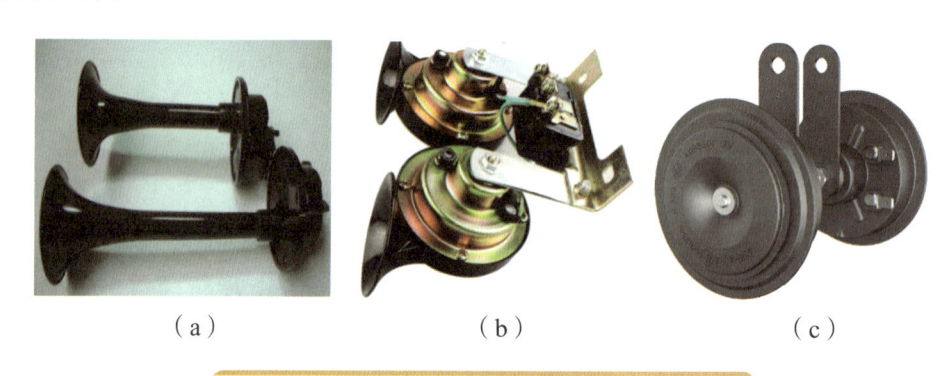

（a）　　　　　（b）　　　　　（c）

图 2-21　三类汽车喇叭
（a）盆形喇叭；（b）螺旋形喇叭；（c）筒形喇叭

二、电喇叭的结构与原理

盆形电喇叭的工作原理与螺旋形电喇叭相同，其结构如图 2-22 所示。电磁铁采用螺管式结构，铁芯上绕有线圈，上、下铁芯之间的气隙在线圈中间，所以能产生较大的吸力。它无扬声筒，而是将上铁芯、膜片和共鸣板固装在中心轴上。当电路接通时，线圈产生吸力，上铁芯被吸下与下铁芯碰撞，产生较低的基本频率，并激励与膜片一体的共鸣板产生共鸣，从而发出比基本频率强得多，且分布又比较集中的谐音。为了保护触点，有的盆形喇叭在触点之间也并联了灭弧电容器。

图 2-22 盆形电喇叭结构

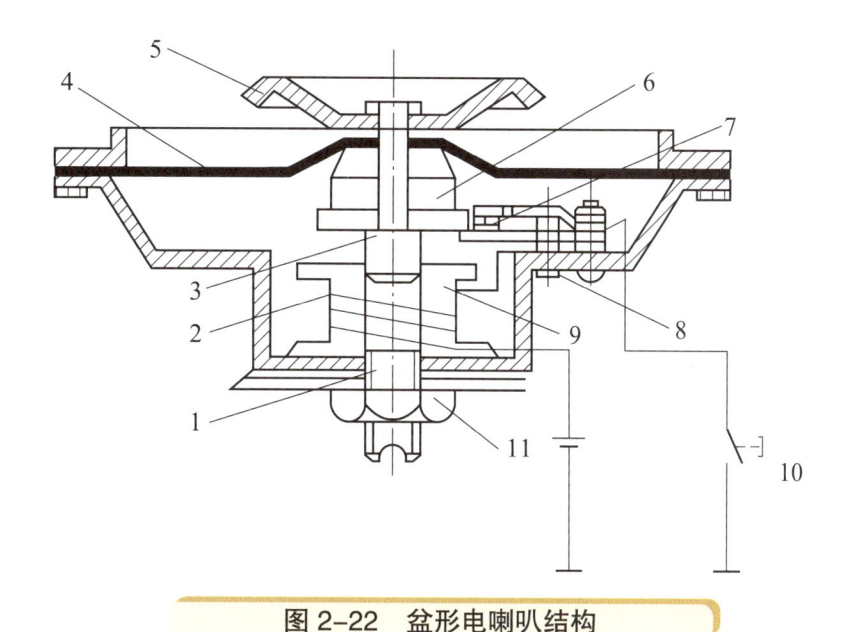

1—底座；2—线圈；3—上铁芯；4—膜片；5—共鸣板；6—衔铁；7—触点；
8—调整螺钉；9—铁芯；10—按钮；11—锁紧螺母

三、电喇叭电路分析

1. 传统电喇叭电路分析

为了得到较为和谐悦耳的声音，在汽车上常装有两个不同音调（高、低音）的电喇叭。其中高音喇叭膜片厚，扬声简短，低音喇叭则相反。

装用单只螺旋形电喇叭或两只盆形喇叭时，电喇叭总电流较小（小于 8 A），一般直接由方向盘上的喇叭按钮控制。当装用两只螺旋形电喇叭时，电喇叭耗用电流较大（大于 15~20 A），用按钮直接控制，易烧蚀按钮触点。为避免这个缺点，可采用喇叭继电器控制双音电喇叭。喇叭继电器结构和接线如图 2-23 所示。按下喇叭按钮时，线圈通电，使继电器铁芯产生电磁吸力，将继电器触点闭合，接通了双音电喇叭，喇叭发音。电流回路为：蓄电池正极→熔断丝→接线柱 B→触点臂→触点→接线柱 H→电喇叭→搭铁→蓄电池负极。松开喇

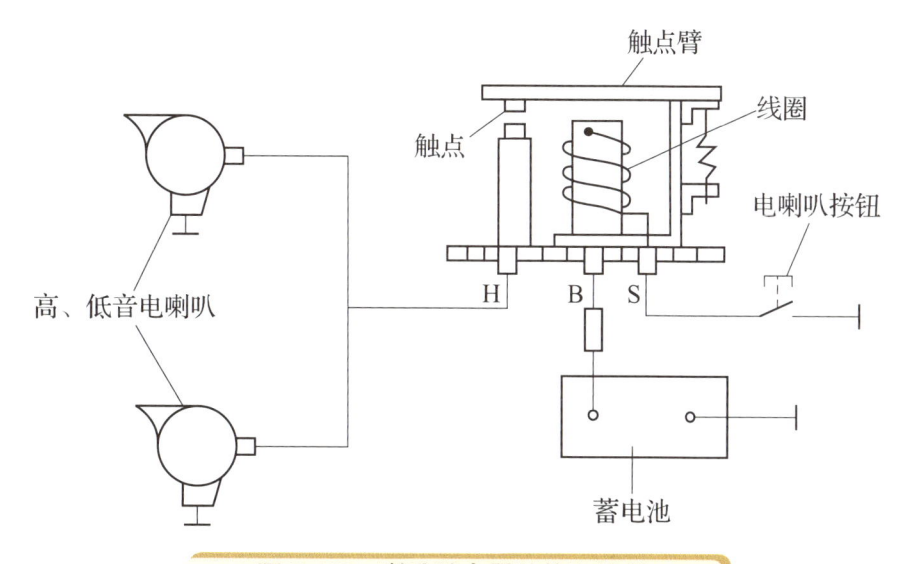

图 2-23 喇叭继电器结构和接线

叭按钮时，继电器线圈断电，铁芯电磁吸力消失，触点在自身弹力作用下断开，切断了喇叭电路，电喇叭停止发音。喇叭继电器的作用就是利用铁芯线圈的小电流控制触点的大电流，从而保护方向盘按钮触点。

2. 哈弗 M6 汽车喇叭电路分析

哈弗 M6 汽车上装有两个不同音调（高、低音）的电喇叭。其中高音喇叭膜片厚，扬声简短，低音喇叭则相反。哈弗 M6 汽车的喇叭电路如图 2-24 所示。

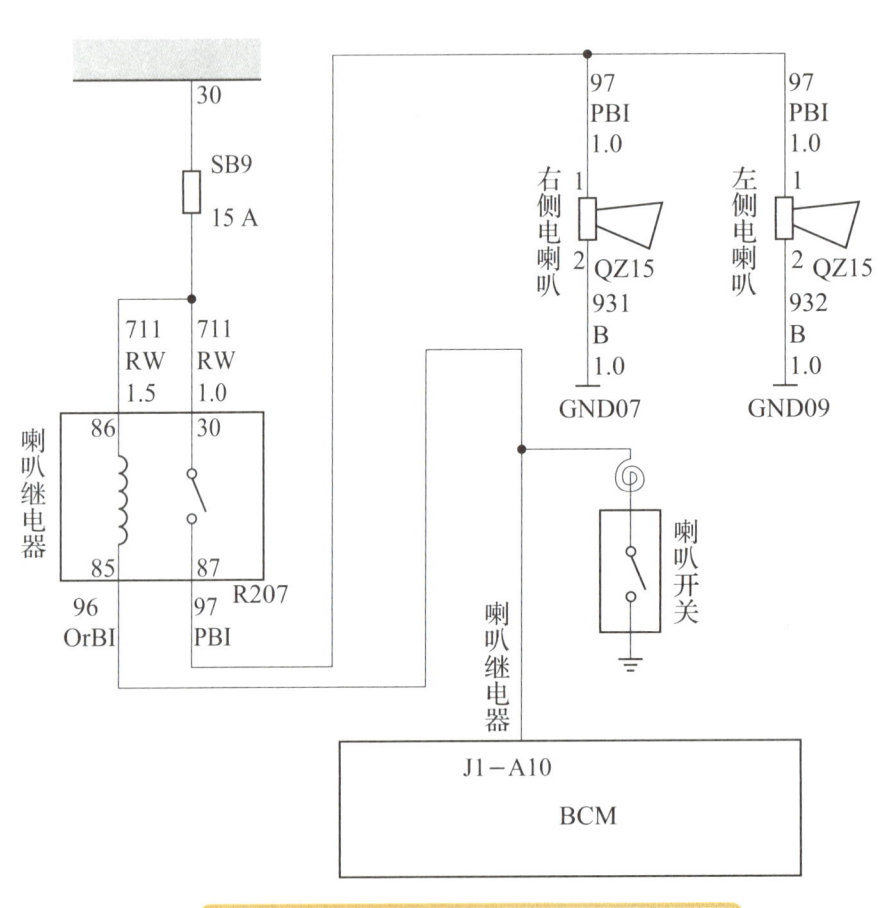

图 2-24 哈弗 M6 汽车的喇叭电路

按下喇叭开关时，喇叭继电器线圈通电，继电器铁芯产生电磁吸力，将继电器触点闭合，接通了双音电喇叭，喇叭发音；同时 BCM 通过导线 J1-A10 接收到搭铁信号，从而获得喇叭处于工作状态。松开喇叭开关时，继电器线圈断电，铁芯电磁吸力消失，触点在自身弹力作用下张开，切断了电喇叭电路，电喇叭停止发音；同时 BCM 未获得导线 J1-A10 的搭铁信号，从而获得喇叭处于非工作状态。

四、电喇叭的调整

正常的电喇叭应发音清脆洪亮，无沙哑杂音。如不符合要求必须进行调整。螺旋形、盆形电喇叭调整一般有铁芯气隙调整和触点预压力调整两项，前者调整喇叭的音调，后者调整喇叭的音量。

1. 音调的调整

音调的高低取决于膜片振动的频率，改变铁芯间隙可以改变膜片的振动频率，从而改变音调；松开锁紧螺母旋转铁芯，间隙减小时音调提高，间隙增大时音调降低，铁芯气隙值（一般为 0.7~1.5 mm）视喇叭的高、低音及规格型号而定。

筒形、螺旋形电喇叭铁芯气隙的调整位置如图 2-25 所示。对图 2-25（a）所示的电喇叭，应先松开锁紧螺母，然后转动衔铁，即可改变衔铁与铁芯气隙；对图 2-25（b）所示的电喇叭，松开上、下调节螺母，即可使铁芯上升或下降，即改变铁芯气隙；对图 2-25（c）所示的电喇叭，可先松开锁紧螺母，转动衔铁加以调整，然后松开调节螺母，使弹簧片与衔铁平行后紧固。调整时，应使衔铁与铁芯间的气隙均匀，否则会产生杂音。

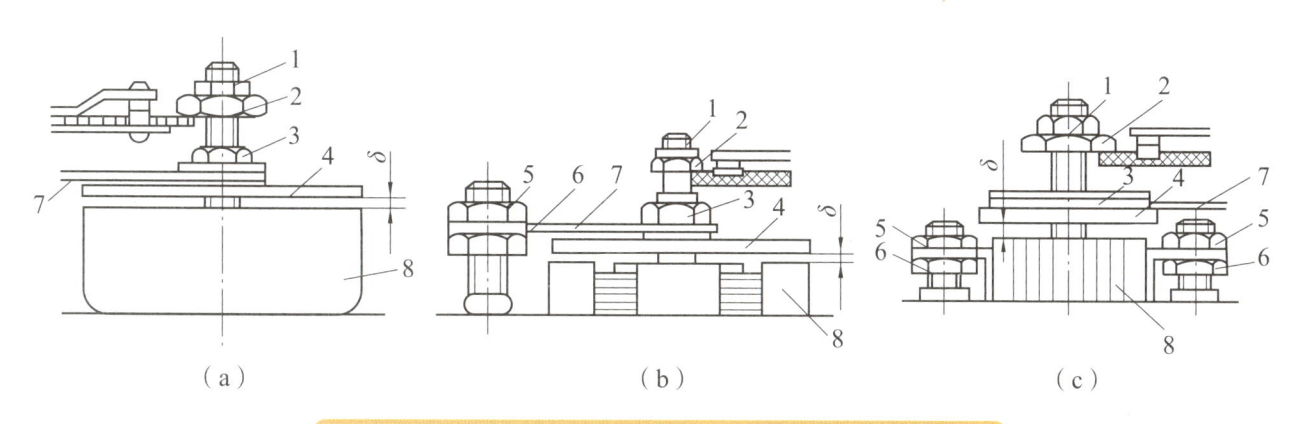

图 2-25 筒形、螺旋形电喇叭铁芯气隙的调整位置
1，3—锁紧螺母；2，5，6—调节螺母；4—衔铁；7—弹簧片；8—铁芯

2. 音量的调整

音量的大小与通过线圈的电流大小有关，通过的工作电流大，喇叭发出的音量也就大。线圈通过的电流大小，可以通过改变喇叭触点的接触压力来调整（压力增大，通过线圈的电流增大，喇叭的音量增大，反之音量减小）。盆形电喇叭音量的调整可通过调整螺钉来调整触点压力，进而实现对音量的调整，如图 2-26 所示。

触点压力是否正常，可通过检查喇叭工作电流与额定电流是否相符来判断。如工作电流等于额定电流，则说明触点压力正常；如工作电流大于或小于额定电流，则说明触点压力过大或过小，应予以调整。

电喇叭音量和音质调整并不是完全独立的，它们两者实际上是相互关联的，因此两者需反复

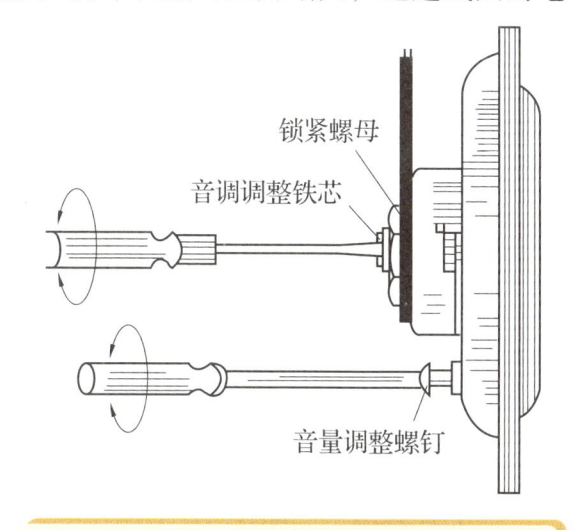

图 2-26 盆形电喇叭调整位置

调试才会获得最佳效果。

五、电喇叭检修及使用注意事项

①喇叭应通过装有弹簧片或橡皮垫的缓冲架安装到汽车上，不可将喇叭与车体进行刚性连接，因为喇叭在车上的安装固定方法对喇叭的声音有很大影响。

②喇叭的额定电压应与电源电压保持相等。当电源电压低于喇叭额定电压时，喇叭将发出不正常的声响。

③喇叭的触点应保持平整、清洁，且闭合时的接触面积不应小于80%。

④不得用水直接冲洗喇叭筒，水进入喇叭筒会造成喇叭不响故障。

⑤按喇叭的时间不能过长，一般喇叭连续发音不超过10 s，以免喇叭损坏。

直通高考（知识）

1）要调节喇叭的音调时，应该调整（　　）。

A. 下铁芯　　　　　　　　　　B. 上铁芯

C. 音量调整螺钉　　　　　　　D. 喇叭继电器

2）喇叭音量的高低取决于（　　）。

A. 电路电压大小　　　　　　　B. 触点压力大小

C. 音膜振动幅度大小　　　　　D. 铁芯气隙的大小

3）安装喇叭继电器的目的是（　　）。

A. 减小喇叭线圈的电流　　　　B. 增加喇叭音量

C. 延长喇叭的使用寿命　　　　D. 保护喇叭按钮

技能实训

由于不同车辆的喇叭安装及拆装步骤也有较大差异，本任务以哈弗M6汽车喇叭故障诊断为例进行讲解。

1. 查阅维修资料

在计算机（或其他信息化终端）上打开电子（或纸质）维修手册。

①打开维修手册电子（或纸质）目录，如图2-27所示。

②从目录页找到喇叭系统目录，如图2-28所示。

③从喇叭系统目录下找到喇叭总成。

④综合有关的电路图分析其工作过程。

项目二 汽车信号系统检修

图 2-27 维修手册目录

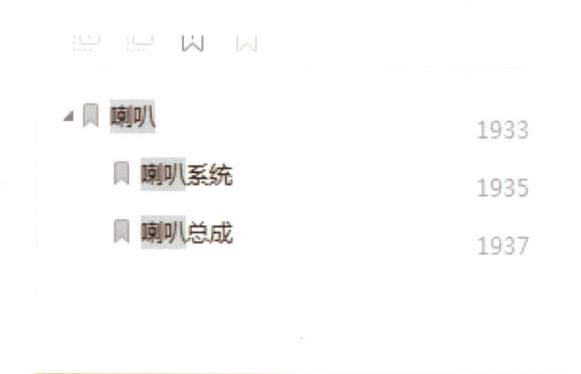

图 2-28 喇叭系统目录

2. 喇叭拆卸／安装

（1）拆卸

断开蓄电池负极；拆卸前保险杠；断开线束接插件，拆下两个螺栓；取下高／低音喇叭。

（2）安装

安装以与拆卸相反的顺序进行。

喇叭拆装如图 2-29 所示。

图 2-29 喇叭拆装

3. 喇叭系统故障诊断

症状	症状可疑部位
喇叭不鸣	喇叭按钮开关、高音喇叭、低音喇叭、熔断器、喇叭继电器、线束
喇叭一直响	喇叭继电器、喇叭按钮开关、BCM 故障、线束
喇叭音调不正常	高音喇叭、低音喇叭、线束

> **小贴示**
>
> 细节决定成败。电喇叭及电路检修过程中应养成严谨的工作作风，细微的错误会造成故障诊断的失败。任务实施过程中一定要认真仔细，严格按维修手册要求进行操作。

直通高考（技能）

1）关于喇叭声响不正常故障，甲说喇叭声响不正常故障的原因可能是喇叭线圈烧坏；乙说喇叭声响不正常故障的原因可能是蓄电池存电不足。你认为（　　）。

A. 甲正确　　　B. 乙正确　　　C. 甲乙都正确　　　D. 甲乙都不正确

2）关于喇叭长鸣故障，甲说喇叭长鸣故障的原因可能是喇叭继电器触点烧结；乙说喇叭长鸣故障的原因可能是喇叭继电器触点弹簧片弹力过弱。你认为（　　）。

A. 甲正确　　　B. 乙正确　　　C. 甲乙都正确　　　D. 甲乙都不正确

任务实施

扫码并参照本教材配套工作页中的项目二任务3——电喇叭及电路检修，实施任务。

工作页 - 电喇叭及电路检修

拓展阅读

汽车信号灯新技术应用

随着科技的进步，上市新车的灯具也越来越酷炫。其中，"流水转向灯"因其流水般的灵动效果，极其吸睛，近年来应用的越来越广泛。

2021年9月，工信部发布了《汽车和挂车光信号装置及系统》征求意见稿，增加了关于流水转向灯的要求，"顺序开启的转向灯"的具体要求如下：

1）每个光源激活后应保持点亮状态，直到点亮节拍结束。顺序开启的变化过程应在点亮节拍开始后200 ms以内结束。（"流水"时间不宜过长，转向灯每次从开始点亮至全部点亮的过程不超过0.2 s，不允许"慢动作"。）

2）顺序开启的变化应从透光面的内侧向外侧以均匀的渐进速度点亮。（"流水"方向需是由车辆中心向车辆外侧匀速渐进。）

3）应提供连续的信号且在垂直方向无振荡（沿垂直方向至多允许一次方向变化）。（"流水"过程不可上下来回变动方向，最多允许改变一次方向。）

4）当垂直于基准轴线测量时，顺序开启的转向灯透光面的两个相邻或相切部分之间的间隔不应超过50 mm。（"流水"需要保持连续性，不可有50 mm以上的空白间隔。）

5）若不同的透光面中有间隔，则这两个透光面不能在垂直方向上产生任何重叠。（"流水"之间需保持独立性，垂直方向不可重叠。）

6）若不同的透光面中有间隔，间隔不能应用于任何其他照明和光信号功能。（"流水"需保持完整性，不可穿插其他用途。）

7）视表面在基准轴线方向上的正交投影，其在垂直于基准轴线的平面上的最小外接矩形（长边平行于H平面）的水平边与垂直边的长度比例不得小于1.7（长≥1.7倍高）。

主题探究

在我国经济高速发展的今天,一条条宽阔平坦的大道犹如一条条巨龙横卧在中国大地上,随着生活水平的提高,各种车辆也越来越多。路多了,车快了,人忙了,交通安全吗?现在,交通事故的发生也越来越多,往往在一刹那间就会车毁人亡,每年有多少生命被夺走,有多少家庭被破坏,有多少人因此而失去了亲人。生命诚可贵,安全在心中。如果每个人心中都有交通规则,每个人都能自觉遵守交通规则,例如按照法规正确使用车辆信号系统功能,提前3 s开启转向灯,正确使用车辆喇叭功能,相信一定可以避免很多悲惨的交通事故。请同学们互相讨论汽车信号系统的作用,课下查阅资料学习正确使用交通法规中的信号系统。

项目小结

1. 知识小结

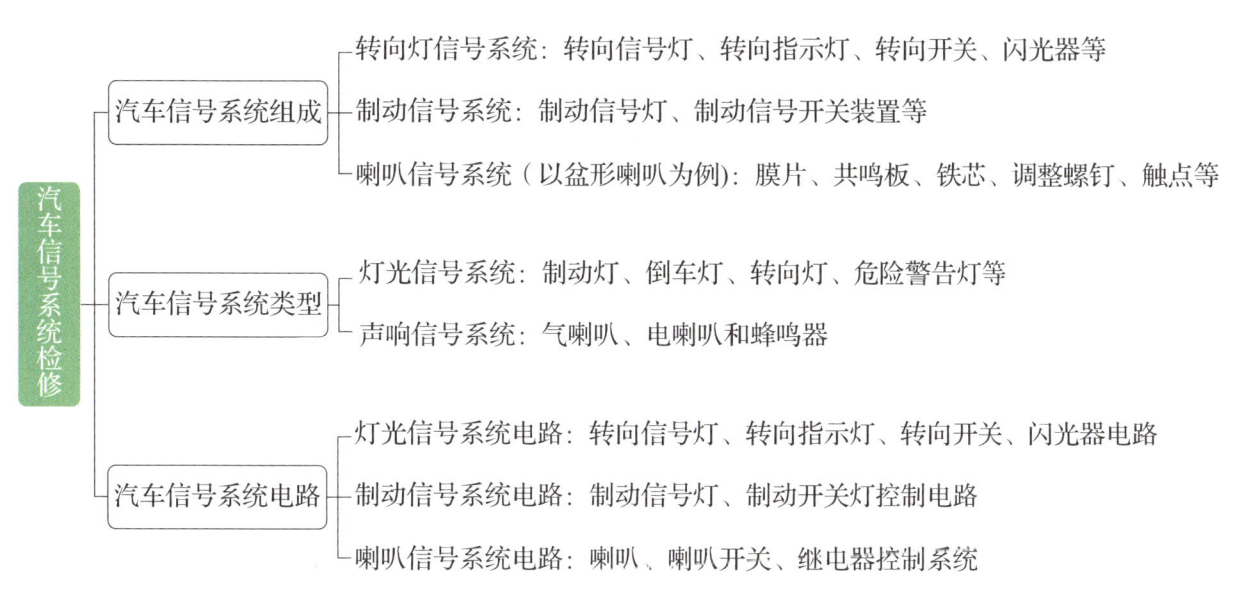

汽车信号系统检修
- 汽车信号系统组成
  - 转向灯信号系统:转向信号灯、转向指示灯、转向开关、闪光器等
  - 制动信号系统:制动信号灯、制动信号开关装置等
  - 喇叭信号系统(以盆形喇叭为例):膜片、共鸣板、铁芯、调整螺钉、触点等
- 汽车信号系统类型
  - 灯光信号系统:制动灯、倒车灯、转向灯、危险警告灯等
  - 声响信号系统:气喇叭、电喇叭和蜂鸣器
- 汽车信号系统电路
  - 灯光信号系统电路:转向信号灯、转向指示灯、转向开关、闪光器电路
  - 制动信号系统电路:制动信号灯、制动开关灯控制电路
  - 喇叭信号系统电路:喇叭、喇叭开关、继电器控制系统

2. 技能小结

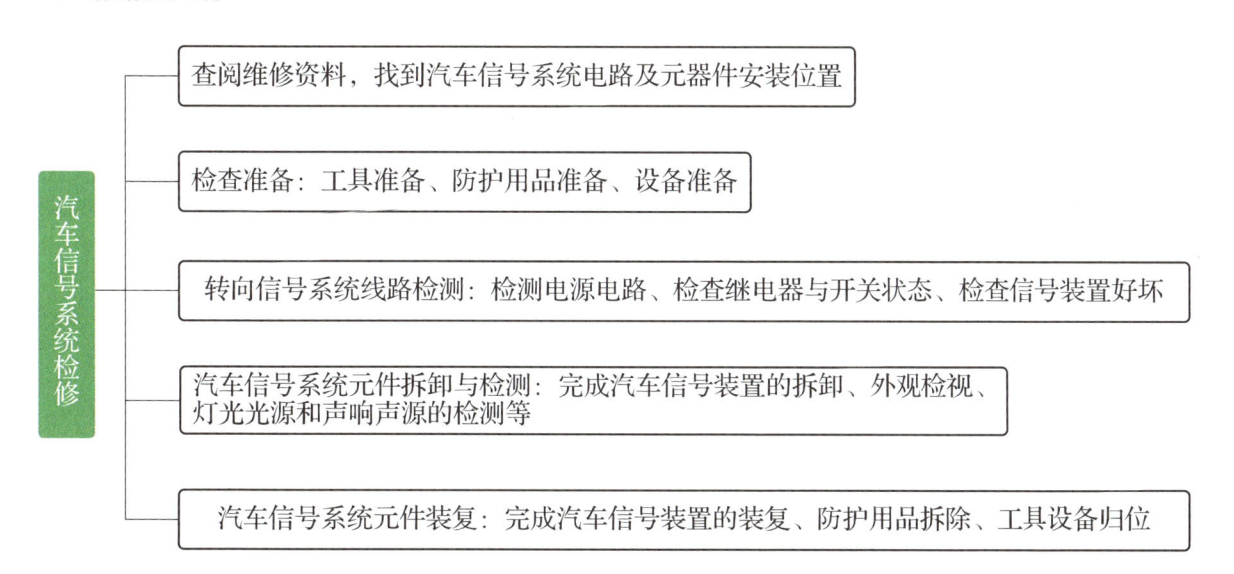

汽车信号系统检修
- 查阅维修资料,找到汽车信号系统电路及元器件安装位置
- 检查准备:工具准备、防护用品准备、设备准备
- 转向信号系统线路检测:检测电源电路、检查继电器与开关状态、检查信号装置好坏
- 汽车信号系统元件拆卸与检测:完成汽车信号装置的拆卸、外观检视、灯光光源和声响声源的检测等
- 汽车信号系统元件装复:完成汽车信号装置的装复、防护用品拆除、工具设备归位

项目三
汽车仪表与报警系统检修

> **项目描述**
>
> 汽车仪表与报警系统是驾驶员获取汽车运行重要信息的装置,这些信息显示了汽车运行与发动机运转的状况,便于驾驶员及时发现问题、采取措施、避免事故,保证车辆正常运行,同时也帮助维修人员及时发现和准确排除故障。

任务1 仪表系统检修

> **任务导入**
>
> 客户李先生开着一辆哈弗M6汽车来到4S店。李先生反映车辆冷却液温度表指针一直固定在某个位置不动。假如你负责李先生车辆的接待工作,请为李先生解释该车故障的可能原因,介绍仪表系统的组成和类型,并对该车进行检修,排除故障。

项目三　汽车仪表与报警系统检修

任务目标

素养目标：

1）通过学习，提高学生对知识的掌握和应用能力，培养学生科学探究和实际操作的能力。

2）培养学生养成认真负责的工作态度，具有良好的职业道德。

3）通过学习，培养学生爱国、敬业、爱岗的精神。

知识目标：

1）了解汽车仪表系统的作用和组成。

2）掌握汽车仪表系统的工作原理。

3）掌握汽车仪表检修过程中的安全隐患和规避方法。

技能目标：

1）能够检测仪表系统车速里程表、转速表、燃油表、水温表等零部件。

2）能够正确分析汽车仪表系统的电路图。

3）能够操作和正确使用汽车仪表系统的各种工具，检修诊断汽车仪表系统典型故障。

知识准备

现代汽车仪表一般包括车速里程表、发动机转速表、机油压力表、冷却液温度表、燃油表等，如图3-1所示。汽车仪表均集中安装在驾驶室转向盘仪表板上。常用的形式有组合式仪表板与全液晶仪表板。不同汽车装用的仪表个数及结构类型也各不相同。汽车仪表应结构简单、工作可靠、耐振、抗冲击性好，在电源电压允许变化的范围内，仪表显示数值应准确，且不随周围温度的变化而变化。

图3-1　汽车仪表系统

汽车仪表系统认知

一、指针式仪表

1. 车速里程表

车速里程表是由车速表和里程表两部分组成的，用于指示汽车行驶的速度和累计行驶的里程数。车速里程表可分为机械式和电子式两种类型，机械式车速里程表已经被逐渐淘汰。电子式车速里程表按工作原理一般可分为磁感应式和电脉冲式。

(1) 磁感应式车速里程表

磁感应式车速里程表由变速器（或分动器）内的蜗轮蜗杆经软轴驱动运行，其基本结构如图3-2所示。车速表是由与主动轴紧固在一起的永久磁铁，带有轴及指针的铝碗，磁屏（护罩）和紧固在车速里程表外壳上的刻度盘等组成。里程表由蜗轮蜗杆机构和六位数字的十进位数字轮组成。

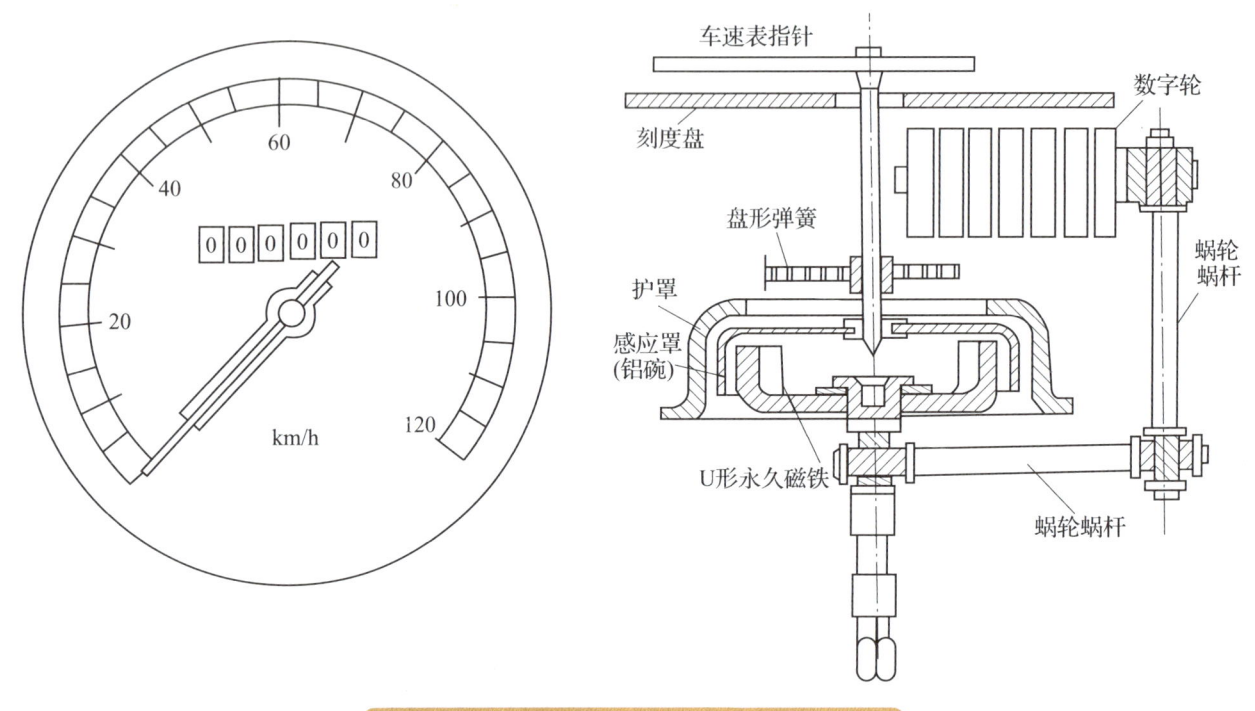

图3-2 磁感应式车速里程表结构

不工作时，铝碗在盘形弹簧的作用下，使指针指在刻度盘的零位。当汽车行驶时，主动轴带着永久磁铁旋转，永久磁铁的磁力线穿过铝碗，在铝碗上感应出涡流，铝碗在电磁转矩作用下克服盘形弹簧的弹力，向永久磁铁转动的方向旋转，直至与盘形弹簧弹力相平衡。由于涡流的强弱与车速成正比，指针转过角度与车速成正比，指针便在刻度盘上指示出相应的车速。

汽车行驶时，软轴带动主动轴，主动轴经三对蜗轮蜗杆（或一套蜗轮蜗杆和一套减速齿轮系）驱动里程表最右边的第一数字轮。第一数字轮上的数字单位为0.1 km，每两个相邻的数字轮之间的传动比为1∶10。即当第一数字轮转动一周，数字由9翻转到0时，会使相邻的左面第二数字轮转动1/10周，成十进位递增。这样汽车行驶时，就可累计出其行驶里程。

(2) 电脉冲式车速里程表

电脉冲式车速里程表（见图3-3），则是由汽车变速器输出轴上的车速传感器，输出脉冲车速信号，通过导线输入车速里程表、经转换计算，显示行驶车速及累计里程数。电脉冲式车速里程表具有显示准确、工作可靠的特性，因此在现代汽车上得到广泛应用。里程表上还设置了小计里程表，作用是记录车辆某一段短途行驶里程，能够随时清零，帮助车主掌握某段路程的长短以及估算油耗等。

2. 发动机转速表

发动机转速表（见图3-4）能够直观地显示发动机的转速，驾驶员可以随时调整变速器的挡位和油门位置，保持发动机最佳的工作状态，减少油耗，延长发动机的寿命。

图 3-3　电脉冲式车速里程表

图 3-4　发动机转速表

发动机转速表通常是接收来自传感器或车身电脑的信号，根据输入信号的强弱或频率大小，仪表显示不同的发动机转速范围。

3. 冷却液温度表

冷却液温度表又称为水温表，用来指示发动机冷却液的温度，进而判断发动机的工作温度。

常用的冷却液温度传感器是一种热敏电阻式传感器，通常安装在发动机冷却液出水口处。它利用了热敏电阻可以将冷却液温度的变化转化成电阻值变化的原理，通过冷却液温度表指针转动标识出相应的温度，如图3-5所示。

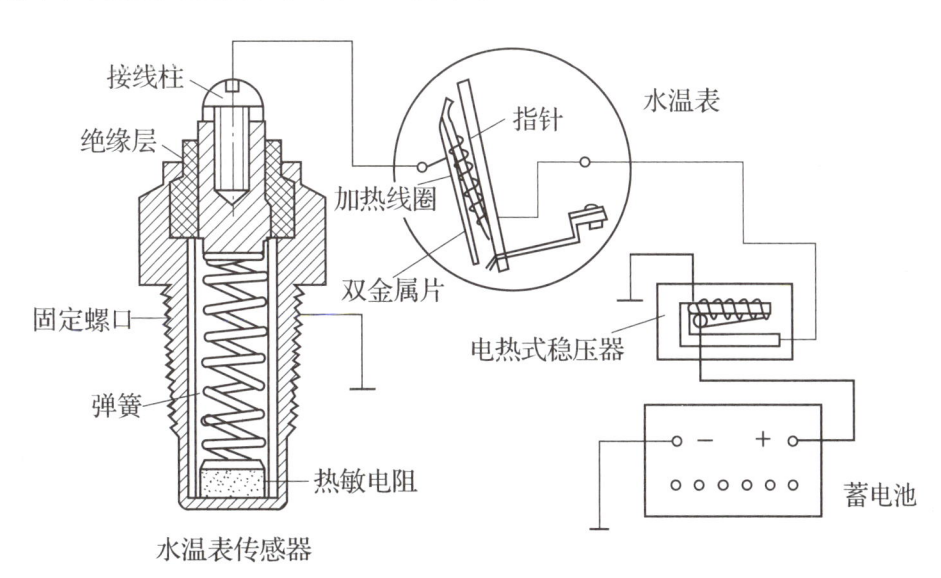

图 3-5　热敏电阻式冷却液温度表工作电路

4. 燃油表

燃油表是用来指示燃油箱内燃油储存量的仪表，燃油表传感器为燃油表提供显示信号。燃油表按显示方式分有指针显示式、电子液晶显示式两种。燃油表传感器按工作原理可分为滑动电阻式、电感式等。滑动电阻式传感器根据浮子的高低改变电阻值大小，从而改变燃油表指示位置，显示油量，如图3-6所示。

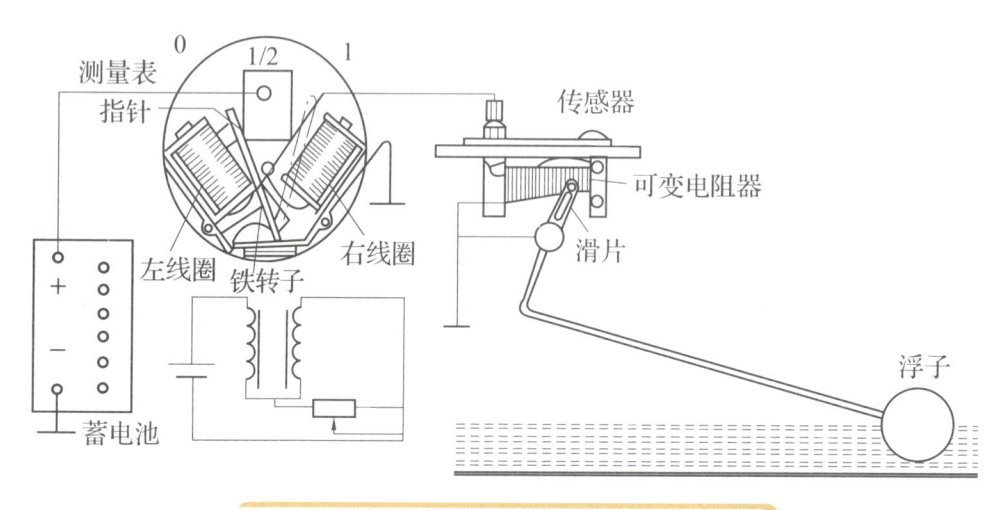

图3-6 燃油表原理

如果燃油表指针移向"1"（或"F"），表示油箱内存满燃油；如果移向"0"（或"E"），则表示燃油存储不足。燃油表内有两个线圈，分别是在"1"与"0"一侧，燃油表传感器是一个由浮子高度控制的可变电阻，其阻值变化决定两个线圈的磁力线强弱，也就决定了指针的偏转方向。

二、电子显示仪表

汽车电子显示仪表已经广泛采用液晶屏幕作为显示装置，取消了传统的物理指针，全部通过液晶屏幕展示。该配置已经逐渐从高端车型向中低端车型应用，而新能源汽车已广泛应用该类型仪表，如图3-7所示。

图3-7 全液晶智能仪表

液晶仪表的工作原理更加简单，减少了步进电机控制指针的过程，直接将汽车 CAN 总线传递过来的信号转化为数字信号显示在屏幕上。与传统仪表相比，可以显示更多的车辆信息，如 GPS 定位、导航信息、发动机参数、车辆行驶数据、安全系统状态、空调控制、多媒体系统等。另外还增加了 CPU 处理器、专用的内存、网络接口等设备，可以使驾驶员更方便地了解车辆运行信息，更好操控车辆。

三、哈弗 M6 汽车仪表

1. 组合式仪表

哈弗 M6 汽车仪表为组合式仪表，它包括车速里程表、发动机转速表、燃油表和能够显示汽车相关信息的电子仪表等。车速里程表、发动机转速表和燃油表为步进电机式，这也是目前大多数汽车仪表采用的形式。步进电机是一种能将电脉冲信号转化为角位移的执行部件，它带动仪表的指针动作，是仪表指示的重要部件，如图 3-8 所示。

仪表步进电机内部有两组相同的定子线圈与工字型骨架，工字型交汇处有一内镶永磁体的转子，转子与一套精密的齿轮组相接。N_1、N_2 分别为两个励磁绕组，如果对步进电机绕组输入一组脉冲信号，转子将会转动，其角位移与脉冲数成正比，转速与脉冲频率成正比，脉冲信号的输入由仪表的 IC 控制模块控制。

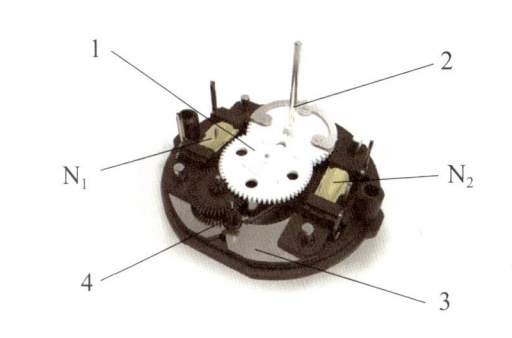

图 3-8 仪表步进电机
1—减速齿轮；2—指针转子；3—工字型骨架；
4—转子；N_1—励磁绕组 1；N_2—励磁绕组 2

2. 哈弗 M6 汽车仪表电路分析

哈弗 M6 汽车仪表电路如图 3-9 所示，控制原理如下：

① 30 电源线和 GND14 提供电源和搭铁，同时也为其他模块提供电源。

② IGN1 继电器提供点火钥匙信号，唤醒仪表模块，通过 BCM 模块点亮仪表背景灯，并根据周围环境通过背景灯开关调节其亮度，同时 BCM、ECU 等模块作运行前的检测，将监测数据相关信息通过 LIN 线或 CAN 线发送到汽车仪表上，相应的机油压力指示灯、安全带指示灯、水温报警灯、燃油压力报警灯等故障指示灯被点亮，检测完毕后正常则熄灭，不正常则常亮或闪烁。

③ 当汽车运行时，BCM、ECU 等模块继续对整车相关信息进行实时监测，将通过机油压力传感器、水温传感器、制动液位传感器、燃油传感器、发动机转速传感器、车速传感器等传感器检测的数据通过 LIN 线或 CAN 线发送到汽车仪表上，并通过 IC 模块将所得相关数据通过 LCD 显示屏、车速里程表、发动机转速表、燃油表、冷却液温度表等显示出来。

图 3-9　哈弗 M6 汽车仪表电路

直通高考（知识）

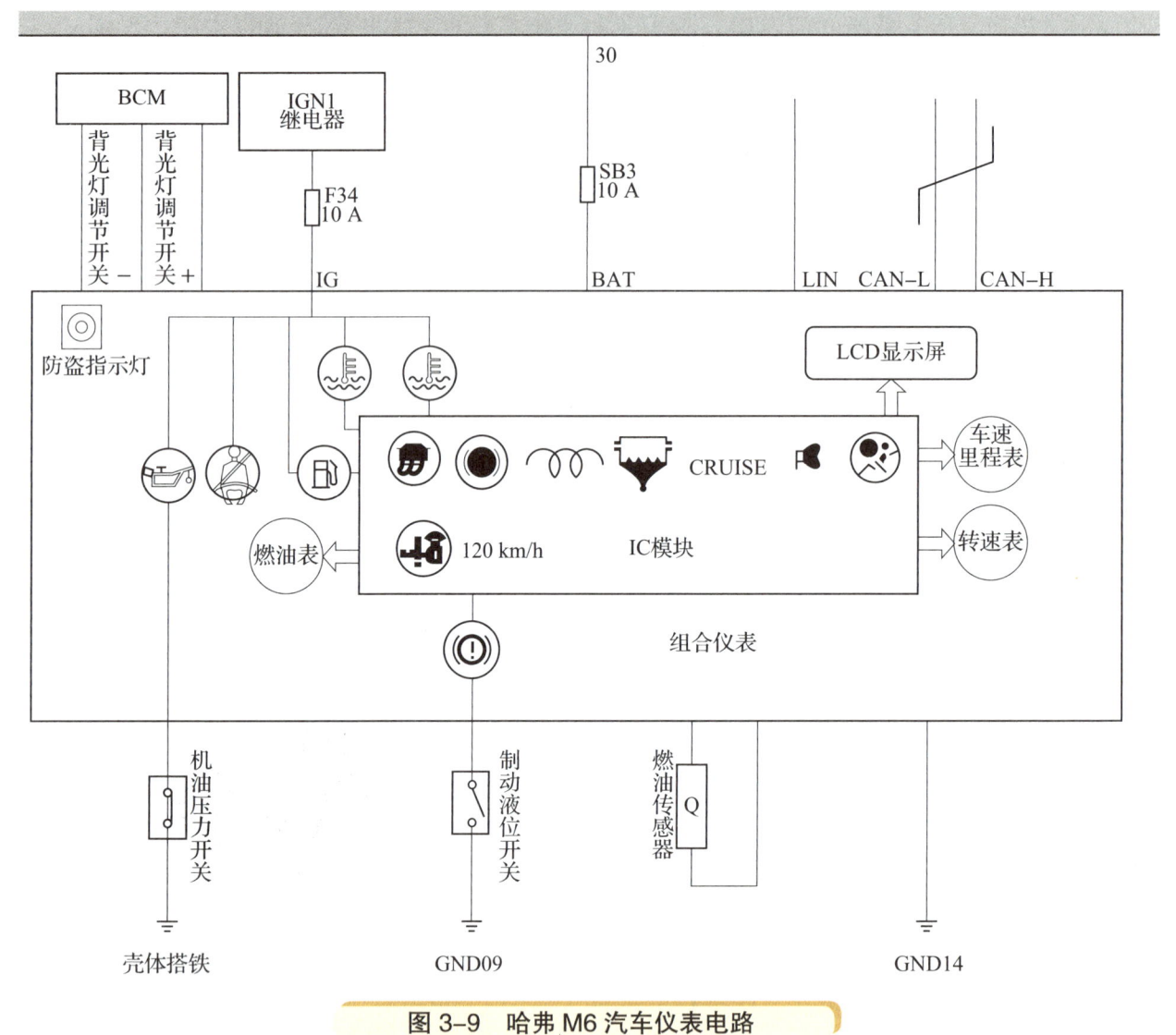

1）指针式仪表主要包括＿＿＿＿、＿＿＿＿、＿＿＿＿及＿＿＿＿等仪表。

2）电子式车速里程表按工作原理一般可分为＿＿＿＿和＿＿＿＿。

3）汽车仪表一般要求结构简单，显示数据精准。当电源的电压出现波动和环境温度发生变化时数据的显示变化应尽可能（　　）。

　　A. 保持不变　　　　B. 大　　　　　　C. 小　　　　　　D. 微小波动

4）车速表指针偏转角度越大，则车速（　　）。

　　A. 不变　　　　　　B. 降低　　　　　　C. 越小　　　　　　D. 越大

5）车速传感器一般安装在（　　）附近。

　　A. 变速器输出轴　　B. 变速器输入轴　　C. 车轮　　　　　　D. 半轴

项目三 汽车仪表与报警系统检修

技能实训

由于不同车辆的仪表控制策略相差较大，因而仪表故障诊断的方法和步骤也有相应差异，本节将以哈弗 M6 组合仪表故障诊断为例进行讲解。

1. 查阅维修资料

在计算机（或其他信息化终端）上打开电子（或纸质）维修手册。

①打开维修手册电子（或纸质）目录。

②从目录页找到发动机水温传感器，如图 3-10 所示。

③找到水温传感器位置，如图 3-11 所示。

打开组合仪表目录，如图 3-12 所示。

图 3-10　水温传感器目录

图 3-11　水温传感器位置

图 3-12　组合仪表目录

2. 相关元件的拆装

（1）发动机水温传感器

发动机水温传感器的拆卸：排放发动机冷却液；断开蓄电池负极；拆卸空气滤清器；断开传感器线束插头（见图 3-13）；拆卸水温传感器（见图 3-14）。

发动机水温传感器的安装：在水温传感器螺纹位置涂抹密封胶（见图 3-15），将水温传感器紧固在气缸盖上［拧紧力矩:(22.5±2.5) N·m］；连接传感器插件；安装空气滤清器；连接蓄电池负极；加注发动机冷却液。

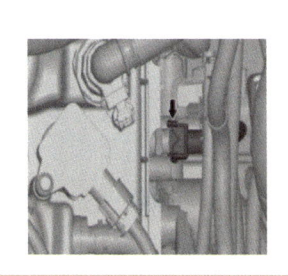

图 3-13　断开传感器线束插头

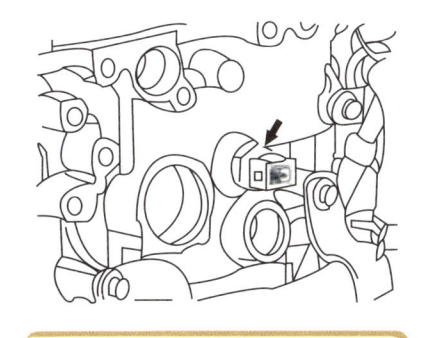

图 3-14　拆卸水温传感器

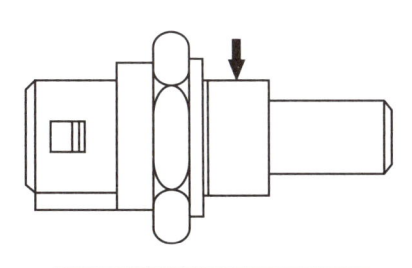

图 3-15　涂抹密封胶

（2）组合仪表

组合仪表的拆卸：断开蓄电池负极；将方向盘调整至最下端（见图3-16）；分离9处卡接，拆下组合仪表面罩总成（见图3-17）；拆下3个螺钉（见图3-18）；断开线束接插件，取下组合仪表。

组合仪表的安装：安装以与拆卸相反的顺序进行。

图3-16　将方向盘调整至最下端　　图3-17　组合仪表面罩总成　　图3-18　拆下3个螺钉

3. 仪表系统故障诊断

根据哈弗M6车主李先生反映的车辆状况，可能是汽车冷却液温度传感器故障或者线路传输故障，读取车辆故障代码，并对照故障代码表（见表3-1），查得与冷却液温度传感器有关的故障代码，按照相关步骤进行排除。

表3-1　冷却液温度故障代码

序号	故障代码	故障描述
1	P011623	冷却液温度传感器信号不合理（低边）
2	P011626	冷却液温度传感器信号不合理（黏滞）
3	P011700	冷却液温度传感器电路电压过低
4	P011800	冷却液温度传感器电路电压过高
5	P011900	冷却液温度传感器电路电压不合理
6	P050C23	冷却液温度传感器冷起动校验不合理（负偏差）
7	P050C24	冷却液温度传感器冷起动校验不合理（正偏差）
8	U010087	与ECM失去通信

（1）P011623/P011626/P050C23/P050C24

故障代码P011623：

故障代码报码的条件：水温传感器信号小于最低模型值30℃。

故障代码P011626：

故障代码报码的条件：水温传感器信号不变。

故障代码P050C23：

故障代码报码的条件：水温传感器冷起动与模型值偏差过大。

故障代码P050C24：

故障代码报码的条件：水温传感器冷起动与模型值偏差过大。

故障可能原因：水温传感器内阻不合理。

P011623/P011626/P050C23/P050C24 故障诊断步骤如表 3-2 所示。

表 3-2　P011623/P011626/P050C23/P050C24 故障诊断步骤

步骤	操作	是	否
1	把点火开关置于 ON 位置	转第 2 步	—
2	用诊断仪读取 ECM 是否有该故障代码	转第 3 步	排查其他故障代码
3	检查线束是否存在接触电阻	维修线束	转第 4 步
4	检查水温传感器内阻值是否与正常值偏移很大	更换水温传感器	转第 5 步
5	将点火开关置于"ON"，连接诊断仪发送故障代码清除指令，起动发动机达到检测起动条件，观察故障代码是否再次报出	诊断帮助	系统正常

（2）P011700

故障代码 P011700：

故障代码报码的条件：水温传感器信号电压低于 0.09 V。

故障可能原因：水温传感器信号电路对地短路；水温传感器损坏；ECM 端对应的水温传感器信号引脚对地短路；燃油传感器开路。

P011700 故障诊断步骤如表 3-3 所示。

表 3-3　P011700 故障诊断步骤

步骤	操作	是	否
1	把点火开关置于 ON 位置	转第 2 步	—
2	用诊断仪读取 ECM 是否有该故障代码	转第 3 步	排查其他故障代码
3	不起动发动机，观察水温传感器数据流是否远高于合理温度范围；也可用万用表测量水温传感器信号端电压，是否接近或等于零	转第 4 步	—
4	点火开关置于"OFF"，检查水温传感器信号电路是否对地短路	维修线束	转第 5 步
5	检查水温传感器是否损坏	更换水温传感器	转第 6 步
6	检查 ECM 端对应的水温传感器信号引脚是否对地短路	检修 ECM	转第 7 步
7	将点火开关置于"ON"，连接诊断仪发送故障代码清除指令，起动发动机达到检测起动条件，观察故障代码是否再次报出	诊断帮助	系统正常

（3）P011800

故障代码 P011800：

故障代码报码的条件：水温传感器信号电压高于 4.9 V。

故障可能原因：接插件接插不实或接触不良；水温传感器信号电路对电源短路或开路；

水温传感器损坏；ECM 端对应的冷却液温度传感器信号引脚对电源短路或开路。

P011800 故障诊断步骤如表 3-4 所示。

表 3-4 P011800 故障诊断步骤

步骤	操作	是	否
1	把点火开关置于 ON 位置	转第 2 步	—
2	用诊断仪读取 ECM 是否有该故障代码	转第 3 步	排查其他故障代码
3	不起动发动机，观察水温传感器数据流是否远高于合理温度范围；也可用万用表测量水温传感器信号端电压，是否接近或等于零	转第 4 步	—
4	点火开关置于"OFF"，检查接插件是否接插不实或接触不良	重新接插	转第 5 步
5	检查水温传感器信号电路是否对电源短路或断路	维修线束	转第 6 步
6	检查水温传感器参考地是否断路	维修线束	转第 7 步
7	检查水温传感器是否损坏	更换水温传感器	转第 8 步
8	检查 ECM 端对应的冷却液温度传感器信号引脚是否对电源短路或开路	检修 ECM	转第 9 步
9	将点火开关置于"ON"，连接诊断仪发送故障代码清除指令，起动发动机达到检测起动条件，观察故障代码是否再次报出	诊断帮助	系统正常

（4）P011900

故障代码 P011900：

故障代码报码的条件：水温传感器电压跳动。

故障可能原因：水温传感器信号电路接触不良。

P011900 故障诊断步骤如表 3-5 所示。

表 3-5 P011900 故障诊断步骤

步骤	操作	是	否
1	把点火开关置于 ON 位置	转第 2 步	—
2	用诊断仪读取 ECM 是否有该故障代码	转第 3 步	排查其他故障代码
3	检查水温传感器信号电路是否接触不良	维修线束	转第 4 步
4	将点火开关置于"ON"，连接诊断仪发送故障代码清除指令，起动发动机达到检测起动条件，观察故障代码是否再次报出	诊断帮助	系统正常

（5）U010087

故障代码 U010087：

故障代码报码的条件：连续 10 个周期未接收到 ECM 发送的信号。

故障可能原因：线束连接异常；ECM 节点异常。

故障代码消除条件：接收到 ECM 发送的 10 个周期有效信号。

U010087 故障诊断步骤如表 3-6 所示。

表 3-6　U010087 故障诊断步骤

步骤	操作	是	否
1	静止车辆 10 min	转第 2 步	静车 10 min
2	用诊断仪读取车身控制器是否有故障代码	转第 3 步	排查其他故障代码
3	检查线束是否有断路和短接	更换线束	转第 4 步
4	检查 ECM 节点是否异常	更换 ECM，转第 5 步	转第 5 步
5	清除故障代码，重起车辆并做检测，查看故障是否消除	故障排除，系统正常	更换 ECM

（6）水温传感器引脚检查

水温传感器引脚定义如表 3-7 所示。

表 3-7　水温传感器引脚定义

	功能
1	水温信号
2	传感器接地

检查：卸下接头，把数字万用表打到欧姆挡；检测水温传感器两个引脚之间，各温度下的阻值，如表 3-8 所示。

表 3-8　水温传感器阻值对照

温度 /℃	电阻值 /kΩ
−10	8.727~10.067
20	2.375~2.625
80	0.296 3~0.348 8

提示：

①如果不在规定范围内，需要更换水温传感器。

②当用水测试水温传感器电阻时，不允许将传感器引脚接触水。

③检测完成后，应擦干传感器。

小贴示

近年来，我国汽车行业在技术创新方面取得了显著的进展。尤其是在智能化、电动化方面不断发力，汽车仪表的发展也越来越高端化、智能化、模块化、电子化，在汽车检测方面也越来越简单化、方便化，包括汽车仪表的检测，很多领域已经走在世界汽车的前列。

直通高考（技能）

1）拆卸汽车仪表时，应先（　　）。
A. 将方向盘调整至最下端　　　　　　B. 断开蓄电池负极
C. 断开蓄电池正极　　　　　　　　　D. 拆下组合仪表面罩总成

2）若将负温度系数热敏电阻的水温传感器电源线直接搭铁，则水温表（　　）。
A. 指示值最大　　B. 指示值最小　　C. 没有指示　　D. 以上答案都不对

3）如果通向燃油传感器的线路短路，则燃油表的指示值（　　）。
A. 为零　　　　　B. 为1　　　　　C. 跳动　　　　D. 以上答案都不对

任务实施

扫码并参照本教材配套工作页中的项目三任务1——仪表系统检修，实施任务。

工作页-仪表系统检修

任务2　报警装置检修

任务导入

客户王先生开着一辆哈弗M6汽车来到4S店。王先生反映在驾驶过程中突然发现车内仪表板上黄色胎压报警指示灯亮起，于是停车查看轮胎气压，无明显异常后，对胎压报警系统进行复位操作。报警灯熄灭后继续行驶一段距离，胎压报警灯再次亮起。假如你负责王先生车辆的接待工作，请为王先生解释该车故障的可能原因，介绍车辆报警灯信号系统的组成和基本原理，并对该车进行检修，排除故障。

任务目标

素养目标：
1）培养认真负责的工作态度，养成爱岗敬业的职业道德。
2）通过课程学习，提高学生对科学知识的掌握和应用，培养学生的科学探究能力、科学思维和创新意识。

知识目标：

1）能正确掌握车辆报警装置的组成和作用。

2）能熟知车辆报警灯信号系统的工作原理。

3）掌握报警系统故障检修与排除故障方法。

技能目标：

1）能够正确使用各种常见维修工具和检测仪器。

2）能够通过观察理解车辆报警灯信号系统的电路图。

3）能够正确分析车辆报警灯信号系统的故障原因。

4）能够规范完成车辆报警灯信号系统的故障检修。

知识准备

随着科学技术的高速发展以及在汽车上的广泛应用，现代车辆都安装有各种报警装置。报警装置一般由传感器和报警灯组成。通常报警灯直接由报警自动开关控制，当被监测的系统出现问题时，开关自动接通，指示灯亮起，以此来提醒驾驶员。常见的报警形式如机油压力过高或过低报警、制动液压力不足报警、真空度过低报警、水温过高报警、燃油不足报警等，如图3-19所示。

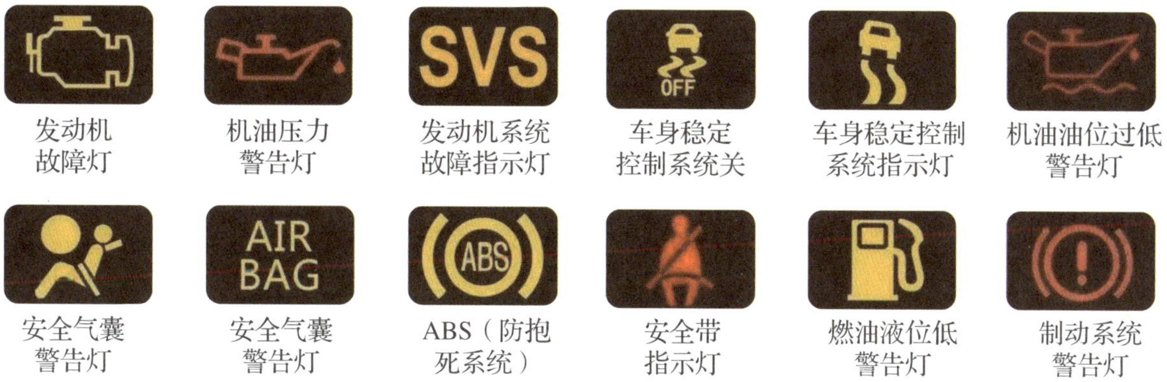

| 发动机故障灯 | 机油压力警告灯 | 发动机系统故障指示灯 | 车身稳定控制系统关 | 车身稳定控制系统指示灯 | 机油油位过低警告灯 |
| 安全气囊警告灯 | 安全气囊警告灯 | ABS（防抱死系统） | 安全带指示灯 | 燃油液位低警告灯 | 制动系统警告灯 |

图3-19 常见的报警指示灯图形符号对照表

在传统仪表中，报警灯一般安装在驾驶室内仪表盘上，在灯泡前有滤光片，以使灯泡发出黄光或红光，滤光片上一般标有符号，以便显示出报警项目。报警灯一般与报警开关串联后接在电路中。其形式有很多种，有触点开关类、滑动电阻触发类、热敏电阻触发类等。

在液晶仪表中，通过点亮液晶屏幕上的报警图标，向驾驶员提供相应的报警信号。

一、制动系统低气压报警装置

在一些质量较大的中重型汽车上，常采用气压制动。当制动系统气压过低时，制动系统低气压报警灯即亮起,引起汽车驾驶员注意。低气压报警传感器装在制动系统储气筒或制动阀压缩空气输入管路中,红色报警灯装在仪表板上。制动系统低气压报警灯电路较为简单,主要由保险、指示灯和低气压报警传感器组成,如图3-20所示。低气压报警传感器如图3-21所示。

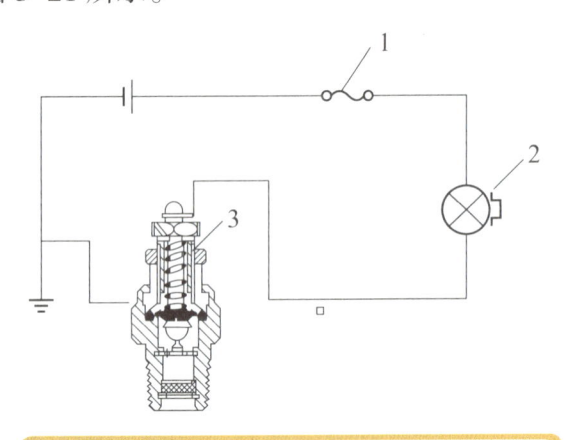

图3-20 低气压报警灯电路
1—保险;2—指示灯;3—低气压报警传感器

图3-21 低气压报警传感器

当电源接通,制动系统储气筒内的气压下降到340~370 kPa时,作用在报警传感器膜片上的压力减小,膜片在复位弹簧的作用下向下移动而使触点闭合,电路接通,低气压报警灯发亮。当储气筒中的气压升高到400 kPa以上时,传感器中的膜片所受的推力增大,使复位弹簧压缩,触点打开,电路断开。

二、机油压力报警装置

在现代多数汽车上,除机油压力表之外,还配有一个红色报警灯,用来表示机油压力安全值的情况。当润滑系统机油压力降低或升高到允许限度时,报警灯亮起,引起汽车驾驶员注意。

机油压力报警装置原理如图3-22所示。当机油压力正常时,机油压力推动薄膜向上拱曲,推杆将触点打开,报警灯不亮;当机油压力过低时,薄膜由于弹簧压力作用下移,从而触点闭合,红色报警灯亮,以示警告。

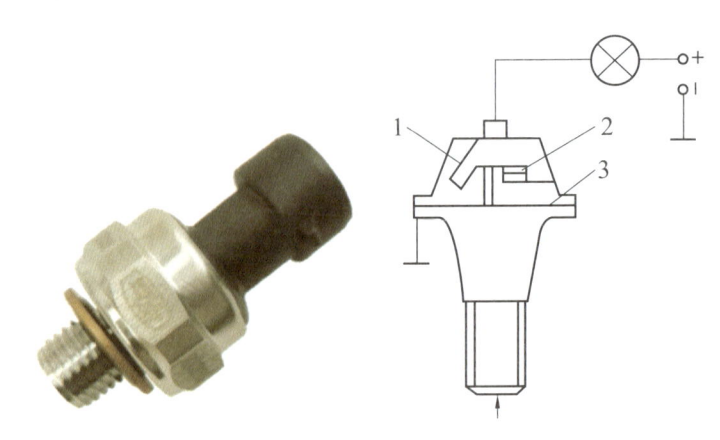

现代轿车的机油压力报警系统与传统系统相比更完善,它由低压油压开关、高压油压开关、控制模块及机油压力报警灯组成。低压油压开关为

图3-22 机油压力报警装置原理
1—推杆;2—触点;3—薄膜

常闭型，当油压低于额定压力值时，开关闭合，反之则打开。高压油压开关为常开型，当油压高于额定压力值时，开关闭合，反之打开。

以长城哈弗 M6 为例，机油压力传感器为常闭式传感器。在无油压状态下，机油压力传感器内部弹簧推动动触点片与静触点片接触，电路处于闭合状态，机油压力报警灯亮。当油压上升达到规定值时，内部感压元件膜片在油压作用下发生变形，推动动触点片克服弹簧阻力与静触点片脱离，使电路处于断开状态，机油压力报警灯灭。预热发动机至正常水温 80~90 ℃，检查机油压力，发动机转速为 800 r/mim 时，机油压力≥ 80 kPa；发动机转速为 3 000 r/mim 以上时，机油压力≥ 300 kPa。

三、冷却液温度报警装置

冷却液温度报警装置用于冷却系统，当冷却液温度不正常时，发出灯光信号，以示警告。其传感器由双金属片作为温度敏感元件，如图 3-23 所示，冷却液温度报警装置电路如图 3-24 所示。在传感器密封套管 1 内装有条形双金属片 2，双金属片自由端焊有动触点，而静触点 5 直接搭铁。当温度升高到设定的警戒温度值时，双金属片 2 向静触点方向弯曲，使两触点接触，红色报警灯 4 便接通发亮。

图 3-23 冷却液温度传感器

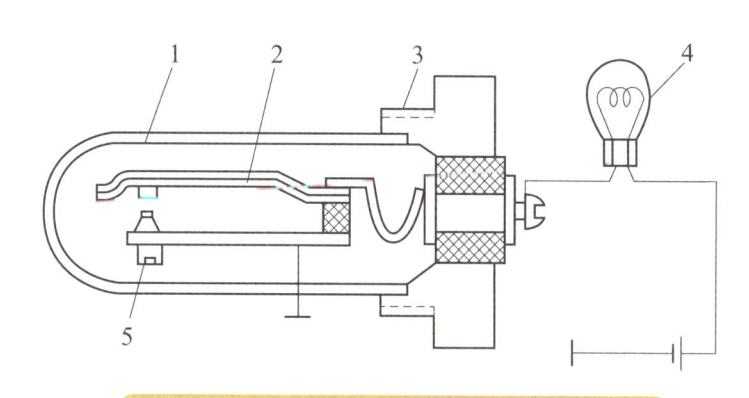

图 3-24 冷却液温度报警装置电路

1—传感器密封套管；2—双金属片；3—螺纹接头；4—红色报警灯；5—静触点

四、燃油油量不足报警装置

燃油油量不足报警装置的作用是，当燃油箱内燃油减少到某一规定值时，报警灯亮，警告驾驶员注意。它由热敏电阻式燃油油量报警传感器（见图 3-25）和报警灯组成。当燃油箱内燃油量较多时，负温度系数的热敏电阻元件3浸没在燃油中，散热快，其温度较低，电阻值大，所以电路中电流很小，报警灯处于熄灭状态。当燃油量减少到设定值以下时，热敏电阻元件3露出油面，散热慢，温度升高，电阻值减小，电流增大，则报警灯发亮，如图3-26所示。

图3-25 热敏电阻式燃油油量报警传感器

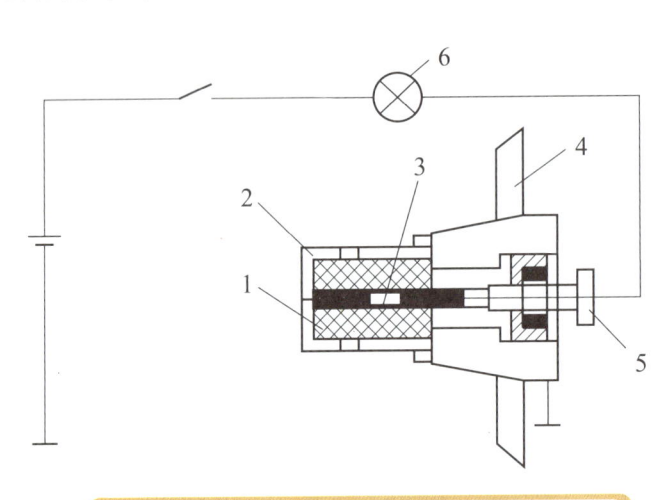

图3-26 燃油不足报警装置原理
1—金属网丝；2—外壳；3—热敏电阻；4—油箱外壳；5—接线柱；6—指示灯

五、制动液液面报警装置

制动液液面报警灯的作用是，当制动液液面降到规定值时，液面灯亮，警告驾驶员进行维护。制动液液面不足传感器如图3-27所示，安装在制动液储液罐中。其外壳内装有舌簧管，接线柱与液面报警灯相连，浮子上固定着永久磁铁。当制动液液面下降到规定值时，通过浮子带动永久磁铁使舌簧管触点闭合，接通报警灯，发出警告；当制动液液面上升时，浮子上升，吸力减弱，舌簧管触点靠自身弹力张开，报警灯熄灭，如图3-28所示。

图3-27 制动液液面不足传感器

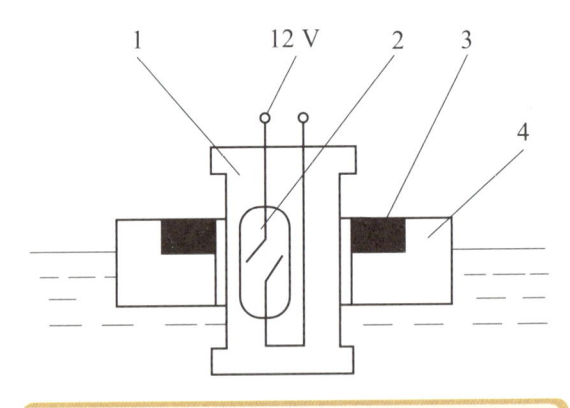

图3-28 制动液液面报警传感器原理
1—外壳；2—舌簧管；3—永久磁铁；4—浮子

六、空气滤清器堵塞报警装置

进气管的进气畅通与否，直接影响充气效率。空气滤清器堵塞报警灯用来在进气管堵塞时，点亮报警灯，以示警告，主要用在货车上。如图 3-29 所示为东风汽车的空气滤清器堵塞报警传感器。空气滤清器堵塞时，气盒内产生真空，当其真空度达到 51 kPa 时，在大气压力的作用下，膜片推动弹簧座移动，使触点闭合，点亮报警灯。

图 3-29　东风汽车的空气滤清器堵塞报警传感器

七、轮胎气压报警装置

轮胎气压报警装置的作用是，在车辆行驶中检测轮胎的气压状态，当轮胎气压降低时，使仪表板的报警信号灯点亮，向驾驶员发出警告，如图 3-30 所示。轮胎气压报警装置包括报警器（蜂鸣器、无线接收器和报警灯）和胎压传感器两部分。按照检测方式不同，它分为直接式胎压监测（传感器见图 3-31）和间接式胎压监测两种方式，下面以间接式胎压监测为例介绍轮胎气压报警装置。

图 3-30　轮胎气压检测报警灯

图 3-31　直接式胎压监测传感器

1. 间接式轮胎气压报警装置的组成

间接式轮胎气压报警装置如图 3-32 所示，发动机控制系统电脑 1 用来提供进气温度信号；驻车灯开关 2 用来检测制动信号；车轮速度传感器 5、8 检测各车轮运行速度，并将检出结果传输给电脑；设定开关 7 在交换轮胎等情况下进行系统初始设定；轮胎气压报警系统电脑 4 接收车轮速度传感器信号，计算出轮胎气压，并控制气压报警灯工作。轮胎气压检测传感器的安装位置如图 3-33 所示。

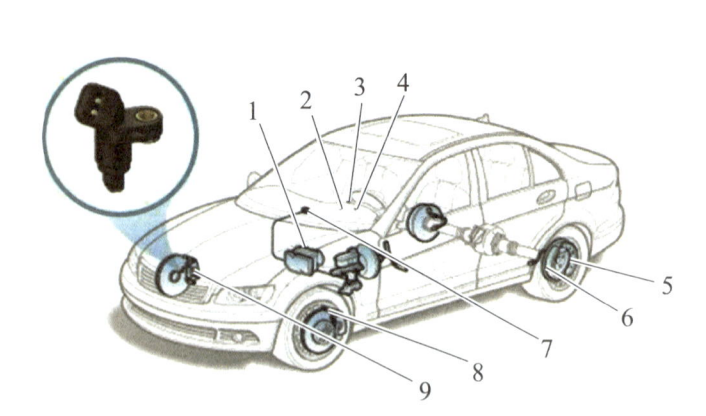

图 3-32　间接式轮胎气压报警装置

1—发动机控制系统电脑；2—驻车灯开关；3—轮胎气压报警灯；4—轮胎气压报警系统电脑；5，8—车轮速度传感器；6，9—速度传感器转盘；7—设定开关

图 3-33　轮胎气压检测传感器的安装位置

2. 间接式轮胎气压的计算原理

间接式轮胎气压报警装置是通过监测汽车各车轮的转速，对比当前车速，经过计算判断胎压是否正常，达到监测胎压的目标。当轮胎压力降低时，车辆的重力会使轮胎直径变小，不同胎压的车轮转速就会产生变化。系统会实时监测数据变化，气压过低就会触发间接式轮胎压力监测系统的报警，从而提醒车主注意轮胎胎压不足。

八、哈弗 M6 汽车报警装置

哈弗 M6 汽车仪表是内带自检功能的智能型组合仪表，它的控制逻辑不同于传统仪表，报警装置由车身电脑（ECM）控制。它既可以通过导线直接接收电子信号，也可以通过控制器局域网（CAN）总线与 ECM、PEPS、ESP、DCT 等系统相连接，主要组成如图 3-34 所示。

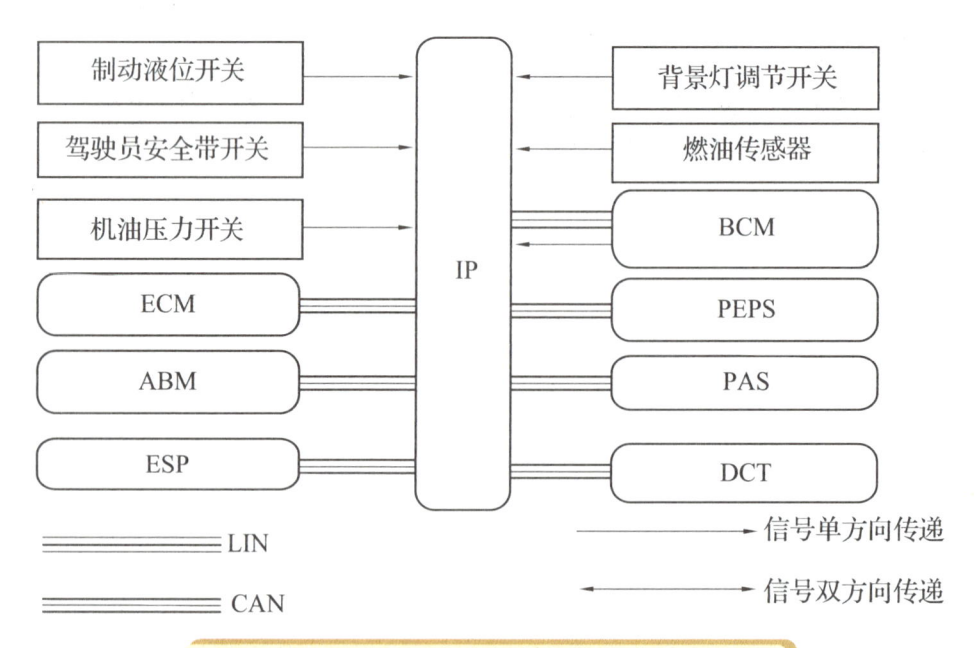

图 3-34　哈弗 M6 汽车仪表报警系统主要组成

CAN 为高速通信网络，使仪表能够与 ECM、BCM 以及自动空调模块相互通信。组合仪表本身由量表、指示灯与报警灯组成。此外，还安装了信息中心。当点火开关处于打开时，仪表会执行显示测试，以确认报警灯或指示灯泡以及监视系统能正常工作。

哈弗 M6 汽车的主要报警装置有防盗指示灯、水温过高报警灯、水温过低报警灯、安全带未系指示灯、胎压监测报警装置等。哈弗 M6 汽车仪表报警装置工作原理如图 3-35 所示。

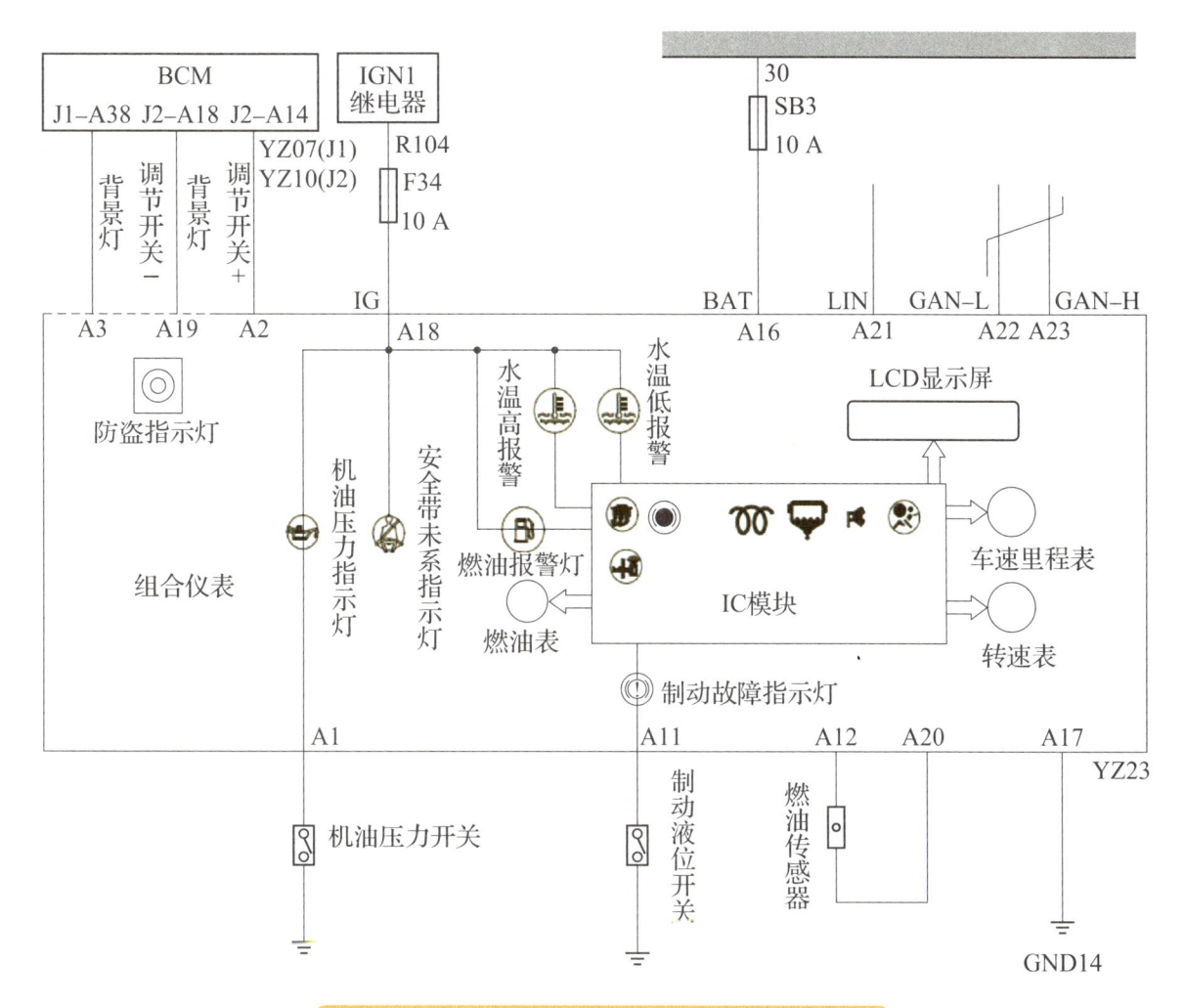

图 3-35 哈弗 M6 汽车仪表报警装置工作原理

1. 胎压监测报警装置

本车胎压监测系统由 4 个胎压监测传感器（备胎无）、1 个车身控制器（BCM）、1 个组合仪表组成，在汽车一个或多个轮胎欠压或高温时，将相关数据信号传至组合仪表，组合仪表上的 TPMS 灯及液晶显示屏进行故障指示，同时进行声音报警提示汽车驾驶员，以提高行驶安全性和车辆可靠性。

胎压正常显示：起动发动机后，按下方向盘的相关按键，组合仪表液晶显示屏显示胎压的监测界面，压力值和温度值同时显示。若仪表未收到 BCM 发出的任何数据，胎压值和温度值均显示"--"。

胎压异常显示：当轮胎异常时（轮胎出现高压/低压/高温），组合仪表液晶显示屏自动显示相应的报警界面，并伴随5声报警，对应的轮胎状态指示灯闪烁，同时，仪表上的胎压故障指示灯点亮。若当系统出现故障时（如BCM接收不到RF信号或传感器电池电量低等），胎压故障指示灯常亮。当BCM发送正常信息时，仪表解除报警界面，胎压故障指示灯熄灭。

2. 常见报警灯

（1）直接获得信号的报警灯

哈弗M6汽车机油压力报警灯的工作过程是机油压力开关实时监测发动机主油道的机油压力，当机油压力过低时，机油压力开关导通，机油压力指示灯工作。哈弗M6汽车制动故障报警灯和燃油报警灯的工作原理基本相同，都是通过导线直接接收电子信号，仪表模块通过相关运算，直接控制相关指示灯工作。它们的工作过程是制动液位开关、燃油传感器实时监测制动液液位、燃油液位信号，当液位低于规定值时，制动液位开关、燃油传感器把信号分别通过导线A11、A12和A20传递给仪表模块，模块根据该信号控制制动故障指示灯、燃油报警灯和燃油表工作。

（2）间接获得信号的报警灯

哈弗M6汽车的防盗指示灯、水温过高报警灯、水温过低报警灯、安全带未系指示灯的工作原理基本相同。它们通过控制器局域网（CAN）总线与BCM、ECM、PEPS、ESP等系统模块相连，获得各自的信号，从而控制相关的仪表和指示灯。

> **直通高考**（知识）
>
> 1）在燃油箱中，若燃油液面随使用逐渐降低，则燃油传感器的电阻逐渐（　　）。
>   A. 升高　　　　B. 降低　　　　C. 不变　　　　D. 先升高后降低
> 2）水温报警灯的控制开关是安装在水套中，当其中冷却水温度升高到极限温度时，双金属片受热变形而向下弯曲，使（　　）接触，电路接通，报警灯发亮。
>   A. 动触点和动触点　　　　　　B. 静触点和开关
>   C. 动触点和静触点　　　　　　D. 动触点和开关
> 3）现代汽车上一般装有制动液液面、机油压力、（　　）和冷却液温度等报警装置。
>   A. 发动机转速表　　B. 汽车里程表　　C. 汽车前照灯　　D. 燃油液面

> **技能实训**
>
> 由于不同车辆的报警装置控制策略相差较大，因而报警装置诊断的方法和步骤也存在较大差异，本节将以哈弗M6汽车胎压报警故障诊断为例进行讲解。

水温传感器报警灯故障

安全带报警灯故障

1. 查阅维修资料

在计算机（或其他信息化终端）上打开电子（或纸质）维修手册。

①打开维修手册电子（或纸质）目录。

②从目录页找到胎压监测系统目录，如图3-36所示。

③从胎压监测目录下找到胎压监测系统和胎压监测传感器，如图3-37所示。

④同样的方法进入子电路图，查找与胎压报警故障相关的电路图，如图3-38所示。

⑤查找所有胎压监测系统相关的电路图，综合分析其工作过程。

图3-36 胎压监测系统目录

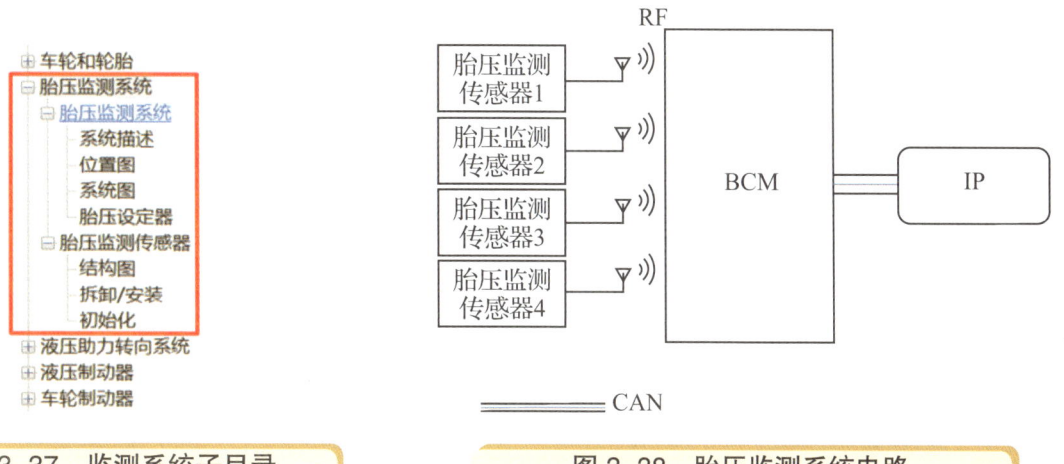

图3-37 监测系统子目录

图3-38 胎压监测系统电路

2. 相关元件的拆卸

举升车辆到合适位置；拆下车轮总成；从车轮总成上拆下轮胎；拧下气门嘴处的螺母，反向拆下胎压监测传感器，如图3-39所示。

注意：

拆下轮胎时确保胎压监测传感器在鸭嘴头下方；拆下上胎圈时注意车轮的转动方向；拆下胎圈时，确保胎压监测传感器在鸭嘴头下方；不要在靠近胎压监测传感器位置按下胎圈。

图3-39 胎压监测传感器安装部位

3. 相关元件的安装

气门嘴端从轮毂气门嘴孔穿出；安装胎压监测传感器；拧紧力矩为（1.4±0.2）N·m；安装胎圈；将轮胎充气到标准压力，然后用肥皂水检查气门芯和锁紧螺母处是否漏气；盖上气门嘴帽，传感器安装完毕；装上轮胎，调整轮胎的动平衡；初始化新安装的胎压监测传感器。

注意：

更换胎压监测传感器或车轮换位时，需要重新学习胎压监测传感器。将诊断仪通过OBD连接至整车；操作诊断仪，进入BCM中的胎压学习界面；使左前胎压监测传感器进入学习模式；用设定器触发左前胎压监测传感器；BCM无线接收胎压监测传感器发出的高频信号后，诊断仪显示左前胎压监测传感器学习完成；进入下一个胎压监测传感器的学习过程。

4. 胎压监测系统故障诊断

由于哈弗M6汽车的胎压报警系统是通过车身控制模块（BCM）来控制胎压监测传感器，故胎压监测系统出现故障时，BCM将以故障代码形式进行存储，如表3-9所示。

表3-9 胎压监测系统故障代码

序号	故障代码	故障描述
1	B120696	胎压故障指示灯失效

故障代码B120696的含义是胎压故障指示灯失效。这类故障代码报码的条件是打开点火开关，持续5 s检测到胎压故障指示灯ADC值异常故障。

故障可能原因：胎压故障指示灯损坏；BCM局部故障。

胎压监测系统故障诊断步骤如表3-10所示。

表3-10 胎压监测系统故障诊断步骤

步骤	操作	是	否
1	静止车辆10 min	转第2步	静车10 min
2	用诊断仪读取车身控制模块是否有故障代码	转第3步	排查其他故障代码
3	清除故障代码，重起车辆并做检测，点亮ESP关闭指示灯，查看故障是否消除	故障排除，系统正常	更换组合仪表
4	用诊断仪读取车身控制模块是否有故障代码	排除其他故障代码	故障排除

> **小贴示**
>
> 细节决定成败。胎压监测系统检修过程中应养成严谨的工作作风，细微的错误会造成故障诊断的失败。任务实施过程中一定要认真仔细，严格按维修手册要求进行操作。

直通高考（技能）

1) 轮胎更换时，甲说可以快拆快修，无须对新安装的车轮进行动平衡测试，乙说需要对胎压监测传感器进行重新学习。对于二人的回答（　　）。

　　A. 甲正确　　　　B. 乙正确　　　　C. 甲乙都正确　　　D. 甲乙均不正确

2) 拆下轮胎时应确保胎压监测传感器在鸭嘴头的（　　）。

　　A. 上方　　　　　B. 下方　　　　　C. 中部　　　　　　D. 无要求

任务实施

扫码并参照本教材配套工作页中的项目三任务 2——报警装置检修，实施任务。

工作页 - 报警装置检修

拓展阅读

汽车报警装置新技术的应用

近年来，随着经济社会的高速发展，科学技术在汽车中的转化应用越来越广泛。汽车报警装置由原来的单线控制扩展为多系统的协作控制，因此报警装置的种类和功能也发生巨大变化。ADAS 的应用逐渐从高端车型向中低端车型快速普及。

一、先进驾驶辅助系统（ADAS）

先进驾驶辅助系统（Advanced Driver Assistance System）简称 ADAS。依据 GB/T 39263—2020《道路车辆 先进驾驶辅助系统（ADAS）术语及定义》的相关标准，ADAS 是指利用安装在车辆上的传感、通信、决策及执行等装置，监测驾驶员、车辆及其行驶环境，并通过影像、灯光、声音、触觉提示/警告或控制等方式，辅助驾驶员执行驾驶任务或主动避免/减轻碰撞危害的各类系统的总称。

ADAS 采用的辅助检测设备包括摄像头、雷达、激光和超声波等，可以探测光、波、热、压力或其他用于监测汽车状态的变量，一般位于车辆的前后保险杠、侧视镜、仪表盘或者前挡风玻璃上。ADAS 技术前期主要以被动式的报警为主，当控制模块检测到潜在危险时，会发出警报提醒驾车者注意异常的车辆或道路情况，如正面碰撞报警、车道偏离预警、驾驶员疲劳预警、盲区预警等。对于最新的 ADAS 技术来说，主动控制辅助的应用也越来越多，如自动紧急制动、自适应巡航、车道保持、自动泊车辅助等。疲劳驾驶、车道偏离预警系统简述如下。

1. 疲劳驾驶预警系统（Driver Fatigue Monitor System）

疲劳驾驶预警系统是指当驾驶员精神状态出现疲劳或进入浅层睡眠时，基于驾驶员生理图像反应，利用驾驶员的面部特征、眼部信号、头部运动性等推断驾驶员的疲劳状态，并进行报警提示和采取相应措施的装置，对驾乘者给予主动智能的安全保障。

2. 车道偏离预警系统（Lane Departure Warning System）

车道偏离预警系统是指根据前方道路环境和本车位置关系，在无意识（驾驶员未打转向灯）偏离原车道时，能及时发出警报，为驾驶员提供处理问题的时间，大大减少了因车道偏离引发的碰撞事故。使用车道偏离预警还能纠正驾驶员不打转向灯的习惯，辅助解决因过度疲劳驾驶引发的注意力不集中等情况。

二、抬头显示系统（HUD）

抬头显示系统（Head Up Display，HUD）又称平视显示系统，是指以车辆驾驶员为中心的、可以盲操作的多功能仪表系统。它的作用是把时速、导航等重要的行车信息投影到驾驶员前面的挡风玻璃上，让驾驶员尽量做到不低头、不转头就能看到时速、导航等重要的驾驶信息，从而可提高行车安全性，如图3-40所示。

抬头显示系统的工作原理是由LED光源通过仪表盘后方四组镜片的反射，将图像投射到改进过的前挡风玻璃上，透过镜片的定位技术，最后让影像有如飘浮在汽车发动机上方。

图3-40 抬头显示

主题探究

BCM（Body Control Module）是汽车车身控制模块的字母简称，在汽车电路图中经常见到，BCM通过与各系统控制模块之间的信号传递或直接控制方式，实现车门遥控开关、车窗玻璃升降、各种车灯控制、车窗加热、仪表背光调节、后视镜电动控制等。BCM主要由高度集成的微芯片制造而成，它通过接收、处理、传出信号，实现各种车身控制功能。芯片设计、制造与应用对包括汽车在内的各行各业发展影响巨大，尤其是先进的高性能芯片生产技术是买不来的，目前我国已经成为先进的芯片设计大国，但芯片制造尚需进一步发展。芯片制造是一个非常复杂的过程，需要大量的高水平技术工人和先进的生产设备。请同学们查询资料，了解现代汽车上哪些系统采用了芯片，增强先进技术的创新和应用意识，立志将最先进的技术牢牢掌握在自己手中，树立技能报国的远大志向。

项目小结

1. 知识小结

仪表系统检修
- 指针式仪表
  - 车速里程表
    - 由车速表和里程表两部分组成，分为机械式和电子式。电子式车速里程表按工作原理可分为磁感应式和电脉冲式
    - 磁感应式和电脉冲式的结构及工作原理
  - 发动机转速表 —— 类型有指针式和液晶数字式两种
  - 冷却液温度表 —— 类型有电热式和电磁式两种
  - 燃油表
    - 用来指示燃油箱内燃油储存量的仪表，由传感器和指示表组成
    - 类型有电热式、电磁式和电子式三种
- 电子显示仪表
  - 发光二极管 —— 可用来组成数字，也可组成光点矩阵型显示器
  - 液晶显示器件 —— 结构原理
  - 阴极射线管显示器 —— 结构原理
  - 全液晶智能仪表 —— 工作原理和优缺点
- 哈弗M6汽车仪表
  - 组合式仪表 —— 步进电机式仪表结构及工作原理
  - 电路分析 —— 电路控制原理

汽车报警装置

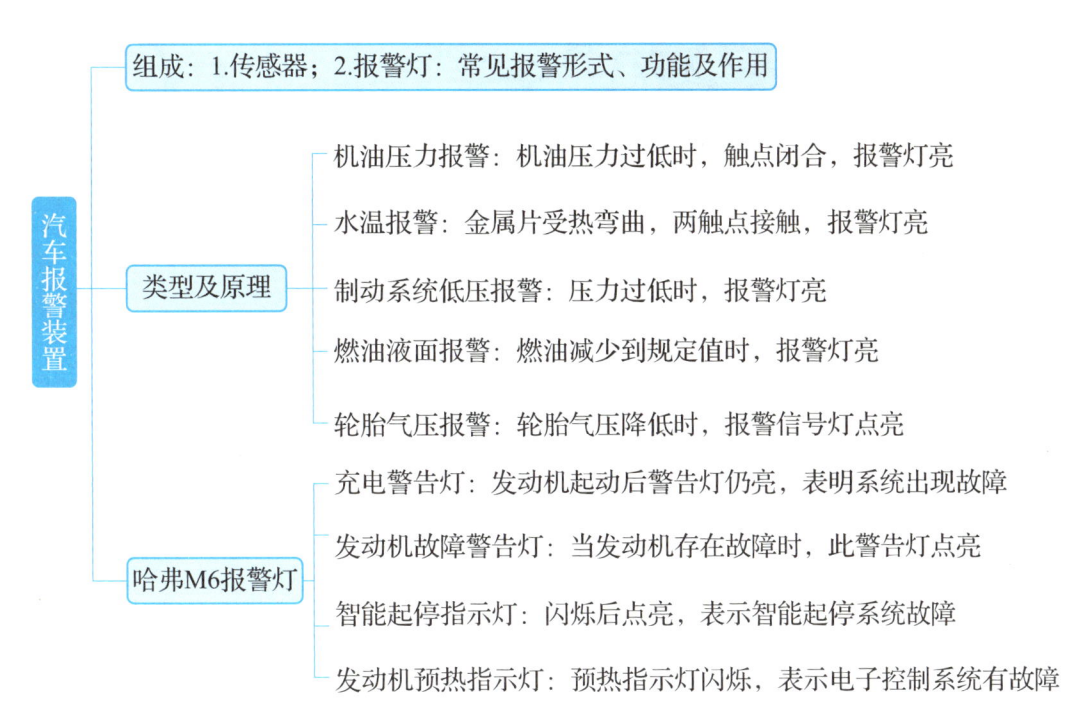

- **组成**：1.传感器；2.报警灯：常见报警形式、功能及作用
- **类型及原理**
  - 机油压力报警：机油压力过低时，触点闭合，报警灯亮
  - 水温报警：金属片受热弯曲，两触点接触，报警灯亮
  - 制动系统低压报警：压力过低时，报警灯亮
  - 燃油液面报警：燃油减少到规定值时，报警灯亮
  - 轮胎气压报警：轮胎气压降低时，报警信号灯点亮
- **哈弗M6报警灯**
  - 充电警告灯：发动机起动后警告灯仍亮，表明系统出现故障
  - 发动机故障警告灯：当发动机存在故障时，此警告灯点亮
  - 智能起停指示灯：闪烁后点亮，表示智能起停系统故障
  - 发动机预热指示灯：预热指示灯闪烁，表示电子控制系统有故障

2. 技能小结

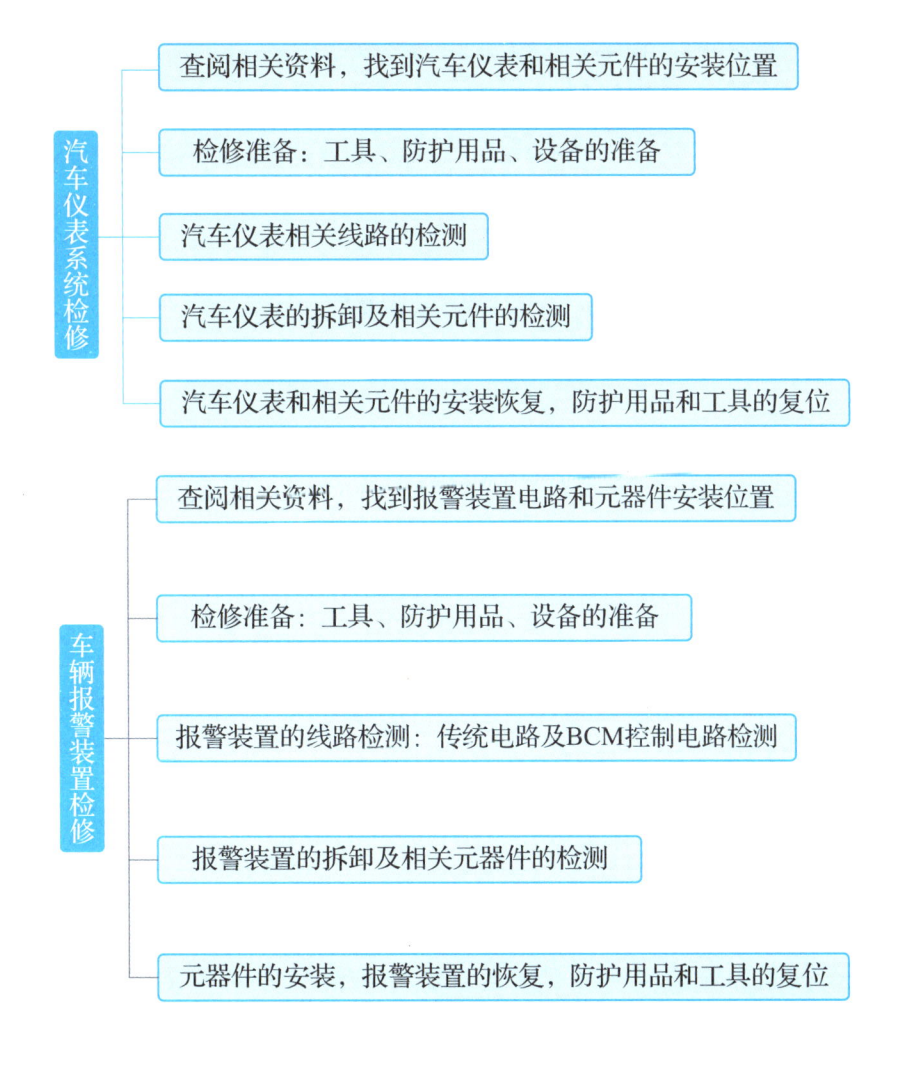

- **汽车仪表系统检修**
  - 查阅相关资料，找到汽车仪表和相关元件的安装位置
  - 检修准备：工具、防护用品、设备的准备
  - 汽车仪表相关线路的检测
  - 汽车仪表的拆卸及相关元件的检测
  - 汽车仪表和相关元件的安装恢复，防护用品和工具的复位

- **车辆报警装置检修**
  - 查阅相关资料，找到报警装置电路和元器件安装位置
  - 检修准备：工具、防护用品、设备的准备
  - 报警装置的线路检测：传统电路及BCM控制电路检测
  - 报警装置的拆卸及相关元器件的检测
  - 元器件的安装，报警装置的恢复，防护用品和工具的复位

项目四
汽车车内常见电气设备检修

项目描述

现代轿车车内都选装了中控门锁、电动座椅、安全气囊，它可使驾驶员更加方便、安全、舒适地使用汽车。当驾驶员用锁扣或钥匙锁定左前门时，其他三个车门及行李箱门也同时被锁好，由于交通事故发生的意外性，驾乘人员不可能有反应时间来主动保护自己，只有采用被动安全保护装置来减少事故对人体的伤害。本项目内容包括中控门锁和电动座椅、安全气囊的作用、组成、工作原理和拆装检修等。

任务1 中控门锁检修

任务导入

客户李先生开着一辆哈弗M6汽车来到4S店。汽车行驶140 km，按钥匙上的遥控锁车键锁车后，报警喇叭不停地嘀嘀响。正常情况在锁车后报警喇叭会嘀的响一声，试车发现用钥匙拧司机车门锁锁芯锁车正常。假如你负责李先生车辆的接待工作，请为李先生解释该车故障的可能原因，介绍汽车中控门锁的组成和功能，并对该车进行检修，排除故障。

项目四　汽车车内常见电气设备检修

任务目标

素养目标：

1）养成自立自强的工作态度、规范的现代企业现场管理习惯。

2）培养学生创新创造能力，践行新质生产力。

知识目标：

1）了解中控门锁的组成和作用。

2）理解中控门锁的工作原理。

3）掌握中控门锁检修过程中的安全隐患和规避方法。

技能目标：

1）能够按照操作规范正确拆装中控门锁。

2）能够正确分析中控门锁电路图。

3）能够对中控门锁进行检修。

知识准备

汽车中控门锁主要由控制电路和执行机构等组成，控制电路主要由门锁控制开关、钥匙操纵开关、门锁总成、行李箱门锁、门锁控制器、定时装置和继电器等组成。门锁执行机构常见的有电磁线圈式、电动机式和永磁型电动机式。长城哈弗 M6 汽车中控门锁的位置如图 4-1 所示。

图 4-1　长城哈弗 M6 汽车中控门锁的位置

一、中控门锁的功能

①驾驶员操作一键锁车开关锁闭车门后，其他几个车门及行李箱门都能自动锁定；如用钥匙锁门，也可同时锁好其他车门和行李箱门。

②驾驶员操作一键锁车开关解锁车门后，其他几个车门及行李箱门锁扣都能同时打开；如用钥匙开门，也可实现该动作。

③在车内个别车门需打开时，可分别操作各自车门的门锁开关。

④配合防盗系统，实现防盗。

二、中控门锁的结构组成

中控门锁主要由控制电路和执行机构等组成，如图 4-2 所示。控制电路主要由门锁控制开关、钥匙操纵开关、门锁总成、行李箱门锁、门锁控制器、定时装置和继电器等组成。

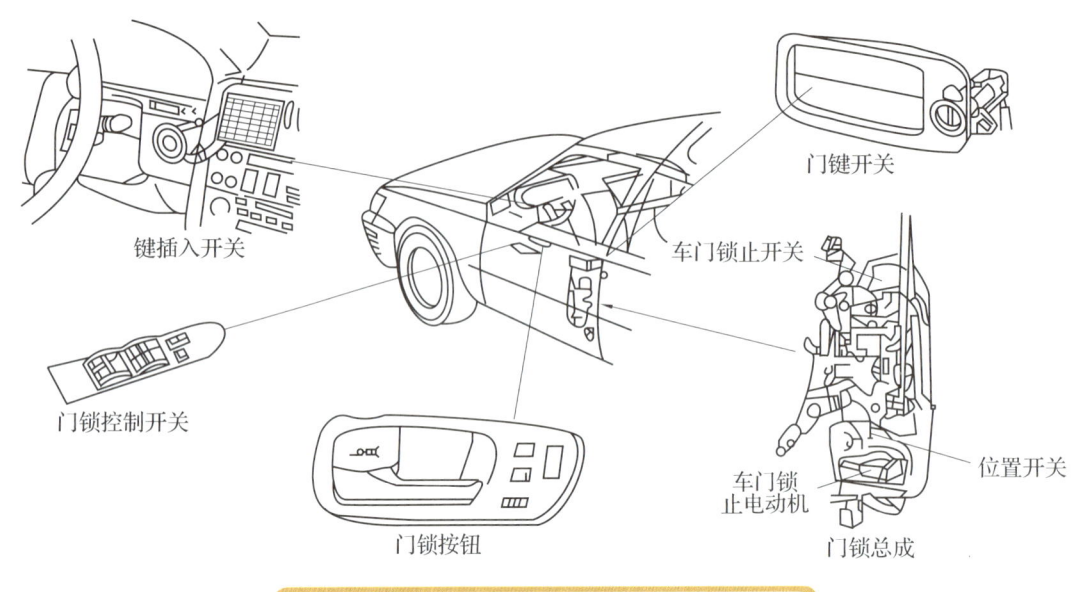

图 4-2 中控门锁的组成

1. 门锁控制开关

门锁控制开关一般安装在驾驶员一侧车门的扶手上，通过此开关可以同时锁止和打开所有车门。门锁控制开关实质上是一个电门开关，它用来控制各车门和行李箱锁筒的锁止和开启。用钥匙来拨动门锁锁芯并使其转过一定的角度，即可接通门锁执行机构的电路，使电磁线圈产生吸力将门锁锁止或开启。

2. 门锁总成

门锁总成主要由门锁传动机构、门锁位置开关和外壳等组成，如图 4-3 所示。

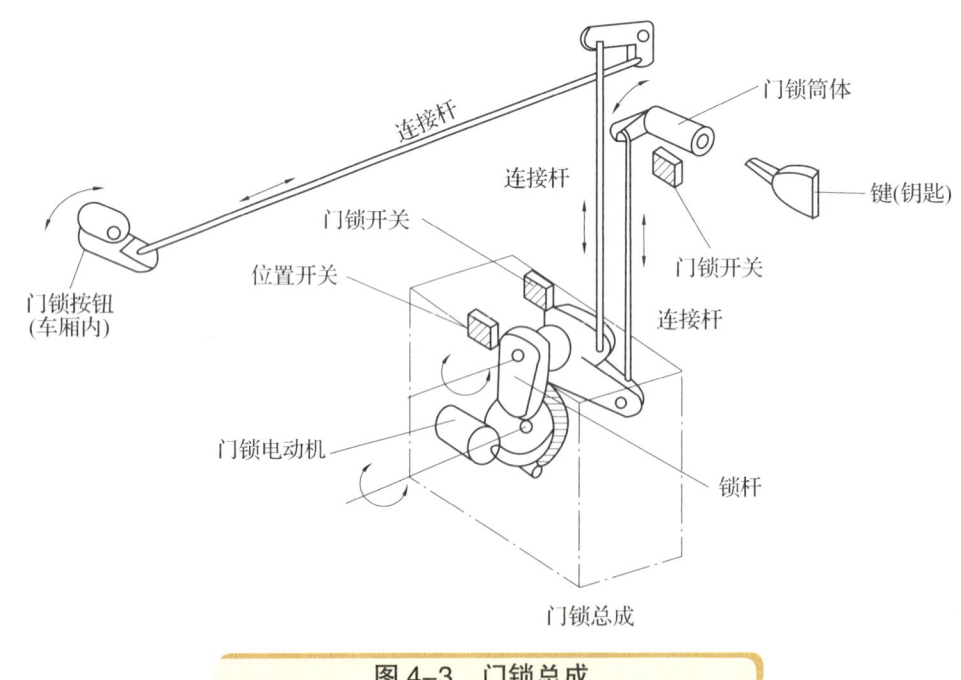

图 4-3 门锁总成

门锁传动机构主要由门锁电动机、齿轮和位置开关等组成，如图4-4所示。门锁电动机是门锁执行器，当门锁电动机转动时，蜗杆带动蜗轮转动，蜗轮推动锁杆，车门被锁上或打开，然后蜗轮在回位弹簧的作用下返回原位置，防止操纵门锁按钮时电动机工作。

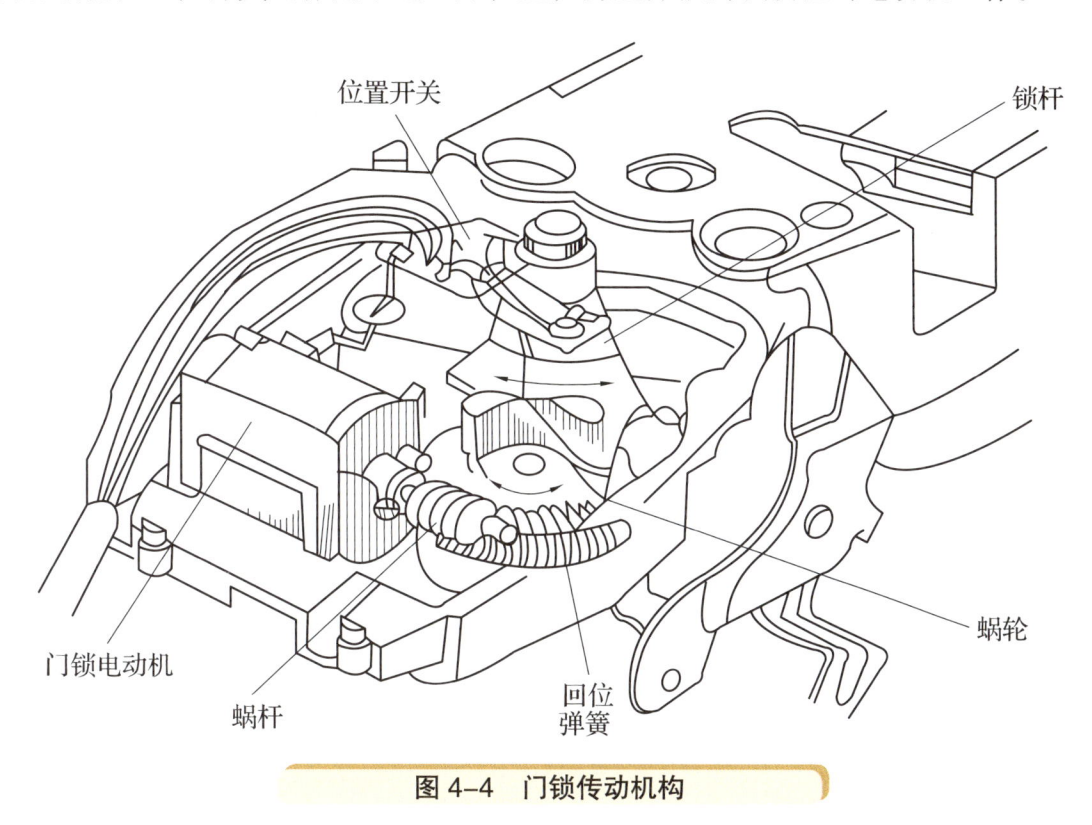

图 4-4 门锁传动机构

门锁位置开关位于门锁总成内，用来检测车门的锁紧状态，它由一个触点片和一个开关底座组成。当锁杆推向锁门位置时，位置开关断开，推向开门位置时接通。即当车门关闭时，此开关断开，当车门打开时此开关接通。如图4-5所示为门锁位置开关在车门锁紧和打开时的状态。

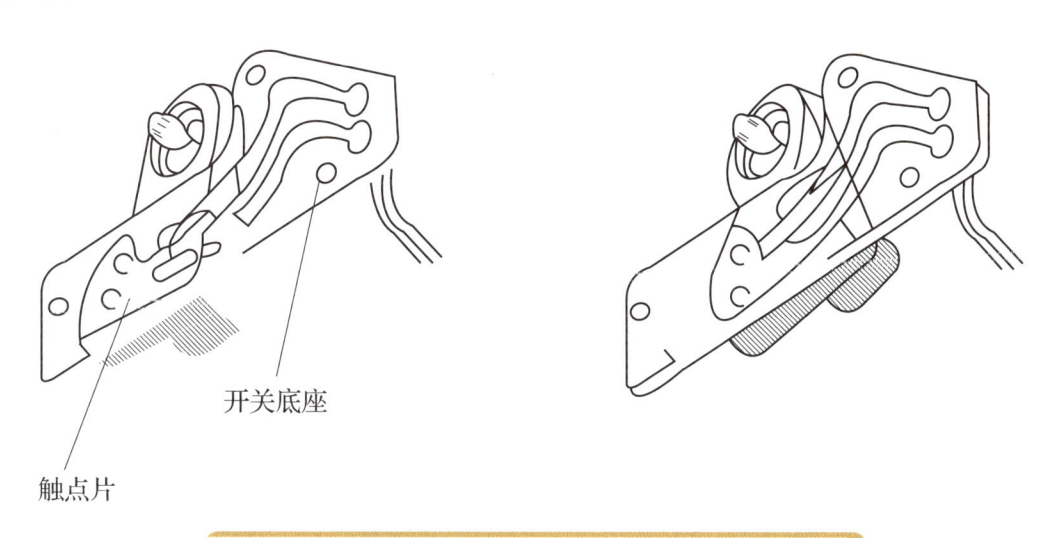

图 4-5 门锁位置开关在车门锁紧和打开时的状态

3. 钥匙操纵开关

钥匙操纵开关装在每个车门的钥匙门上，当从外面用钥匙打开或关门时，钥匙操纵开关便发出开门或锁门的信号给门锁控制 ECU 或门锁控制继电器。钥匙操纵开关的位置如图 4-6 所示。

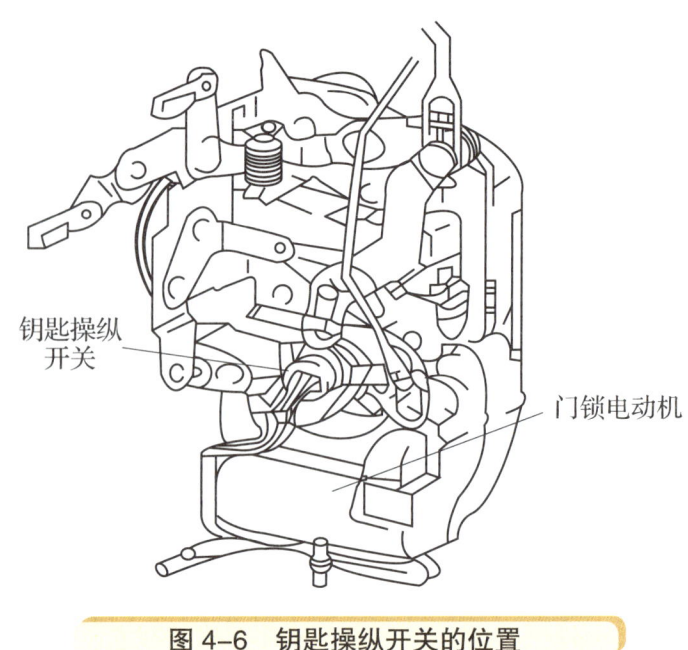

4. 行李箱门开启器开关

一般该开关位于仪表板下面或驾驶员座椅左侧车厢底板上，拉动此开关便能打开行李箱门，如图 4-7 所示。行李箱的钥匙门靠近其开启器，推压钥匙门，断开行李箱内主开关，此时再拉开开启器开关也不能打开行李箱门。将钥匙插进钥匙门内顺时针旋转打开钥匙门，主开关接通，这样便可用行李箱门开启器打开行李箱。

图 4-6 钥匙操纵开关的位置

5. 行李箱门开启器

行李箱门开启器装在行李箱门上，一般用电磁线圈代替电动机，由轭铁、插棒式可动铁芯、电磁线圈和支架组成，如图 4-8 所示。当电磁线圈通电时，插棒式可动铁芯将锁芯轴拉入并打开行李箱门。线路断路器用以防止电磁线圈因电流过大而过热。

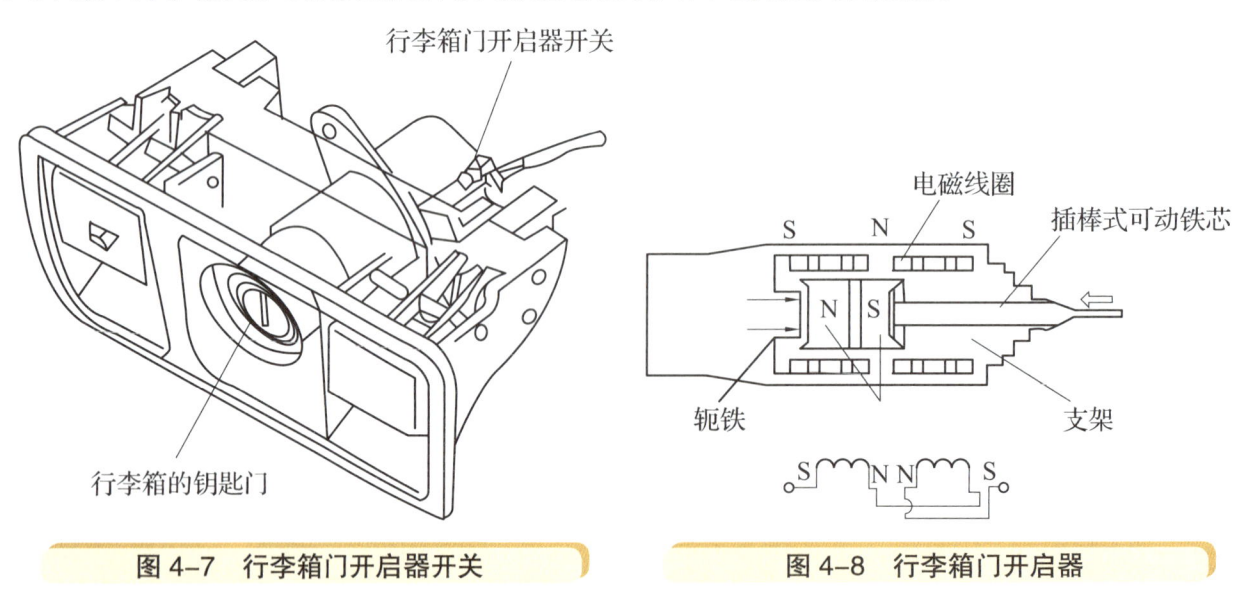

图 4-7 行李箱门开启器开关

图 4-8 行李箱门开启器

6. 定时装置

定时装置的基本原理是利用电容器的充放电特性，来控制执行机构的通电时间，使执行机构锁止或开启，电容器的电恰好放完，继电器的电流中断，从而丧失吸力使触点断开。

7. 中控门锁执行机构

中控门锁执行机构的作用是执行驾驶员的指令，将门锁锁止或开启。门锁执行机构常见的有电磁线圈式、电动机式和永磁型电动机式。

三、长城哈弗 M6 汽车中控门锁的工作原理

1. 中控按钮

中控按钮（见图 4-9）位于驾驶员侧车门上。反复按压中控按钮可以锁止或解锁所有车门。按钮指示灯点亮，表示车门已锁止；按钮指示灯熄灭，表示车门已解锁。

2. 遥控门锁

遥控门锁不用钥匙插入门锁，可实现远距离开锁和闭锁。遥控门锁系统主要由发射机、分配器、接收机及保险装置等组成。

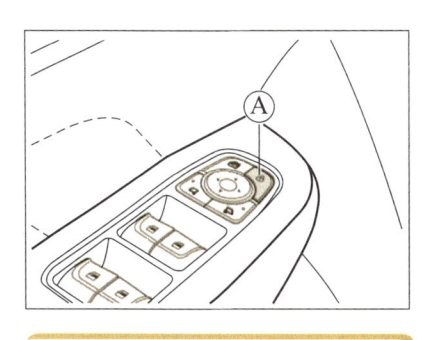

图 4-9 中控按钮

3. 工作原理

长城哈弗 M6 汽车中控门锁的控制电路图如图 4-10 所示。

（1）锁止车门

通过遥控门锁或者将中控门锁按键按下锁止位置时，中控门锁控制开关进入锁止状态，BCM 接收到锁门信号，控制闭锁继电器接通，使各车门锁电动机的电路导通并构成闭合回路，电动机转动将门锁锁扣锁止。其执行电路为：蓄电池的正极→保险丝 F21→闭锁继电器→左前门锁（左后门锁、右前门锁、右后门锁、油箱锁）→开锁继电器→蓄电池的负极。

（2）打开车门

通过遥控门锁或者将中控门锁按键按下打开位置时，中控门锁控制开关进入打开状态，BCM 接收到打开车门信号，控制开锁继电器接通，使各车门锁电动机的电路导通并构成闭合回路，电动机转动将门锁锁扣解锁，其执行电路为：蓄电池的正极→保险丝 F21→开锁继电器→左前门锁（左后门锁、右前门锁、右后门锁、油箱锁）→闭锁继电器→蓄电池的负极。

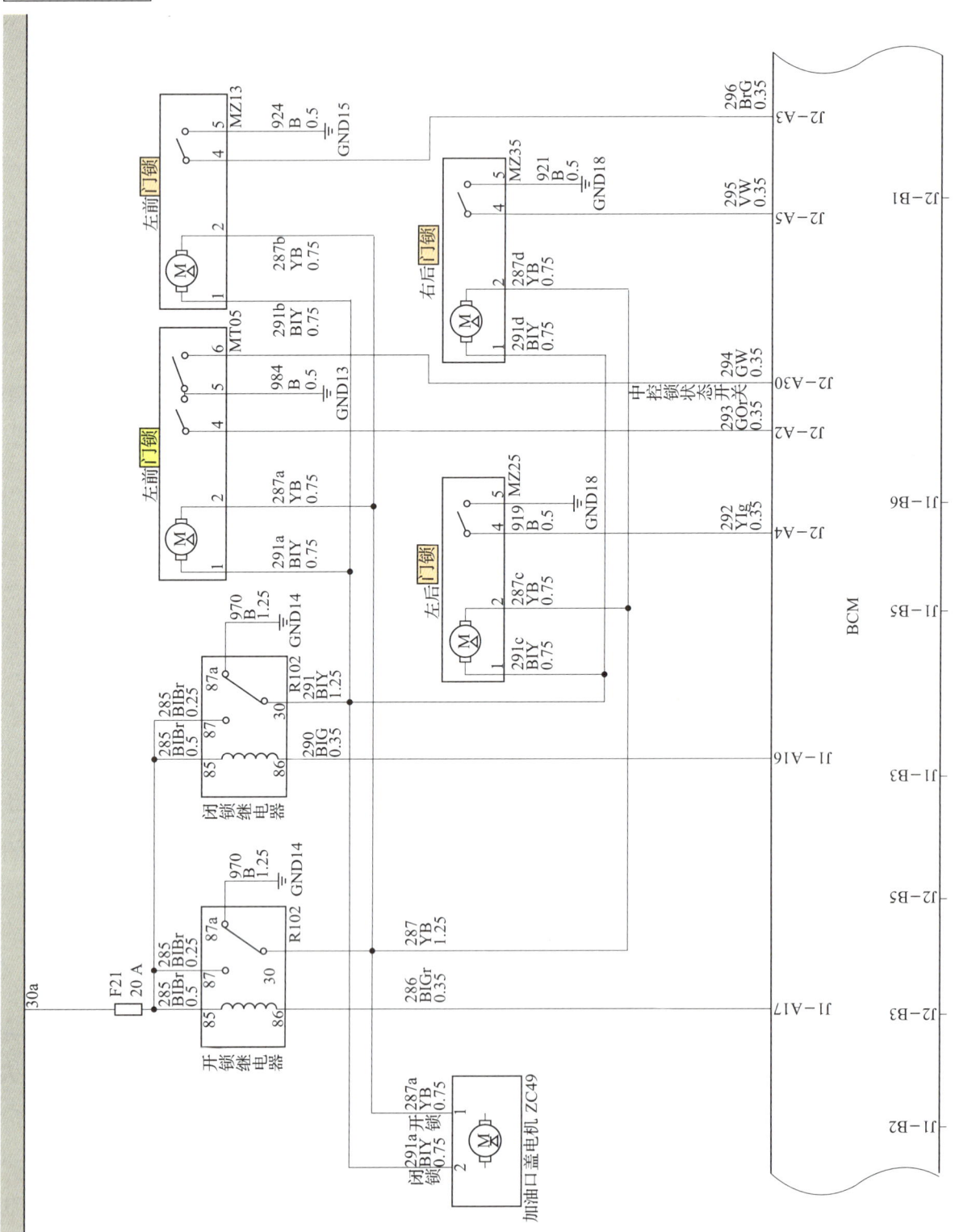

图 4-10 长城哈弗 M6 中控门锁的控制电路图

小贴示

锁车门时，中控门锁没有反应，导致不能锁定车门，可能是门锁执行机构或者门锁控制盒出现问题，可以使用诊断仪诊断，中控门锁电动机使用时间久了，需要进行更换。

直通高考（知识）

1）汽车装备中控门锁后下面不能实现的功能是（　　）。

A. 驾驶员操作一键锁车开关锁闭车门后，其他几个车门及行李箱门都能自动锁定；如用钥匙锁门，也可同时锁好其他车门和行李箱门

B. 驾驶员操作一键锁车开关解锁车门后，其他几个车门及行李箱门锁扣都能同时打开；用钥匙开门，也可实现该动作

C. 在车内个别车门需打开时，可通过操作各自车门的门锁开关实现

D. 配合防盗系统，不能实现防盗

2）下面不是电控中控门锁组成部分的是（　　）。

A. 信号输入装置　　B. ECU　　　　C. 执行器　　　　D. 报警装置

3）常见的汽车防盗系统有机械式、电子式、网络式，应用最广泛的是（　　）。

A. 机械式　　　　B. 电子式　　　　C. 网络式　　　　D. 都有

4）下面是电子防盗系统组成部分的是（　　）。

A. 防盗控制单元　　　　　　　　B. 防盗器识读线圈

C. 防盗器警告灯　　　　　　　　D. 汽车钥匙

技能实训

由于不同车辆的中控门锁控制策略有差异，因而中控门锁故障诊断的方法和步骤也有较大差异，本节将以哈弗M6汽车中控门锁故障诊断为例进行讲解。

左前门锁损坏案例

1. 查阅维修资料

在计算机（或其他信息化终端）上打开电子（或纸质）维修手册。

①打开维修手册电子（或纸质）目录，如图4-11所示。

②从目录页找到门锁目录，如图4-12所示。

③从门锁目录下找到前门锁，如图4-13所示。

④同样的方法进入子电路图，查找与中控门锁有关的电路。

⑤综合所有与中控门锁有关的电路图，分析其工作过程。

汽车车身电气设备检修

```
音频视频系统
无钥匙进入及启动系统
门锁
蓄电池&取电接口
开关
巡航系统
智能启停系统
泊车辅助系统
```

图 4-11 维修手册目录

```
门锁                2071
  门锁系统          2073
  前门锁            2080
  前门锁芯          2082
```

图 4-12 门锁目录

```
门锁系统..........53-1
系统描述 ........53-1
规定力矩 ........53-4
故障症状表......53-5
中控锁开关.....53-6
```

图 4-13 前门锁

2. 中控门锁开关的拆装

①关闭点火开关。

②断开蓄电池负极。

③拆卸驾驶侧门内饰板总成。

④拆下 4 个螺钉，如图 4-14 所示。

⑤取下驾驶侧门窗开关。

⑥安装以与拆卸相反的顺序进行。

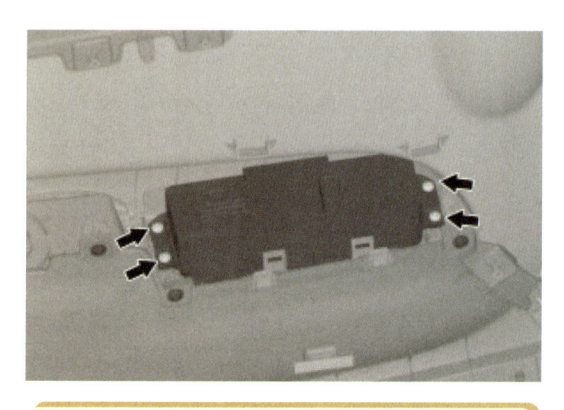

图 4-14 拆下 4 个螺钉

3. 驾驶侧门锁的拆装

（1）拆卸

将前门玻璃升至顶端；断开蓄电池负极；拆卸前门内饰板；揭开前门防水膜；拆下 3 个前门螺钉，如图 4-15 所示；拆下前门后玻璃导轨固定螺栓；断开锁芯与锁芯连杆的连接，如图 4-16 所示；断开线束接插件；拆下前门锁及内 / 外开拉线。

图 4-15 拆下 3 个前门螺钉

图 4-16 断开锁芯与锁芯连杆的连接

（2）安装

以与拆卸相反的顺序进行。

4. 中控门锁故障诊断

由于哈弗 M6 汽车的中控门锁系统是通过车身控制模块（BCM）来控制的，出现故障时，BCM 将以故障代码形式进行存储，常见的中控门锁故障代码如表 4-1 所示。

表4-1　常见的中控门锁故障代码

序号	故障代码	故障描述
1	B1016	中控门锁输入错误
2	B101614	中控门闭锁继电器短路到地或开路
3	B101714	中控门开锁继电器短路到地或开路

（1）中控门锁不工作

故障现象：打开点火开关，按下或者解开中控门锁按钮，所有车门锁止或解锁功能不工作。

故障可能原因：中控门锁开关异常，线束或者接插件异常，BCM局部故障。

中控门锁不工作故障诊断步骤如表4-2所示。

表4-2　中控门锁不工作故障诊断步骤

步骤	操作	是	否
1	检查中控门锁开关线束或者接插件是否有异常	正确安装线束，故障排除	转第2步
2	检查中控门锁开关是否损坏	更换开关，故障排除	转第3步
3	更换BCM，查看故障是否排除	故障排除	转第4步
4	用诊断仪读取车身控制器是否有故障代码	排除其他故障代码	故障排除

（2）B101614/B101714

故障代码B101614/B101714的含义是中控门闭锁继电器短路到地或开路/中控门开锁继电器短路到地或开路。这类故障代码报码的条件是打开点火开关按下中控门锁按钮，所有车门门锁打开或者关闭异常。

故障可能原因：中控门锁继电器短路到地或者开路。

中控门锁B101614/B101714故障诊断步骤如图4-3所示。

表4-3　中控门锁B101614/B101714故障诊断步骤

步骤	操作	是	否
1	关闭所有负载用电器	转第2步	—
2	用诊断仪读取车身控制器是否有故障代码	转第3步	排查其他故障代码
3	检查中控门锁继电器线束	检查线束并正确安装，转第5步	转第4步
4	检查中控门锁继电器负载	更换继电器，转第5步	转第5步
5	清除故障代码，重起车辆并做检测，查看故障是否消除	故障排除，系统正常	重复第1步

> **小贴示**
>
> 失败是成功之母。中控门锁的检修过程中不要担心总是找不到故障原因，每一次失败都是经验的积累。任务实施过程中总结的失败多了，成功也就快来了，只需要严格按维修手册要求进行操作即可。

直通高考（技能）

1）在拆卸哈弗 M6 汽车中控门锁开关时，甲说有 4 个螺钉，乙说有 3 个螺钉，你认为（　　）

A. 甲正确　　　　B. 乙正确　　　　C. 甲乙都正确　　　　D. 甲乙均不正确

2）中控门锁在拆装时应该（　　）。

A. 断开蓄电池负极　　　　　　　　B. 断开蓄电池正极
C. 打开钥匙开关　　　　　　　　　D. 无要求

任务实施

扫码并参照本教材配套工作页中的项目四任务 1——中控门锁检修，实施任务。

工作页 - 中控门锁检修

任务2　电动座椅检修

任务导入

客户李先生开着一辆哈弗 M6 汽车来到 4S 店。李先生反映车辆驾驶员座椅前后不能调节，电动座椅其他方向调节正常。假如你负责李先生车辆的接待工作，请为李先生解释该车故障的可能原因，介绍电动座椅的组成、类型和工作过程，并对该车进行检修，排除故障。

任务目标

素养目标：

1）养成认真、细致、严谨的工作态度，具有良好的职业道德。
2）培养自立自强的精神，树立正确的价值观。

知识目标：

1）了解电动座椅的组成和作用。
2）掌握电动座椅的类型。
3）掌握电动座椅的工作原理。

技能目标:
1）能够正确使用各种常见维修工具和检测仪器。
2）能够正确分析汽车电动座椅的电路图。
3）能够操作和正确使用汽车电动座椅。
4）能够进行汽车电动座椅的检修。

知识准备

相对于手动座椅，电动座椅能够进行更加灵活方便的调节，为驾驶员和乘员提供了更好的操作体验。电动座椅以电动机为动力源，通过传动装置和执行机构来调节座椅的位置和角度。

一、电动座椅概述

1. 电动座椅的要求

车厢内座椅的布置、结构、调节要符合人体工程学要求，需有良好的静态与动态舒适性。座椅是支撑和保护人体的构件，必须安全、可靠，应具有充分的强度、刚度与耐久性。座椅是保障乘坐安全和舒适驾乘的构件，应具有较强的调节功能、减振功能及可靠的锁止机构。

2. 电动座椅的结构

电动座椅主要由座椅开关、电动机、传动装置等组成。

（1）座椅开关

座椅开关用来调节座椅的各种位置，按下此开关，电控单元就会控制相应电动机运转，按照驾驶员或乘员的要求调整座椅的位置，如图4-17所示。有些高配的电动座椅还有存储和复位开关，其作用是存储或恢复驾驶员或乘员已经调整好的座椅位置。

（2）电动机

电动机为电动座椅的调节提供动力，大多采用双向电动机，即电枢的旋转方向随电流的方向改变而改变，使电动机按不同的电流方向进行正转或反转，以达到座椅调节的目的。电动机的数量取决于电动座椅的类型，通常六向调节的电动座椅装有三个电动机，如图4-18所示。为防止电动

图4-17 座椅开关

机过载，电动机内装有熔丝，以确保电气设备的安全。

（3）传动装置

电动座椅的传动装置包括高度调整机构和纵向调整机构，其作用是把直流电动机产生的旋转运动转变为座椅的位置调整动作。

①高度调整机构。高度调整机构由蜗杆轴、蜗轮和心轴等组成，如图4-19所示。调整时蜗杆轴在电动机的驱动下，带动蜗轮转动，从而保证心轴旋进或旋出，实现座椅上升与下降。

②纵向调整机构。纵向调整机构由蜗杆、蜗轮、齿条和导轨等组成，如图4-20所示。齿条装在导轨上，调整时，电动机转矩经蜗杆传至两侧的蜗轮4上，经导轨上的齿条，带动座椅前后移动。

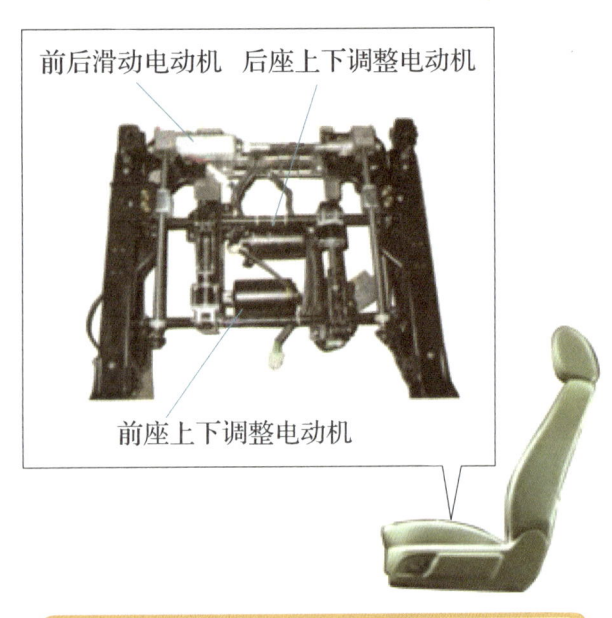

图4-18 座椅电动机

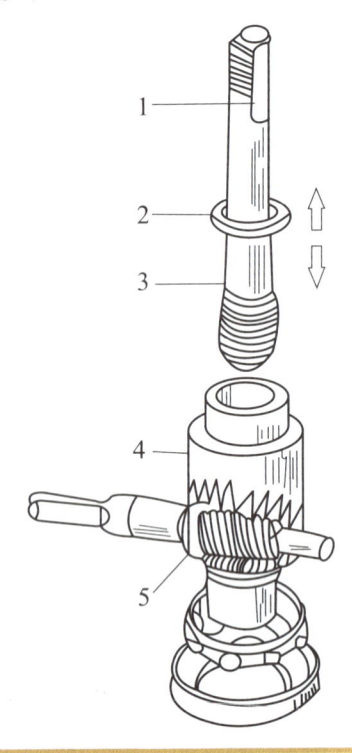

图4-19 高度调整机构
1—铣平面；2—止推垫片；3—心轴；4—蜗轮；5—挠性驱动蜗杆轴

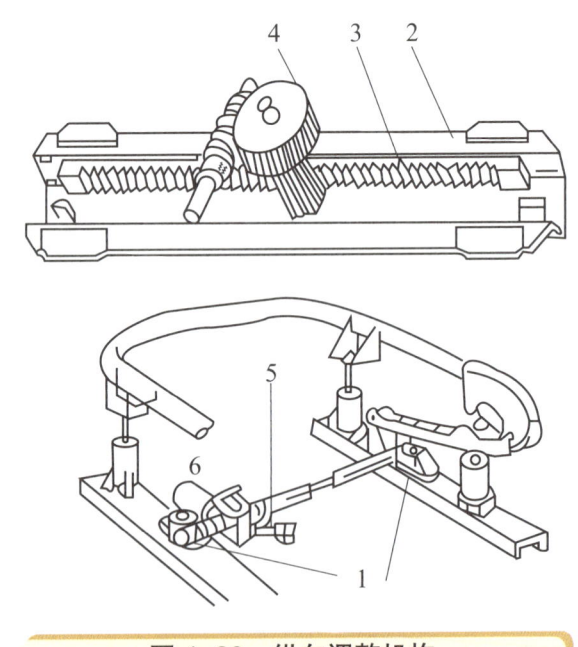

图4-20 纵向调整机构
1—支承及导向元件；2—导轨；3—齿条；4—蜗轮；5—反馈信号电位计；6—调整电动机

3. 电动座椅的类型

（1）按电动机的数量分类

①单电动机式。单电动机式只能对电动座椅的前后两个方向进行调整。

②双电动机式。双电动机式可以对电动座椅的前后两个方向、高低两个方向进行调整。

③三电动机式。三电动机式可以对电动机座椅的六个方向进行调整，即不仅能向前后两个方向移动，还可分别对座椅的前部和后部的高低进行调整。

④四电动机式。四电动机式的调整功能除了具有以上三电动机式的调整功能以外，还可以对靠背的倾斜角度进行调整。

有的电动座椅装配了更多的电动机，除了保证以上运动外，还可以对座椅长度和头枕的高度等调整。

（2）按加热器分类

电动座椅根据有无加热器，通常分为无加热器式和有加热器式两种。

（3）按存储功能分类

电动座椅根据有无存储功能，通常分为无存储功能电动座椅和有存储功能电动座椅两种。有存储功能电动座椅可根据驾驶员存储的初始设定位置，一键进行调节。

4. 电动座椅的功能

（1）位置调节

电动座椅具有调节座椅垂直升降、前端升降、水平滑动及座椅靠背角度等功能，为驾驶员或乘员提供更好的舒适度。现在电动座椅越来越智能化和人性化，有的座椅还具有按摩和"迎宾"功能。

（2）温度调节

有些轿车采用了半导体温度调节座椅，可以对座椅进行冷热调节，使驾驶员感觉更加舒适。

（3）振动提醒

有的车型的控制系统能够振动电动座椅的一侧或者两侧，以提醒驾驶员注意某些事项。

二、电动座椅工作原理

1. 普通电动座椅的工作原理

常见的电动座椅电路原理图如图4-21所示。它主要由蓄电池、座椅开关、熔断器和3个电动机组成。座椅开关内部有4套开关触点，驾驶员或乘员通过控制开关上的按钮来调节座椅的位置。

图 4-21 常见的电动座椅电路原理图

1—蓄电池；2—熔断器；3—座椅开关；4—后倾电动机；5—前进 / 后退电动机；6—前倾电动机

（1）驾驶员座椅前端上下调节

当按下座椅前端向上调节按钮时，接通座椅开关 3 中的前倾开关。此时电路中电流的流动方向如图 4-22 所示。蓄电池 1 的正极→熔断器 2 →座椅开关①左侧触点→前倾电动机 6 →熔断器→座椅开关①右侧触点→座椅开关③右侧触点→搭铁→蓄电池负极。前倾电动机 6 转动，驾驶员座椅前端向上移动。

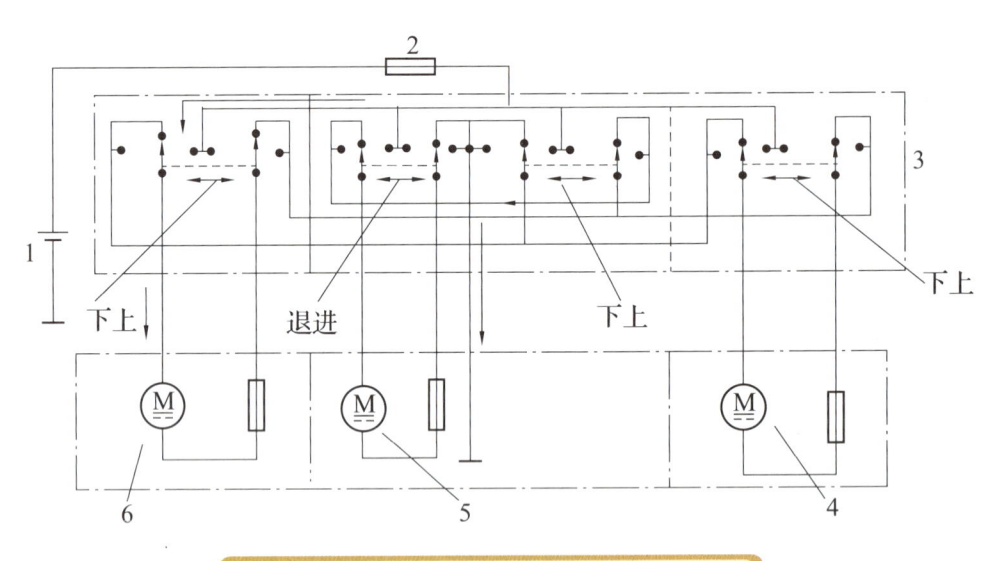

图 4-22 电动座椅电路图

1—蓄电池；2—熔断器；3—座椅开关；4—后倾电动机；5—前进 / 后退电动机；6—前倾电动机

当按下座椅前端向下调节按钮时，蓄电池 1 的正极→熔断器 2 →座椅开关①右侧触点→熔断器→前倾电动机 6 →座椅开关①左侧触点→座椅开关③左侧触点→搭铁→蓄电池负极。前倾电动机 6 反转，驾驶员座椅前端向下移动。

（2）驾驶员座椅后端上下调节

当按下座椅后端向上调节按钮时，接通座椅开关 3 中的后倾开关。蓄电池 1 的正极→熔断器2→座椅开关④左侧触点→后倾电动机4→熔断器→座椅开关④右侧触点→座椅开关③右侧触点→搭铁→蓄电池负极。后倾电动机4转动，驾驶员座椅后端向上移动。

当按下座椅后端向下调节按钮时，接通座椅开关3中的后倾开关。蓄电池1的正极→熔断器2→座椅开关④右侧触点→熔断器→后倾电动机4→座椅开关左侧触点→座椅开关③左侧触点→搭铁→蓄电池负极。后倾电动机4反转，驾驶员座椅后端向下移动。

（3）驾驶员座椅前后滑动

当按下座椅向前滑动按钮时，蓄电池1的正极→熔断器2→座椅开关②左侧触点→前进/后退电动机5→熔断器→座椅控制开关②右侧触点→搭铁→蓄电池负极。前进/后退电动机5正转，驾驶员座椅向前滑动。

当按下座椅向后滑动按钮时，蓄电池1的正极→熔断器2→座椅开关②右侧触点→熔断器→前进/后退电动机5→座椅开关②左侧触点→搭铁→蓄电池负极。前进/后退电动机5反转，驾驶员座椅向后滑动。

2. 带储存功能电动座椅的工作原理

有些轿车电动座椅系统带有存储器，具有记忆功能。带记忆功能电动座椅系统控制电路如图4-23所示。带记忆功能电动座椅系统主要由位置传感器、电控部分和执行器等组成，4个位置传感器用来检测座椅的设定位置。当座椅位置设定后，驾驶员按下存储器的按钮，电子控制模块就把这些电压信号进行存储。使用时，只要按下按钮，就能按存储的座椅位置要求调整座椅位置。

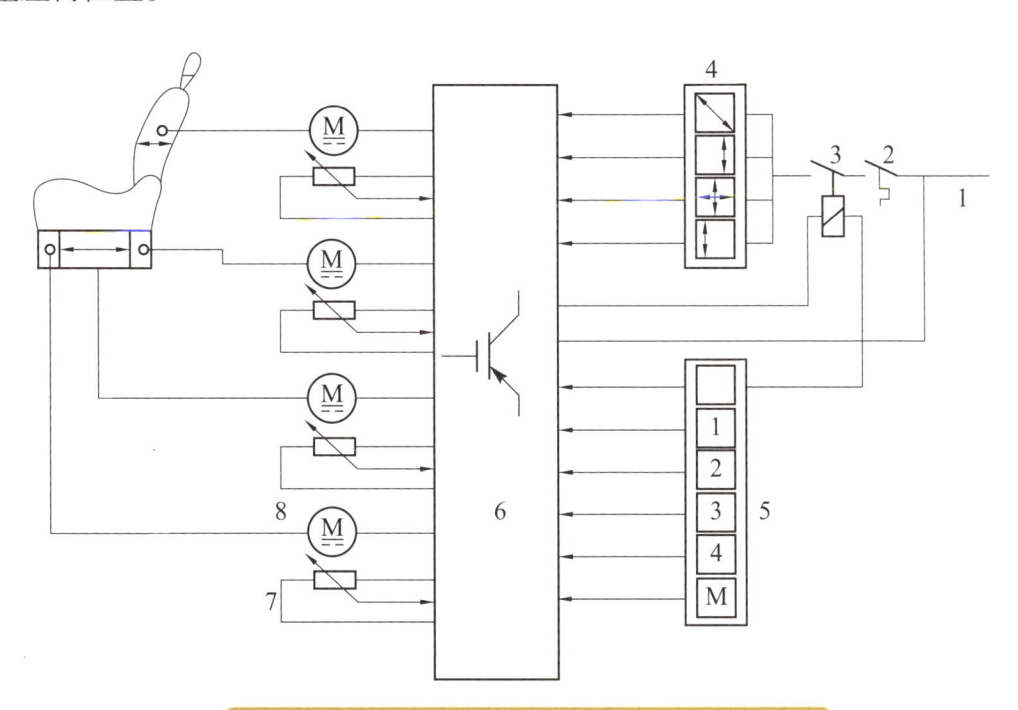

图4-23 带记忆功能电动座椅系统控制电路

1—接蓄电池；2—过载保护装置；3—继电器；4—手动调节开关；5—存储复位开关；
6—电子控制模块；7—位置传感器；8—电动机

三、电动座椅系统电路分析

本书以哈弗 M6 汽车主驾驶电动座椅系统为例进行阐述。哈弗 M6 汽车电动座椅系统主要由电源、主驾驶座椅开关、座椅靠背前后调节电动机等组成。哈弗 M6 汽车电动座椅系统电路图，如图 4-24 所示。

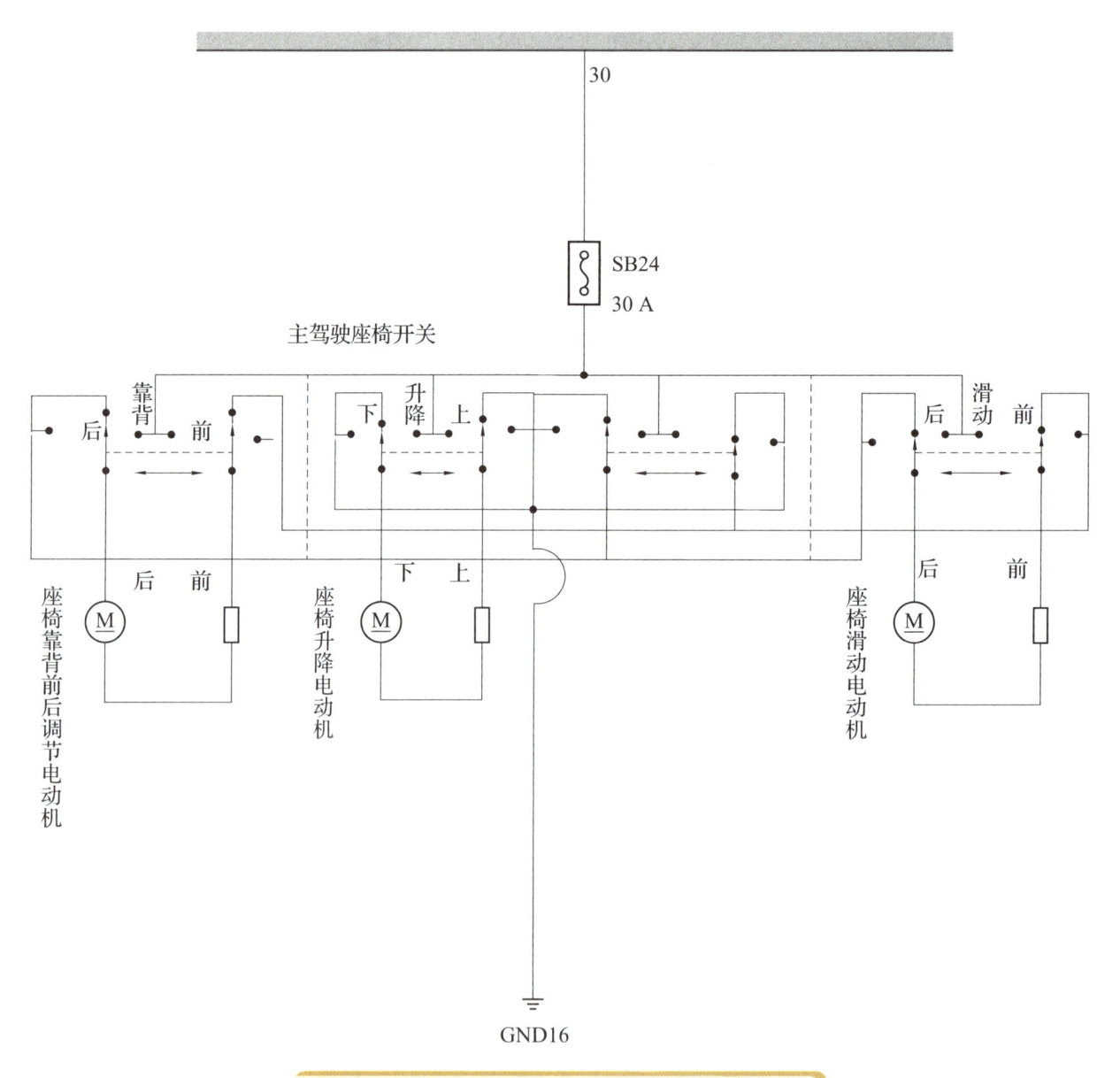

图 4-24　哈弗 M6 汽车电动座椅系统电路图

1. 主驾驶座椅靠背前后调节

当按下座椅靠背向前调节按钮时，座椅靠背前后调节电动机接通电路。电路中电流的流动方向为蓄电池电源（30）→主驾驶座椅 30 A 熔丝→主驾驶座椅开关靠背前触点→熔断器→座椅靠背前后调节电动机→搭铁→蓄电池负极。此时，主驾驶座椅靠背向前移动。

当按下座椅靠背向后调节按钮时，座椅靠背前后调节电动机接通电路。电路中电流的流动方向为蓄电池电源（30）→主驾驶座椅 30 A 熔丝→主驾驶座椅开关靠背后触点→座椅靠背前后调节电动机→熔断器→搭铁→蓄电池负极。此时，主驾驶座椅靠背向后移动。

2. 主驾驶座椅前后调节

当按下座椅向前滑动按钮时，座椅滑动电动机接通电路。电路中电流的流动方向为蓄电池电源（30）→主驾驶座椅 30 A 熔丝→主驾驶座椅开关前后滑动前触点→熔断器→主驾驶座椅滑动电动机→搭铁→蓄电池负极。此时，主驾驶座椅向前滑动。

当按下座椅向后滑动按钮时，座椅滑动电动机接通电路。电路中电流的流动方向为蓄电池电源（30）→主驾驶座椅 30 A 熔丝→主驾驶座椅控制开关前后滑动后触点→主驾驶座椅滑动电动机→熔断器→搭铁→蓄电池负极。此时，主驾驶座椅向后滑动。

3. 主驾驶座椅前端上下调节

当按下座椅前端向上调节按钮时，座椅升降电动机接通电路。电路中电流的流动方向为蓄电池电源（30）→主驾驶座椅 30 A 熔丝→主驾驶座椅开关升降上触点→熔断器→主驾驶座椅升降电动机→搭铁→蓄电池负极。此时，主驾驶座椅前端向上移动。

当按下座椅前端向下调节按钮时，座椅升降电动机接通电路。电路中电流的流动方向为蓄电池电源（30）→主驾驶座椅 30 A 熔丝→主驾驶座椅控制开关升降下触点→主驾驶座椅升降电动机→熔断器→搭铁→蓄电池负极。此时，主驾驶座椅前端向下移动。

直通高考（知识）

1）在电动座椅中，一般一个电动机可以完成座椅的（　　）。
A. 一个方向的调整　B. 两个方向的调整　C. 三个方向的调整　D. 四个方向的调整

2）电动座椅系统中，调节（　　），可以控制座椅的水平位置，以适应不同身材驾乘人员的需要。
A. 前后移动电动机　　　　　　　　B. 前端上下调节电动机
C. 后端上下调节电动机　　　　　　D. 座椅靠背调节电动机

3）下列零部件不属于电动座椅的是（　　）。
A. 双向电动机　　B. 传动装置　　C. 指示灯　　D. 仪表

4）下列不是电动座椅功能的是（　　）。
A. 位置调节　　B. 温度调节　　C. 振动提醒　　D. 主动安全

技能实训

由于不同车辆的电动座椅控制策略相差较大，因而电动座椅故障诊断的方法和步骤也有较大差异，本节将以哈弗 M6 汽车电动座椅故障诊断为例进行讲解。

1. 查阅维修资料

在计算机（或其他信息化终端）上打开电子（或纸质）维修手册。

①打开维修手册电子（或纸质）目录。

②从目录页找到座椅安全带系统目录，如图 4-25 所示。

③从座椅安全带系统目录下找到电动座椅，如图 4-26 所示。

④同样的方法进入子电路图，查找电动座椅电路图。

⑤结合电路图分析其工作过程。

图 4-25 座椅安全带系统目录

图 4-26 座椅目录

2. 驾驶员座椅的拆装

（1）驾驶员座椅的拆卸

断开蓄电池负极；拆卸座椅头枕；移动座椅至最后端；拆下座椅前端两个螺栓，如图 4-27 所示；移动座椅至最前端；取下座椅后盖板；拆下座椅后端两个螺栓，如图 4-28 所示。

图 4-27 前端螺栓拆卸

图 4-28 后端螺栓拆卸

（2）驾驶员座椅的安装

以与拆卸相反的顺序进行。

3. 电动座椅故障诊断

电动座椅最常见的故障是：座椅不能前后运动，不能升降，靠背不能前后调节等。下面以哈弗 M6 汽车的电动座椅电路为例，对电动座椅故障进行检修。

（1）电动座椅不能向前移动或向后移动

故障可能原因：驾驶员座椅开关损坏；滑动电动机损坏；线束断路等。

电动座椅不能向前移动或向后移动故障诊断步骤如表4-4所示。

表4-4 电动座椅不能向前移动或向后移动故障诊断步骤

步骤	操作	是	否
1	检查驾驶员座椅开关：用万用表检查驾驶员座椅开关端子至车身的接地情况	正常接地，转第2步	更换座椅开关
2	检查连接线束：用万用表检查驾驶员座椅开关端子至滑动电动机各端子导通情况	导通，转第3步	更换或检修线束
3	检查滑动电动机：用试灯检查滑动电动机接插件端子，且分别按下座椅向前/向后开关，试灯应分别点亮	重复第1步	更换滑动电动机，排除故障

（2）电动座椅不能升降

故障可能原因：驾驶员座椅开关损坏；升降电动机损坏；线束断路等。

电动座椅不能升降故障诊断步骤如表4-5所示。

表4-5 电动座椅不能升降故障诊断步骤

步骤	操作	是	否
1	检查驾驶员座椅开关：用万用表检查驾驶员座椅开关端子至车身的接地情况	正常接地，转第2步	更换座椅开关
2	检查连接线束：用万用表检查驾驶员座椅开关端子至升降电动机各端子导通情况	导通，转第3步	更换或检修线束
3	检查升降电动机：用试灯检查升降电动机接插件端子，且分别按下座椅升降开关，试灯应分别点亮	重复第1步	更换升降电动机，排除故障

（3）电动座椅靠背不能前后调节

故障可能原因：驾驶员座椅开关损坏；靠背前后电动机损坏；线束断路等。

电动座椅靠背不能前后调节故障诊断步骤如表4-6所示。

表4-6 电动座椅靠背不能前后调节故障诊断步骤

步骤	操作	是	否
1	检查驾驶员座椅开关：用万用表检查驾驶员座椅开关端子至车身的接地情况	正常接地，转第2步	更换座椅开关
2	检查连接线束：用万用表检查驾驶员座椅调节开关端子至座椅靠背前后调节电动机各端子导通情况	用万用表检查驾驶员导通，转第3步	更换或检修线束
3	检查座椅靠背前后调节电动机：用试灯检查座椅靠背前后调节电动机接插件端子，且分别按下座椅靠背前后调节开关，试灯应分别点亮	重复第1步	更换座椅靠背前后调节电动机，排除故障

小贴士

天行健,君子以自强不息。电动座椅检修过程中应不断学习和进取,持续学习新知识、新技能,并将其应用到实践中去。任务实施过程中一定要充分认识自己,相信自己,严格按维修手册要求进行操作。

直通高考(技能)

1)电动座椅在任何方向均不能移动,最不可能的原因是（　　）。

A. 电源断路　　　　　　　　　　B. 开关断路

C. 电动机断路　　　　　　　　　D. 电动机过载保护器断开

2)电动座椅靠背不能调节的原因有（　　）。

A. 座椅开关损坏　　　　　　　　B. 座椅靠背电动机损坏

C. 线束断路　　　　　　　　　　D. 座椅前后电动机损坏

任务实施

扫码并参照本教材配套工作页中的项目四任务2——电动座椅检修,实施任务。

工作页－电动座椅检修

任务3　安全气囊检修

任务导入

客户刘先生开着一辆哈弗M6汽车来到4S店。刘先生反映车辆起动后,安全气囊故障灯一直亮。假如你负责刘先生车辆的接待工作,请为刘先生解释该车故障的可能原因,介绍安全气囊的组成和类型,并对该车进行检修,排除故障。

任务目标

素养目标:

1)具备持续学习的精神,不断更新自己的知识和技能,同时具有良好的职业道德。

2)具备积极向上的心态,勇于面对挑战和困难。

知识目标:

1）了解安全气囊的组成和作用。

2）理解安全气囊的工作原理。

3）掌握安全气囊检修过程中的安全隐患和规避方法。

技能目标:

1）能够了解各种常见维修工具和检测仪器的使用方法和技术特点。

2）能够正确分析安全气囊的电路图。

3）能够进行安全气囊的检修。

知识准备

安全气囊（SRS）是汽车被动安全系统的一个重要组成部分，如图4-29所示。被动安全系统主要由安全气囊系统和安全带系统组成。安全气囊系统分正面碰撞防护和侧面碰撞防护两种。目前汽车上应用广泛的是正面碰撞防护的双安全气囊系统。

一、安全气囊的要求

图 4-29 汽车安全气囊

在汽车行驶过程中，一些意外交通情况的出现和机械故障的发生，往往会导致交通事故。由于交通事故发生的意外性，发生时间又极短，驾乘人员不可能有反应时间来主动保护自己，只有采用被动安全保护装置来减少事故对人体的伤害。因此，汽车对安全气囊的要求应当满足以下规定和标准：

①汽车安全气囊必须符合国家或地区的相关法律法规和标准，例如中国的《汽车安全技术要求》等。

②安全性能可靠，汽车安全气囊应该保证在车辆发生碰撞时（如正面碰撞、侧面碰撞等）能够迅速充气并提供有效的保护，减轻驾乘人员的伤害程度。

二、安全气囊的结构组成

传统安全气囊主要由充气装置、气囊和外壳等组成。而现代汽车电子式安全气囊系统的组成部件分布在汽车的不同位置，各类汽车所采用部件的结构和数量有所不同，但其基本组成和工作原理大致相同。

安全气囊系统的基本构成如图 4-30 所示，气囊组件装置在方向盘中，气囊组件包括 SRS 气囊、气体发生器和点火器等；副驾驶员安全气囊装在杂物箱上侧，用塑料盖板遮护。前碰撞传感器一般安装在驾驶室间隔板左、右侧或前防撞梁上；侧碰撞传感器一般安装在车门内防撞梁上；中央碰撞传感器与安全气囊控制单元（ECU）一般安装在主驾驶和副驾驶中间扶手位置；系统故障指示灯在仪表板上。

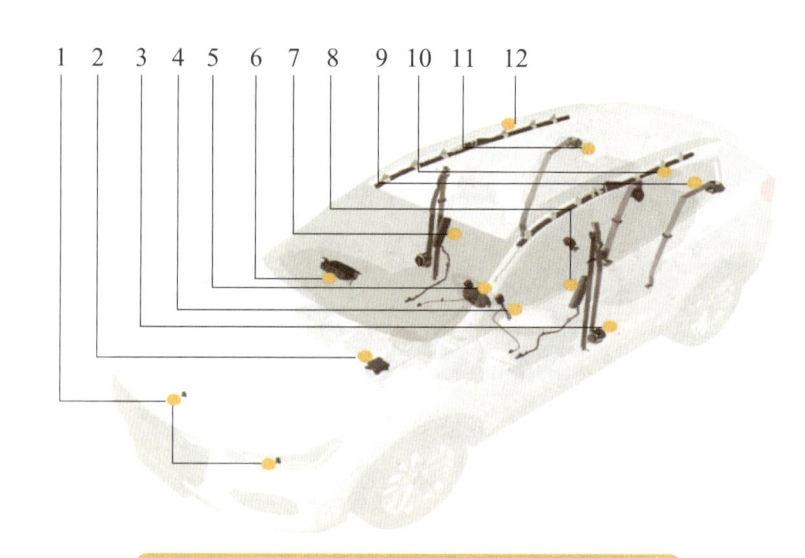

图 4-30 安全气囊系统的基本构成
1—碰撞传感器；2—安全气囊控制单元；3—左前侧安全带总成；4—安全带插锁；5—驾驶员安全气囊；6—副驾驶员安全气囊；7—右侧安全气囊；8—左侧安全气囊；9—左后侧安全带总成；10—左侧安全气帘；11—右后侧安全带总成；12—右侧安全气帘

1. 安全气囊组件

（1）充气装置

充气装置与气囊组合为一体安装在方向盘支架上，由气体发生器、火药、雷管、过滤器和外壳等组成。碰撞发生后，雷管引燃火药，产生高温，使气体发生剂迅速生成大量气体，经过滤后充入气囊，使气囊瞬间展开。

（2）气囊

气囊安装在充气装置上部，用塑料盖板遮护。气囊一般采用尼龙材料制成，内层涂有聚氯丁二烯，用以密封气体。气囊静止时被折叠成包，安放在气体发生器上部和气囊饰盖之间，气囊饰盖表面模压有浅印，以便气囊充气爆开时撕裂饰盖，并减小冲出饰盖的阻力。气囊背面或顶部设置有排气孔，当驾驶员压在气囊上时，气囊受压后便从排气孔排气。驾驶员安全气囊安装在方向盘的中央，如图 4-31 所示。

由于乘客安全气囊距离乘客的距离比较远，因此乘客安全气囊的体积比驾驶员安全气囊的体积大。为了避免前排乘客安全气囊不必要爆炸造成浪费（如座椅上没有乘客），可以通过开关或仪器将前排乘客安全气囊关闭。

图 4-31 汽车安全气囊安装位置

（3）点火器

点火器的作用是在气囊电路接通时，引爆点火剂，产生热量使充气剂分解。它安装在气体发生器的中央位置。

（4）气体发生器

气体发生器的作用是在点火器引爆点火剂时，产生气体向气囊充气，使气囊爆开。气体发生器使用专用螺栓固定在气囊支架上，只有使用专用工具才能进行装配。气体发生器自安装之日起，应10年更换1次。为了便于安装，驾驶员安全气囊的气体发生器一般做成圆形。目前，大多数气体发生器是利用热效应产生氮气充入气囊。前排乘客安全气囊的气体发生器为长筒形，其工作原理与驾驶员侧气体发生器相同。

2. 气囊传感器

气囊传感器部件包括前碰撞传感器、中央传感器和安全传感器，作用是检测碰撞减速度、碰撞强度，检测结果会实时反馈给安全气囊控制单元，由控制单元控制气囊是否引爆。对于各汽车制造厂生产的车辆，碰撞传感器的安装位置不尽相同，而且碰撞传感器的名称也不统一，例如有些碰撞传感器按照工作原理也称为加速度传感器，如图4-32所示。以下仅对碰撞传感器分类作简述。

图4-32 碰撞传感器

（1）碰撞传感器按照用途分类

按照用途的不同，碰撞传感器分为触发碰撞传感器和防护碰撞传感器。触发碰撞传感器也称为碰撞强度传感器，用于检测碰撞时的减速度或惯性，并将碰撞信号传给气囊电脑，作为气囊电脑的触发信号。防护碰撞传感器也称为安全碰撞传感器，它与触发碰撞传感器串联，用于防止气囊误爆。

（2）碰撞传感器按照结构分类

按照结构的不同，碰撞传感器分为机电式碰撞传感器、电子式碰撞传感器以及机械式碰撞传感器。防护碰撞传感器一般采用电子式结构，触发碰撞传感器一般采用机电结合式结构或机械式结构。

①机电结合式碰撞传感器。这类传感器利用机械运动（滚动或转动）来控制电气触点动作，再由触点断开和闭合来控制气囊电路的接通和切断，常见的有滚球式和偏心锤式碰撞传感器。

②电子式碰撞传感器。这类传感器没有电气触点，目前常用的有电阻应变式和压电效应式两种。

③机械式碰撞传感器。这类传感器常用水银开关式，利用水银导电的特性来控制气囊电路的接通和切断。

早期的汽车，一般设有多个触发碰撞传感器，安装位置一般在车身的前部和中部，例如车身两侧的翼子板内侧、前照灯支架下面以及发动机散热器支架两侧等部位。随着碰撞传感器制造技术的发展，有些汽车将触发碰撞传感器安装在气囊电脑内。防护碰撞传感器一般与气囊电脑组装在一起，多数安装在驾驶舱内中央控制台下面。

3. 气囊控制单元

气囊控制单元（见图4-33）是SRS的控制中心，又称为气囊电脑，是气囊系统的核心部件，大多安装在驾驶舱内中央控制台下面，其功能是接收传感器输入的信号，判断是否启动安全气囊系统。安全气囊控制单元控制气囊爆炸后，在气囊电脑中会存储碰撞数据和故障代码，这些故障代码用普通仪器无法清除。安全气囊控制单元由稳压电路、备用电源电路、系统侦测电路、点火控制和驱动电路、触发传感器、记忆电路和故障自诊断电路等部分组成。

图4-33 气囊控制单元

4. 气囊系统电源

气囊系统有两个电源，即汽车电源（蓄电池和发电机）和备用电源，备用电源电路由电源控制电路和若干电容器组成。当汽车发生碰撞导致蓄电池和发电机与气囊系统断开时，备用电源在一定时间内（一般为6 s）可以维持气囊系统供电。在维修气囊系统时应注意备用电源的作用，在断开蓄电池电源后仍需要等待一段时间以使备用电源放电，具体等待时间请参阅相关维修手册。

5. 气囊指示灯

气囊指示灯安装在仪表板上，用于指示气囊系统功能是否处于正常状态。正常情况下，打开点火开关后，气囊指示灯应点亮几秒钟后熄灭。如果气囊指示灯不亮、一直亮或在行驶途中突然点亮，表示气囊系统有故障，应及时检修。

6. 气囊系统线束连接器及保险机构

为了便于将气囊系统线束与其他电气系统线束区别开，目前大多数汽车的气囊系统线束采用黄色连接器，也有的采用深蓝色或橘红色连接器。连接器采用了导电性能和耐久性能良好的镀金端子，并设计有防止气囊误爆机构，以保证气囊系统可靠工作。

为了保证方向盘具有足够的转动角度而又不至于损伤气囊组件的连接线束，在方向盘和转向柱之间采用了螺旋线束，即将线束安装在螺旋形弹簧内。

三、安全气囊的类型

1. 根据传感器分类

①机械式安全气囊系统。机械式安全气囊系统不需用电源，没有电子电路和电路配线，全部零件组装在方向盘装饰盖板下面，检测碰撞动作和引爆点火剂都是利用机械动作来完成的，已逐渐被淘汰。

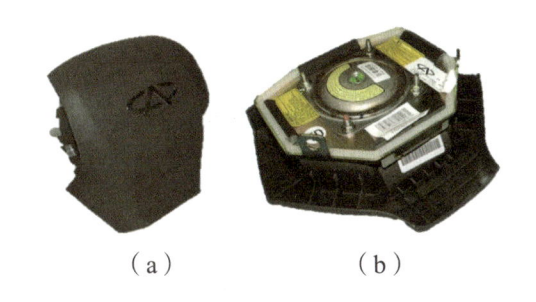

②电子式安全气囊系统。电子式安全气囊系统（见图4-34）有两种布置方式，早期的电子式传感器在汽车的前端部安装，气囊引爆装置安装在方向盘上，前端传感器需要引线连接。现在各制造商都在致力开发整体式安全气囊，它是把电子式传感器后移，和点火引爆装置作为一个整体安装在方向盘上，可以取消线束，消除了由于线路短路或断路导致气囊失效的故障。

图 4-34　电子式安全气囊系统
（a）安全气囊正面；（b）安全气囊背面

2. 根据保护对象分类

①驾驶员位置安全气囊。驾驶员位置安全气囊装在方向盘上，美系车安全气囊一般体积较大，约60 L。欧系车安全气囊一般体积较小，约40 L。日系车多采用欧系车安全气囊设计。

②乘员位置安全气囊。由于乘员在车内位置不固定，为最大化减轻撞车时造成的伤害，设计的安全气囊体积较大，美式的约160 L，欧式的约75 L。有些车上还配有后排乘员安全气囊，装在前排座椅后。

③侧面保护安全气囊。一般装在车顶边梁内侧，当汽车遭受侧面碰撞时，可减轻乘员伤害。

3. 窗帘式安全气囊与智能型安全气囊

当车辆发生侧向碰撞时，侧面安全气囊能在瞬间充气膨胀，以保护乘员头部的安全。安装在车门上的侧面安全气囊同时对胸及腰部也起到保护作用。但是，侧面安全气囊膨胀时，向上方延伸，可能存在把乘员的手臂向上牵动，造成肩膀脱臼的风险，这就要求限制安全气囊的尺寸。由于头部能够前后移动，如果限制了安全气囊尺寸，又会导致侧面气囊不能有效保护头部，因此有些车企会在本公司生产的豪华车型中采用多气囊互相配合以达到更好保护乘客安全的目的。

①窗帘式安全气囊。把以窗帘状展开的气囊称为窗帘式安全气囊。由于管形安全气囊不能全部覆盖侧窗，所以，玻璃的碎片可能击入车内刺伤乘员，窗帘式安全气囊可有效避免此种伤害。窗帘式安全气囊在车辆侧面碰撞时，与侧面安全气囊同时展开。其位于A柱与车顶纵梁的内衬中。

②多级安全气囊。多级安全气囊充气膨胀器可以根据汽车的行驶速度和车辆的碰撞程度不同，分三个阶段调节充气膨胀力。车速越高，撞击程度越大，充气膨胀力越大。

③智能型安全气囊。智能型安全气囊可以检测乘员是否系上安全带、检测乘员乘坐位置、检测儿童座椅、调控安全气囊充气膨胀力、检测座椅上是否有乘员、检测气温等。

四、汽车安全气囊系统工作原理

汽车行驶中遭受到正面碰撞或侧面碰撞时，安全气囊系统的工作原理基本相同。如图4-35所示为安全气囊系统的工作原理图。

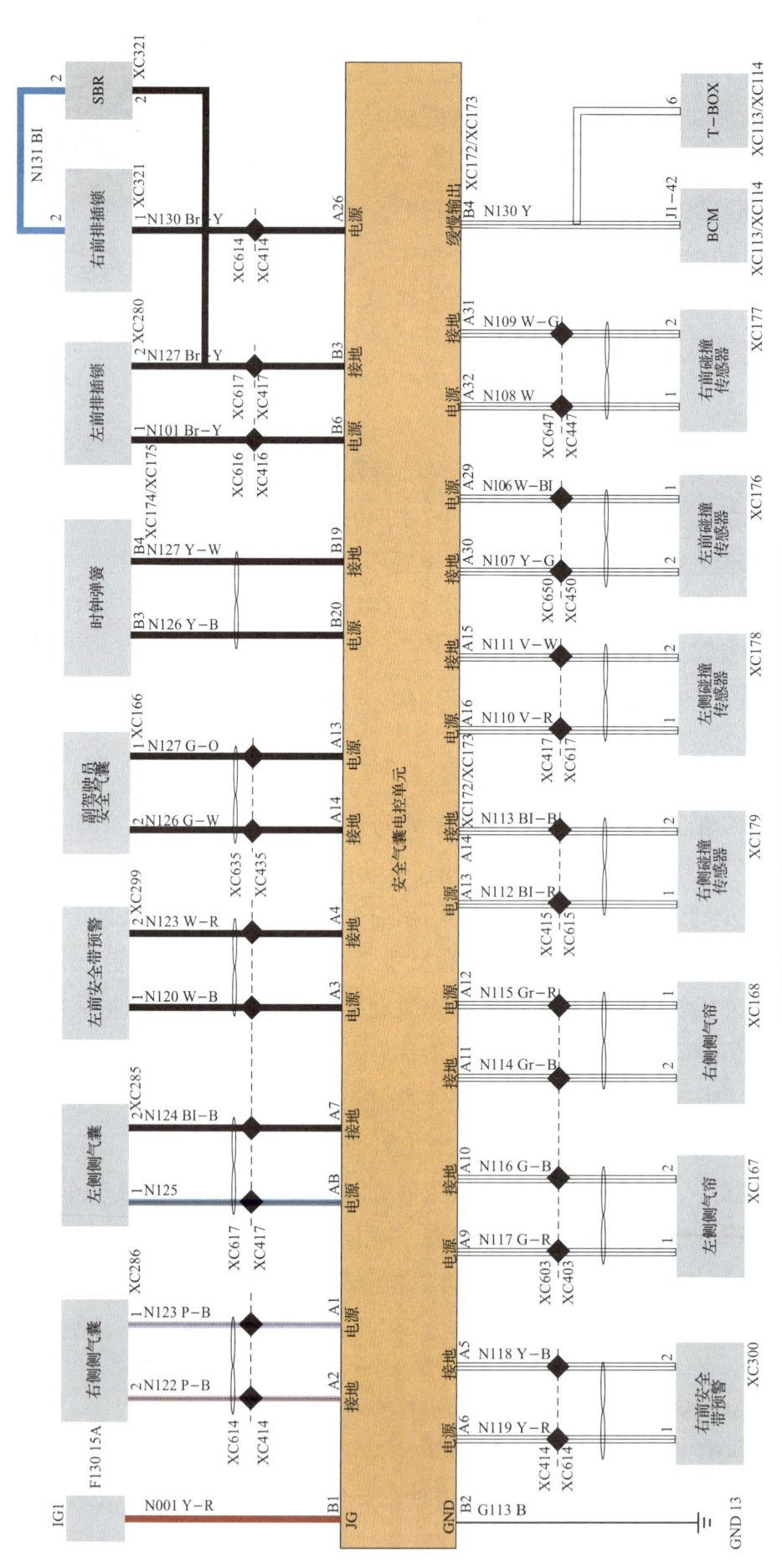

图 4-35 安全气囊系统的工作原理图

行驶过程中，汽车受到前方一定角度范围内的高速碰撞时，车体会受到强烈的振动，同时车速急剧下降。安装在汽车前端的碰撞传感器和与 SRS 的 ECU 安装在一起的防护碰撞传感器（安全传感器）就会检测到汽车突然减速和撞击强度的信号，当达到规定的强度时，传感器即向 SRS 的 ECU 发出信号。SRS 的 ECU 接收到信号后，与其原存储信号进行比较，若达到气囊的展开条件，则由驱动电路向安全气囊组件中的气体发生器送去启动信号。气体发生器接到启动信号后，引爆电雷管引燃气体发生剂，产生大量气体，经过滤并冷却后进入安全气囊，使气囊在极短的时间内突破衬垫迅速展开，在驾驶员或乘客的前部形成弹性气垫，并及时泄漏、收缩，将人体与车内构件之间的碰撞变为弹性碰撞，通过气囊产生的变形吸收人体因碰撞产生的动能，从而有效地保护人体头部和胸部，使之免于伤害或减轻伤害程度。

五、安全气囊系统工作过程

1. 安全气囊控制单元的工作过程

安全气囊系统的全部工作过程完全是由安全气囊控制单元的程序控制的，按照事先设计的工作程序和步骤逐条执行，如图 4-36 所示。

汽车的点火开关处于 ON 位时，安全气囊系统开始工作。首先是 SRS 的 ECU 电子电路的复位，然后是系统自检，由系统自检程序对各传感器、引爆装置、RAM、ROM、电源等部件进行检测。如有故障发生，ECU 控制点亮系统警告灯，以提醒驾驶员注意。检修人员可读取故障代码，查出故障部位所在。

对于两次动作安全气囊系统，当发生碰撞时，经 SRS 的 ECU 判别，碰撞速度小于 30 km/h 时，SRS 的 ECU 发出引爆双安全带收紧器的指令，点燃双安全带收紧器的点火器，拉紧双安全带，保护乘员，并发出光电指令。如果碰撞速度大于 30 km/h，则 SRS 的 ECU 发出指令引爆安全带收紧器，同时引爆安全气囊点火器，使气囊展开，并发出光电报警指令；如果在较大速度碰撞后，主电源断线，电源监控器自动启动备用电源，支持整个系统工作，并使报警系统工作至备用电源耗尽。

2. 安全气囊系统工作过程

图 4-36 为某汽车在速度为 50 km/h 时与前面障碍物相撞时，安全气囊的引爆过程。

碰撞 10 ms 后，安全气囊系统达到引爆极限，电雷管引爆点燃点火剂，产生大量的炽热气体。此时，驾驶员由于惯性尚未动作。20 ms 后，驾驶员开始移动，但是与气囊还间隔着一定距离。40 ms 后，气囊完全充满胀起，体积达到最大，安全带被拉长，人的部分冲击能量已被吸收。60 ms 后，驾驶员的头部已经开始沉向气囊。80 ms 后，驾驶员的头部及身体上部都沉向气囊。气囊背后的排气口打开，在气囊内部的气体压力和人体的压力作用下排气，利用排气口的节流作用吸收能量。100 ms 后，车速已接近零，这时对车内乘员来说，危险期已接近结束。110 ms 后，驾驶员已经前移到最大距离，随后身体开始后移回到座椅靠背上。此时，大部分气体已经从气囊中逸出，汽车前方视野恢复。120 ms 后，碰撞危害全部解除，车速降至零。

碰撞发生后，对乘员会产生很大的冲击力，反应时间短暂，要想减轻对乘员的伤害程度，只有依靠乘员辅助保护系统。安全气囊系统从开始充气到完全充满打开的时间约为 30 ms，在乘员前面形成一道柔性的安全屏障，使负加速度减小；作用力也随之减小；以较大的作用面积作用在乘员的头部及身体上部，防止作用力集中压在乘员头部凸出部分。因此，安全气囊能对乘员起到较好的保护作用，但其动作状态和经历的时间无法用肉眼来确认。

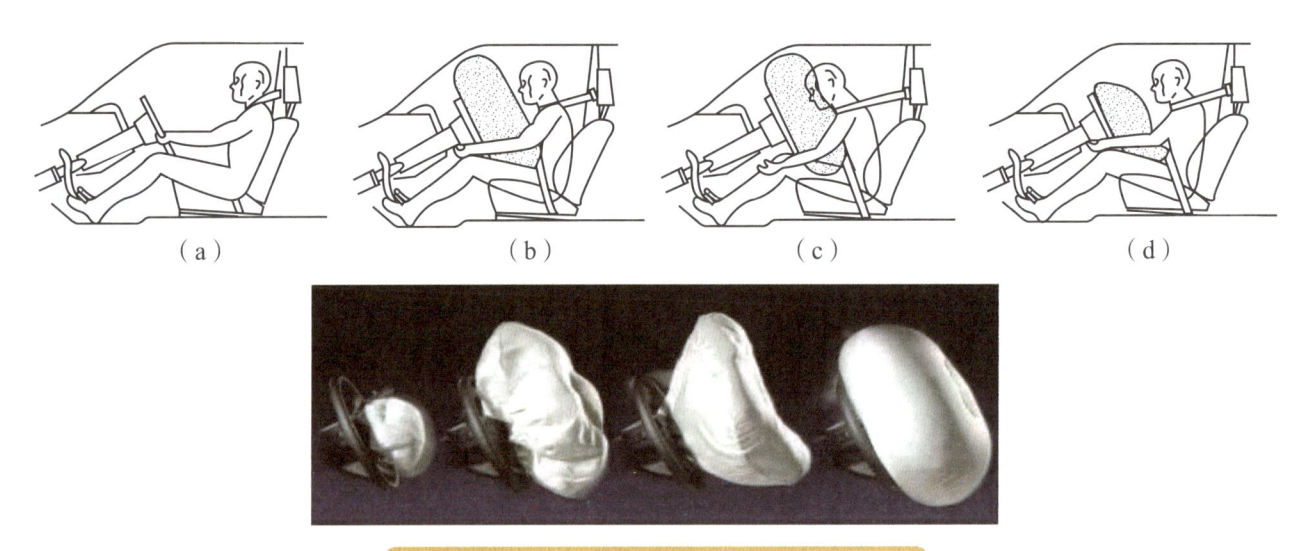

(a) (b) (c) (d)

图 4-36 安全气囊的动作时序

六、汽车安全气囊系统电路分析

汽车在出现严重碰撞后，安全气囊立即弹开，以保护驾驶员与乘客安全。汽车安全气囊引爆后，必须更换而不能修复使用。安全气囊系统在检修过程中应严格按照维修手册进行，若违规进行操作，可能会使安全气囊意外引爆导致危险。

安全气囊系统的故障检测，必须采用显码法、外接仪器诊断法、闪码法或参数测量法确定故障部位，再进入维修或换件阶段；检修安全气囊系统时，将点火开关转至"LOCK"位置以及拆下蓄电池负极电缆，还需再等 2~5 min（让电能储存电容器放电完毕），才能进行维修工作，否则安全气囊有被引爆张开的危险；不能用万用表测量安全气囊组件引爆电阻的阻值。

安全气囊模块有两个电源，分别是常电和 IGN1，若维修中安全气囊无供电，需对两个电源都进行检测，电源搭铁点一般在气囊模块旁边，汽车安全气囊电路图如图 4-37 所示。当气囊内部有故障时，气囊指示灯就会点亮，提醒车主尽快维修。

项目四 汽车车内常见电气设备检修

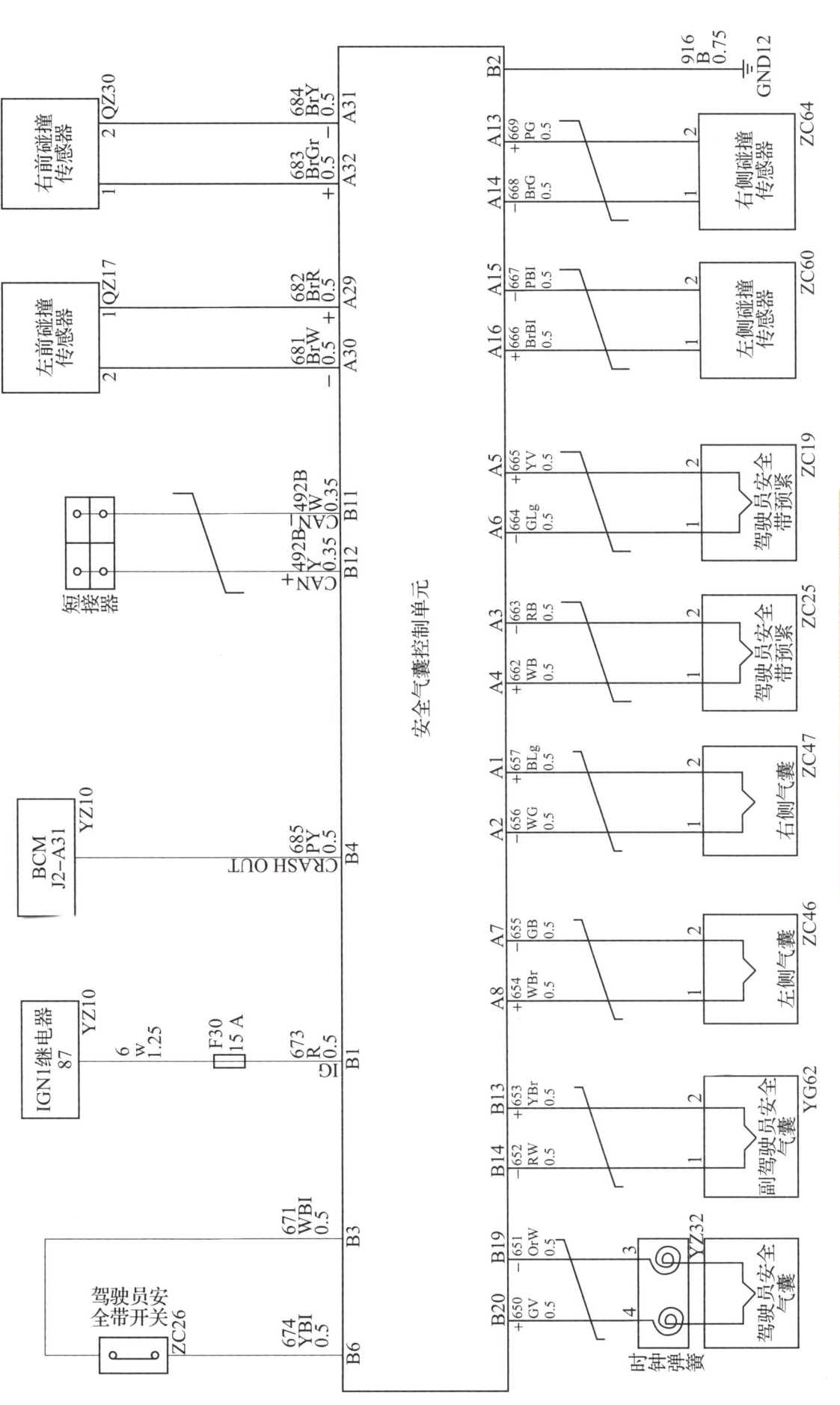

图 4-37 汽车安全气囊电路图

哈弗 M6 安全气囊控制单元是气囊系统的核心，安装在中央扶手下方。安全气囊控制单元根据传感器信号，分析碰撞信息，并控制安全带收缩预紧、引爆车内不同部位的安全气囊。时钟弹簧在汽车安全气囊中起到电信号的传递、形成回路等关键作用，以保证在汽车碰撞后，安全气囊控制单元能可靠、及时、有效地将信号传递给发生器，使之将安全气囊打开，以确保驾驶员及乘客的生命安全。在维修时不能用万用表直接测量气囊，防止气囊因静电意外弹开。诊断接口与车上 OBD 接口在一起，主要给维修人员提供维修数据，用汽车专用诊断设备可以通过针角线束 CNA 读取气囊模块数据。

直通高考（知识）

1）安全气囊是（　　）装置。
　A. 主动安全　　　　B. 被动安全　　　　C. 电动　　　　D. 机械

2）安全气囊的线束一般采用（　　），与其他系统区别。
　A. 黑色　　　　　　B. 红色　　　　　　C. 黄色　　　　D. 白色

3）方向盘内安全气囊主要是用来保护驾驶员的（　　）。
　A. 面部　　　　　　B. 四肢　　　　　　C. 颈部　　　　D. 胸部

技能实训

汽车安全气囊所涉及的故障原因较多，如安全气囊故障、碰撞传感器故障、气囊插头松动、线路断路等，需要及时用诊断仪读取故障代码，根据故障代码找到故障点并排除解决。

1. 查阅维修资料

在计算机（或其他信息化终端）上打开电子（或纸质）维修手册。
① 打开维修手册电子（或纸质）目录。
② 从目录页找到安全气囊系统目录。
③ 查找安全气囊电路图。
④ 综合所有与安全气囊有关的电路图，分析其工作过程。

安全气囊控制单元拆卸与安装

2. 驾驶员安全气囊的拆装

（1）拆卸
① 将前轮置于直线行驶位置，关闭点火开关。
② 断开蓄电池负极，等待 90 s 后进行作业。
③ 使用工具分别插入方向盘下罩盖拆卸孔，如图 4-38 所示，适当用力推至驾驶员安全气囊弹起。共 3 个拆卸孔，分别在 6 点钟、9 点钟、3 点钟方向，

图 4-38　拆卸方向盘下罩盖拆卸孔

按6—9—3的顺序拆卸。

④轻轻拿起驾驶员安全气囊总成，断开喇叭接插件与驾驶员安全气囊插件，如图4-39和图4-40所示。取下安全气囊总成，如图4-41和图4-42所示。在放置时应将有装饰罩的一面向上，并放在清洁、干燥和远离高温的平面上。

图4-39　拆卸喇叭接插器

图4-40　拆卸安全气囊接插器

图4-41　取下安全气囊总成

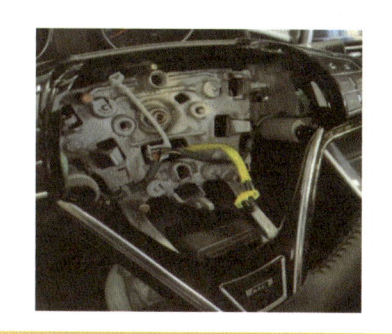

图4-42　安全气囊总成取出后

（2）安装

①安装以与拆卸相反的顺序进行。

②正确连接时钟弹簧与驾驶员安全气囊总成及喇叭接插件。安装方向盘及驾驶员安全气囊组件时，不要卡住时钟弹簧线束。

③正确安装驾驶员安全气囊总成，确保气囊被牢固地卡住。

④安装完毕后，打开点火开关至ON挡，安全气囊警告灯亮起约6 s，然后熄灭为正常。

3. 副驾驶员安全气囊总成的拆装

（1）拆卸

①关闭点火开关。

②断开蓄电池，等待90 s。

③拆卸上部仪表板。

④分离副驾驶员安全气囊总成，取下副驾驶员安全气囊总成。将拆下的气囊按展开面向上放置于洁净干燥的地方保管。

（2）安装

安装以与拆卸相反的顺序进行。

小贴示

细节是一种修养，一种习惯。注重细节才能享受胜利的成果。

安全气囊检修过程中应养成严谨的工作作风，细微的错误会造成故障诊断的失败。任务实施过程中一定要认真仔细，严格按维修手册要求进行操作。

直通高考（技能）

1）对安全气囊的任何作业，需要等拆掉蓄电池负极线或拆下熔丝（　　）以后。

A. 5 s　　　　　　B. 10 s　　　　　　C. 20 s　　　　　　D. 90 s

2）当安全气囊进行电气检查时，不允许用一般万用表进行电阻检测，主要是因为（　　）。

A. 电压太低　　　　　　　　　　B. 检查数值不准确

C. 电压太高　　　　　　　　　　D. 防止电流过大引爆气囊

任务实施

扫码并参照本教材配套工作页中的项目四任务3——安全气囊检修，实施任务。

工作页－安全气囊检修

拓展阅读

车内常见电气设备新技术

一、乘员感知系统

很多车辆在前排乘客座相应地配备了乘员感知系统。乘员感知系统的作用是：当前排座椅上坐着小孩或者小孩侧着头打瞌睡时，乘客座椅侧气囊将自动关闭，从而减小侧撞事故发生时安全气囊对儿童的伤害。

乘员感知系统在乘客座椅内安装了7个传感器，座椅靠背内安装了6个传感器负责观察乘员的坐姿高度，来判断坐着的是儿童还是大人，或者饮料瓶等其他东西；靠背侧边的1个传感器则专门检查儿童是不是侧着头打瞌睡，判断儿童的头部是不是处于侧气囊展开的范围内。乘员感知系统的传感器是根据乘员的导电体量来做出这些判断的，座椅在出厂之前已经设定了1个座椅自身的导电体量，座椅安装到车上并坐了人后，乘员感知系统检测出一个总体的导电体量，总导电体量减去座椅的导电体量就是乘员的导电体量，如果乘员导电体量低于系统初始设定的判断临界值，则乘员感知系统认为坐着的是儿童或儿童的头部处于侧气囊引爆的范围中，从而自动关闭安全气囊，同时仪表板上的"SIDE AIRBAG OFF"黄色指示灯亮起，告诉驾驶员侧安全气囊已经关闭。有了乘员感知系统这样一个关怀备至的"看护人"，儿童就可以在旅途中尽情地享受自己的梦乡了。

二、座椅、后视镜调节记忆系统

每个人的高度不同,坐姿也不同,故都有一个最佳的座椅位置高度与角度以及相应的后视镜位置。每次调节座椅的高度、前后位置、靠背的倾角及左、右后视镜的角度很费时。每换一个驾驶员就重调一遍,既费时又费事。故出现了可将调整好的一套位置储存起来的记忆系统。不同的人有不同的代号,换驾驶员后只要按其代号,即可调到该驾驶员最适合的状态,还可储存到电子门锁的智能卡上。这些装置目前还只能在较豪华的车上提供。

主题探究

我们时常在汽车电路图中见到熔断器,如长城哈弗 M6 中控门锁的控制电路图里熔断器 F21,这些小器件虽不显眼,但却在汽车电路中发挥着非常重要的作用,如果没有深厚的经验积累和知识储备,一旦出现问题,很难判断故障原因。"上海工匠"陶巍,曾经为外宾解决其专车经常熄火的故障,而故障原因就是由于熔断器接触不良,其电导性能随环境温度变化引起不稳定地工作造成的,排除故障后,经常熄火的现象消失,赢得了外国同行的赞誉。请同学们查阅更多的汽车维修大国工匠资料,了解他们感人的工作事迹,从中学习他们一丝不苟、厚积薄发、精益求精的大国工匠精神。

项目小结

1. 知识小结

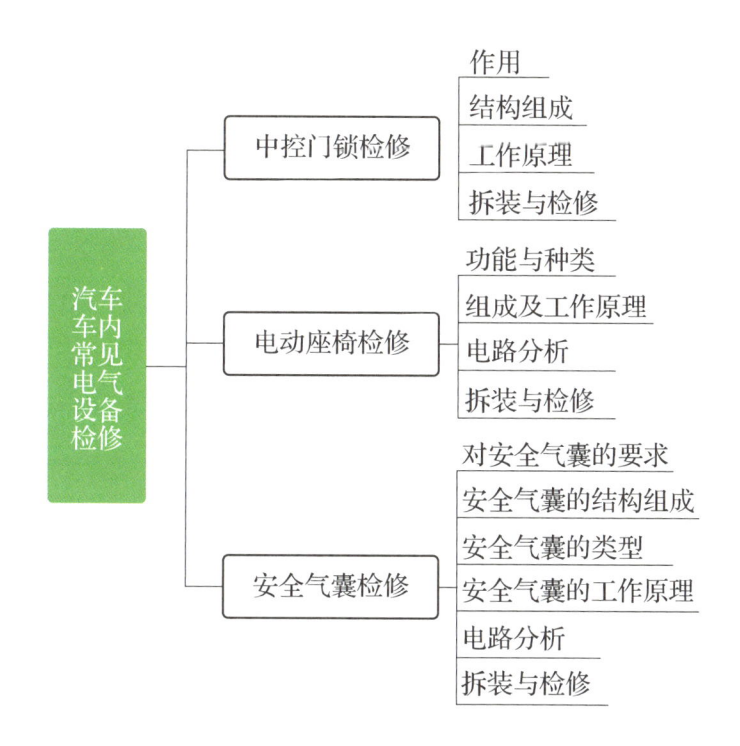

```
                              ┌─ 作用
                              ├─ 结构组成
                 ┌─ 中控门锁检修 ┤
                 │            ├─ 工作原理
                 │            └─ 拆装与检修
                 │
                 │            ┌─ 功能与种类
汽车车内          │            ├─ 组成及工作原理
常见电气   ──────┼─ 电动座椅检修 ┤
设备检修          │            ├─ 电路分析
                 │            └─ 拆装与检修
                 │
                 │            ┌─ 对安全气囊的要求
                 │            ├─ 安全气囊的结构组成
                 │            ├─ 安全气囊的类型
                 └─ 安全气囊检修 ┤
                              ├─ 安全气囊的工作原理
                              ├─ 电路分析
                              └─ 拆装与检修
```

2. 技能小结

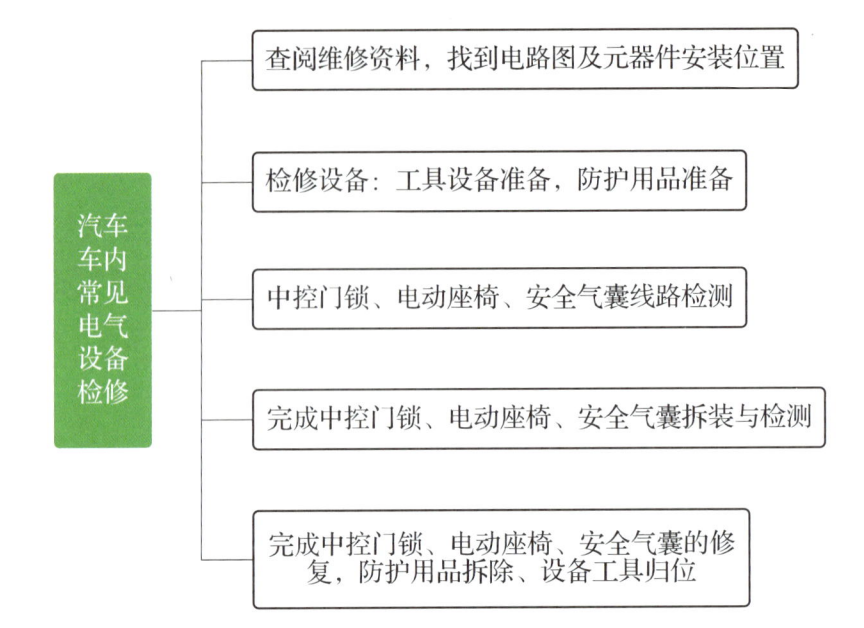

汽车车内常见电气设备检修
- 查阅维修资料，找到电路图及元器件安装位置
- 检修设备：工具设备准备，防护用品准备
- 中控门锁、电动座椅、安全气囊线路检测
- 完成中控门锁、电动座椅、安全气囊拆装与检测
- 完成中控门锁、电动座椅、安全气囊的修复，防护用品拆除、设备工具归位

项目五

汽车其他常见电气设备检修

项目描述

汽车附属电器可以有效改善和提升汽车驾驶员的工作条件，为行车安全提供辅助保障。常用汽车附属电器包括前风挡玻璃刮水器及清洗装置、电动车窗玻璃升降器，汽车门锁与防盗、音响系统等。常见的故障有功能缺失、运行不良、异味异响、无响应等。

任务1 雨刮系统检修

任务导入

客户王女士开着一辆哈弗M6汽车来到4S店。据王女士反映车辆雨刮只能慢挡刮水，不能高速刮水，下大雨时视线受限。假如你负责王女士车辆的接待工作，请为王女士解释该车故障的可能原因，介绍汽车风挡玻璃清洁系统的组成和类型，并对该车进行检修，排除故障。

任务目标

素养目标：

1）养成吃苦耐劳、认真负责的工作态度，具有良好的职业道德。

2）培养客户服务意识，按照 8S 管理规范进行操作。

知识目标：

1）能向客户描述汽车风挡玻璃清洁系统的组成和作用。

2）能理解汽车风挡玻璃清洁系统的工作原理，并向客户进行说明。

3）能够掌握汽车雨刮系统的检修方法。

技能目标：

1）能够了解各种常见维修工具和检测仪器的使用方法和技术特点。

2）能够正确分析汽车电动刮水装置的电路图。

3）能够操作和正确使用汽车电动刮水装置的各个挡位。

4）能够进行汽车电动刮水装置的检修。

知识准备

汽车风挡玻璃清洁系统的作用是保证驾驶员在遇到雨、雪、雾或扬沙等不良天气时，能够清除前、后风挡玻璃表面的视线遮挡物，保持良好的视线。风挡玻璃清洁系统一般由电动刮水装置、风窗洗涤装置和除霜除雾装置等组成，如图 5-1 所示。

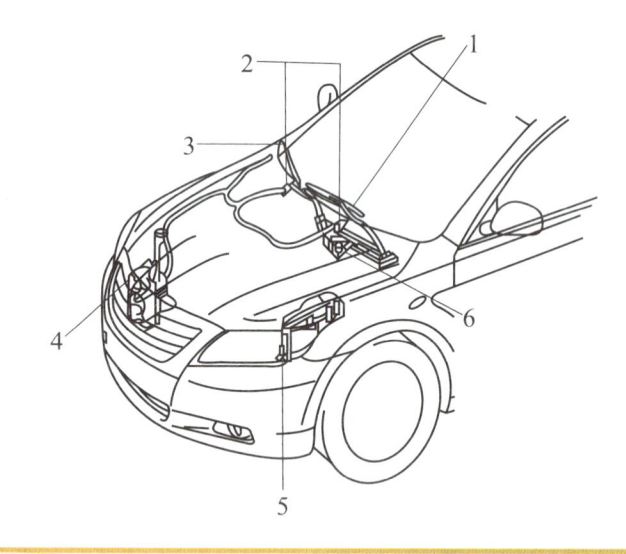

图 5-1 电动刮水装置与风挡玻璃洗涤装置安装位置示意图

1、3—刮水片总成；2—喷嘴；4—风挡玻璃洗涤器；
5—保险丝盒；6—电动刮水器

一、电动刮水器

为了提高汽车在雨天和雪天行驶时驾驶员的能见度，专门设置了风窗电动刮水装置。该装置有间歇挡、低速挡、高速挡等功能，由驾驶者依照雨势或视线状况做调整。

1. 电动刮水器构造和工作原理

电动刮水器主要由雨刮臂总成、刮水连杆机构、雨刮片、刮水器电动机总成等组成，通过 BCM 采集判断组合开关手柄挡位，并分别接通前刮水器电动机的各挡位，电动机通电后通过连杆机构，将电动机的旋转运动转化为雨刮臂安装处输出轴的摇摆运动，实现点动刮水、间歇刮水、慢速刮水、快速刮水等不同的刮水功能，如图 5-2 所示。

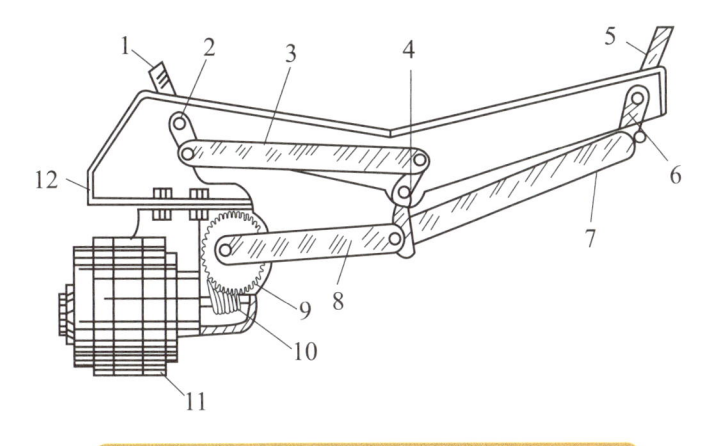

图 5-2 电动刮水器的基本组成

1，5—雨刮片；2，4，6—摆杆；3，7，8—连杆；9—蜗轮；10—蜗杆；11—电动机；12—底板

（1）刮水器电动机的结构

刮水器电动机广泛采用永磁式电动机，它的磁极一般为铁氧体永久磁铁。铁氧体具有陶瓷的脆性、硬性和不耐冲击的特点，但它不易退磁且价廉，所以在汽车上得到广泛使用。

（2）变速原理

刮水器的变速原理是利用直流电动机的变速原理实现的，由直流电动机电压平衡方程式可得转速公式为

$$n = \frac{U - I_a R_a}{KZ\Phi} \text{（r/min）}$$

式中　U——电动机端电压，V；

　　　I_a——过电枢绕组中的电流，A；

　　　R_a——电枢绕组的电阻；

　　　K——常数；

　　　Z——正、负电刷间串联的导体数；

　　　Φ——磁极磁通，Wb。

双速刮水器电动机通常采用改变两电刷间串联的导体数的方法，对其进行调速，如图 5-3（a）所示。

电刷 B_3 为高低速公用电刷。电刷 B_1 用于低速，电刷 B_2 用于高速，B_2 与 B_1 相差 60°。电枢采用对称叠绕式。永磁式三刷电动机是利用 3 个电刷来改变正、负电刷之间串联的线圈数实现变速的。当直流电动机工作时，在电枢内同时产生反电动势 e，其方向与电枢电流的方向相反。如要使电枢旋转，外加电压必须克服反电动势 e 的作用，即 $U > e$，当电枢转速上升时，反电动势也相应上升，只有当外加电压 U 几乎等于反电动势 e 时，电枢的转速才趋于稳定。

永磁式三刷电动机旋转时，电枢绕组所产生的反电动势如图5-3（b）所示。当开关拨向L时，电源电压已加在电刷 B_1 和 B_2 之间。在电刷 B_1、B_3 之间有两条并联支路，一条是由线圈①、⑥、⑤串联起来的支路，另一条是线圈②、③、④串联起来的支路，即在电刷 B_1、B_3 间有两条支路，各3个线圈。这3个线圈产生的全部反电动势与电源电压平衡后，电动机便稳定旋转。由于有3个线圈串联的反电动势 e 与电源电压 U 平衡，故转速较低。

当开关拨向H时，电源电压加在电刷 B_2 和 B_3 之间，如图5-3（b）所示。电枢绕组一条由4个线圈②、①、⑥、⑤串联，另一条由2个线圈③、④串联。其中线圈②的反电动势与线圈①、⑥、⑤的反电动势方向相反，互相抵消后，变为只有2个线圈的反电动势与电源电压平衡，因而只有转速升高使反电动势增大，才能得到新的平衡，故此时转速较高。可见，2个电刷间的导体数减少，就会使电动机的转速升高，这就是永磁三刷电动机变速的原理。

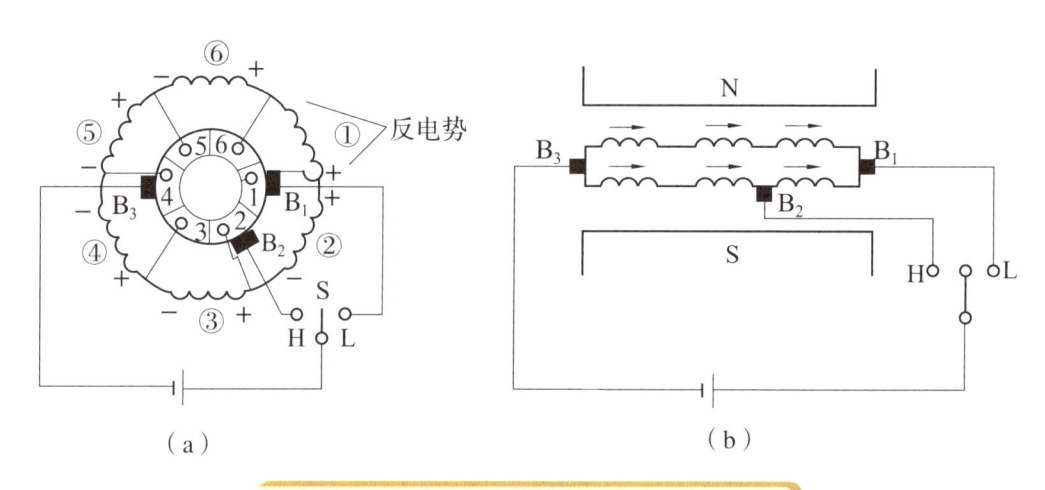

图5-3 双速刮水器电动机的工作原理

2. 电动机的自动复位装置

当刮水器停止工作时，为了避免刮水片停在风挡玻璃中间，影响驾驶员的视线，要求刮水器橡胶片能够自动复位，不管在什么时候切断电源，刮水器橡胶片都能自动停止在风挡玻璃的下部。如图5-4所示为刮水器橡胶片自动复位装置的示意图。

在减速蜗轮8（由尼龙制成）上，嵌有铜环，其中较大的一片铜环9与电动机外壳相连接而搭铁，触点臂3、5用磷铜片制成（有弹性），其一端分别铆有触点与蜗轮端面或铜片接触。

当电源开关1接通，把刮水器开关拉到"Ⅰ"挡（低速挡）时，电流从蓄电池正极→电源开关1→熔断器2→电刷 B_3 →电枢绕组→电刷 B_1 →接线柱②→接触片→接线柱③→搭铁→蓄电池负极，形成回路，电动机以低速运转。当刮水器开关拉到"Ⅱ"挡时，电流从蓄电池正极→电源开关1→熔断器2→电刷 B_3 →电枢绕组→电刷 B_2 →接线柱④→接触片→接线柱③→搭铁→蓄电池负极，形成回路，电动机以高速运转。

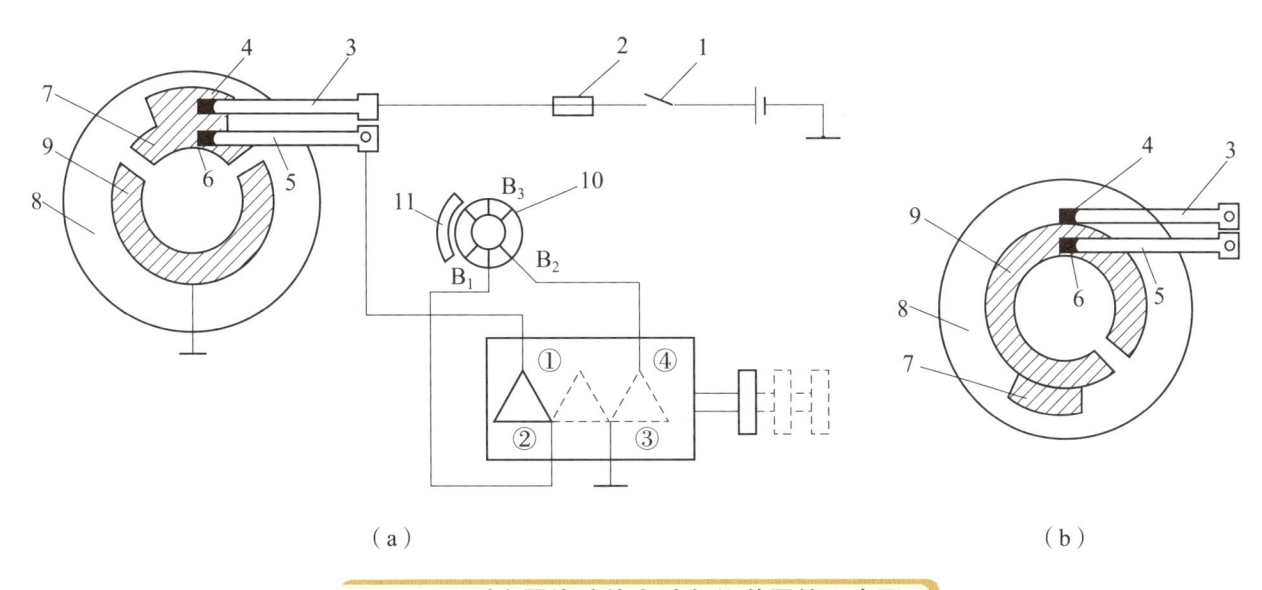

当刮水器开关推到"0"挡（停止）时，如果刮水器橡胶片没有停到规定位置，由于触点与铜环9接触，则电流继续流入电枢，其电路为蓄电池正极→开关1→熔断器2→电刷B_2→电枢绕组→电刷B_1→接线柱②→接触片→接线柱①→触点臂5→铜环9→搭铁→蓄电池负极，形成的回路如图5-4（b）所示，电动机以低速运转直至蜗轮旋转到图5-4（a）所示的特定位置，电路中断。由于电枢的惯性，电动机不可能立即停止转动，电动机以发电机方式运行，因为此时电枢绕组通过触点臂3、5，与铜环7接通而短路，电枢绕组产生很大的反电动势，产生制动力矩，电动机迅速停止转动，使橡胶片复位到风挡玻璃的下部。

图5-4　刮水器橡胶片自动复位装置的示意图
（a）电枢短路制动；（b）刮水器电动机继续转动
1—电源开关；2—熔断器；3，5—触点臂；4，6—触点；7，9—铜环；
8—减速蜗轮；10—电枢；11—永久磁铁

3. 电动刮水器间歇控制

间歇式电动刮水器是普通电动刮水器的改进型刮水器，汽车在毛毛细雨或雾天、小雪天气中行驶时，如按前述的刮水器速度（哪怕是低速）进行刮拭，风挡玻璃上的微量水分和灰尘就会形成发黏的覆盖层。这样，不仅不能将风挡玻璃刮拭干净，反而会使玻璃模糊不清，留下污斑，影响驾驶员的视线。因此，现代汽车上一般都增设了电子间歇控制系统，在遇到上述情况时，开动间歇开关，使刮水器按一定周期自动停止和刮拭，即每刮一次停止2~12 s，使驾驶员获得良好的视野。

二、风挡玻璃洗涤器

为了消除附在风挡玻璃上的灰尘污物，现代汽车上都设置风挡玻璃洗涤器，并与刮水器配合工作，可以使汽车风挡玻璃更好地完成刮水工作，并获得更好的刮水效果，保持驾驶员的良好视野。

风挡玻璃洗涤器主要由洗涤器电动机总成、洗涤液泵总成、洗涤管及喷嘴等组成，通过 BCM 采集判断组合开关手柄挡位并接通风挡洗涤器电动机，利用风挡洗涤器电动机将洗涤液通过洗涤水管输送到前/后喷嘴，从喷嘴位置喷射洗涤液，再经雨刮的摆动刮刷，实现对风挡玻璃的清洗功能，如图 5-5 所示。

洗涤液泵由永磁直流电动机和离心式叶片泵组成一体，如图 5-6 所示，喷射压力为 70~88 kPa。喷嘴安装在风挡玻璃下面，其喷嘴方向可以调整，使洗涤液喷射在风挡玻璃的适当位置。

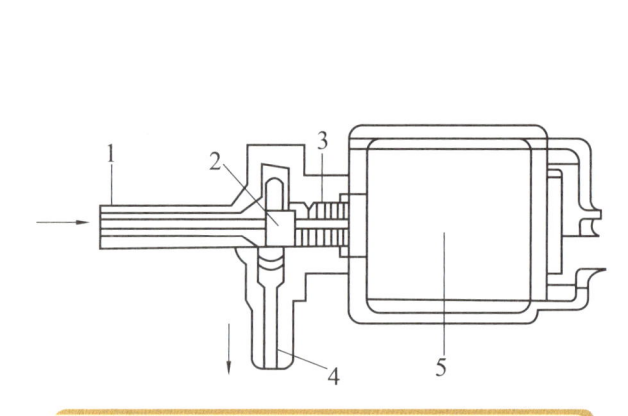

图 5-5　洗涤器电动机与洗涤液泵总成
1—进液口；2—叶轮；3—泵体；
4—出液口；5—永磁直流电动机

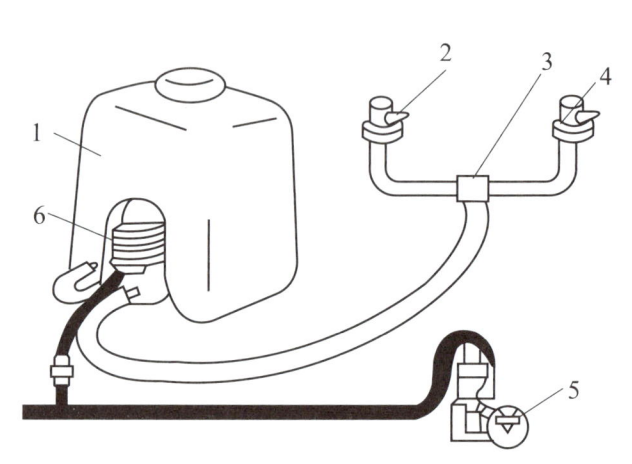

图 5-6　风挡玻璃洗涤器
1—洗涤液罐；2，4—喷嘴；3—三通；
5—刮水器；6—洗涤液泵

三、除霜除雾装置

冬季风挡玻璃上易结冰霜，用刮水器是无法清除的，除去冰霜有效的方法是加热玻璃。前风挡玻璃和侧风挡玻璃可利用暖风进行除霜；后风挡玻璃一般利用电热丝组成的电栅加热除霜，即电热式除霜，如图 5-7 所示。后风挡玻璃除霜器一般是在玻璃成型过程中，将很细的电热丝烧结在玻璃表面上。它由一组平行的含银陶瓷电热丝组成，在玻璃两侧有汇流条，各焊有一个接线柱，其中一个用来供电，另一个是搭铁接线柱。这种除霜器的工作电流较大，因此电路中除设有开关外，有的还设有一个定时继电器。这种继电器在通电 10 min 后即能自动断电，如霜还没有除净，驾驶员可再次接通开关，但在此之后每次只能通电 5 min。除霜器

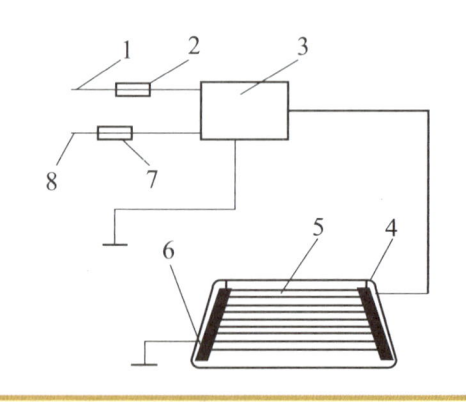

图 5-7　电热式后风挡玻璃除霜器的电路原理图
1—接蓄电池；2，7—熔断器；3—开关（事实上是继电器）；
4—接线柱；5—电热丝电栅；6—搭铁接线柱；8—接点火开关

的电阻值随温度的变化而变化，具有正温度系数。温度低时，电阻值减小，电流增大；温度高时，电阻值增大，电流减小。因此，除霜器自身具有一定的调节功能。

对电热丝通电控制方式可分为手动和自动两种。自动控制除霜装置由开关、自动除霜传感器、自动除霜控制器、电热丝电栅等组成，如图5-8所示。工作过程如下：

①除霜开关位于"关"位置时，除霜装置不工作。

②将除霜开关拨至"自动"位置时，当后风挡玻璃下缘传感器检测到冰霜达到一定厚度时，传感器电阻值急剧减小到某一设定值，控制器便控制继电器使电路接通，继电器触点闭合。于是由点火开关SW接线柱向电热丝供电，同时仪表板上的指示灯点亮，指示除霜装置正在工作。当风挡玻璃上冰霜减少到某一程度时，传感器电阻值增大，控制器将继电器电路切断，触点断开，指示灯熄灭，电热丝电栅断电，除霜装置停止工作。

③除霜开关拨至"手动"位置时，继电器电磁线圈可经"手动"开关直接搭铁，使除霜电路接通。

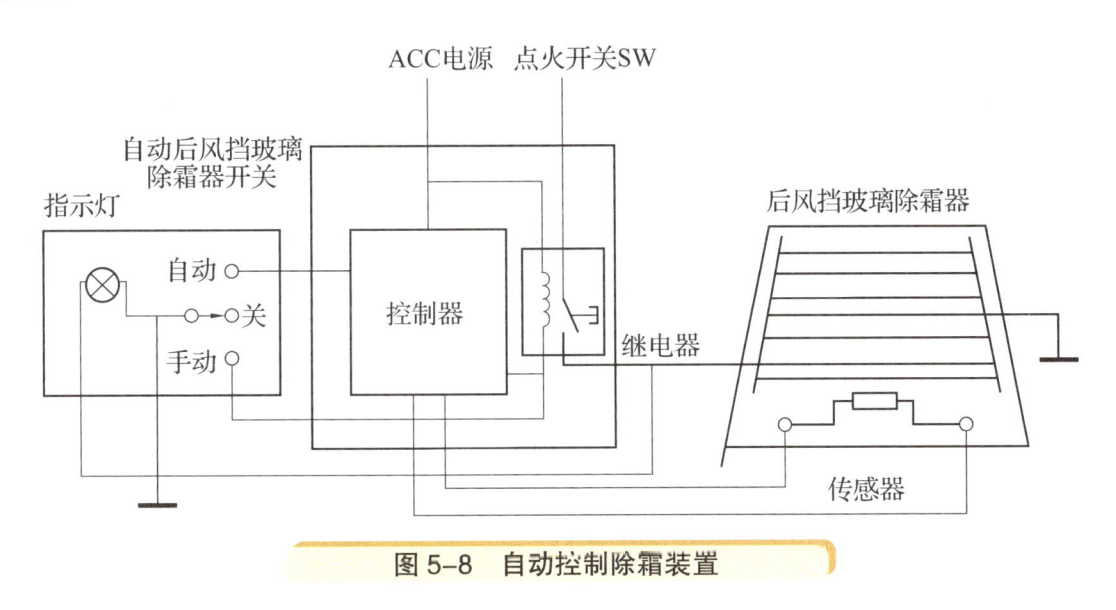

图5-8 自动控制除霜装置

四、哈弗M6汽车雨刮装置电路分析

哈弗M6汽车雨刮装置是通过车身控制模块（BCM）来控制的，电路原理如图5-9所示。

当当车辆组合开关（雨刮）接通低速时，BCM通过导线J2-A13接收到组合开关的前雨刮低速信号，从而判断前雨刮电动机低速挡需要打开。BCM通过内部的控制芯片控制前雨刮电动机导线J1-A11、J1-A20搭铁，从而使前雨刮电动机继电器和前雨刮速度继电器吸合，此时前雨刮电动机低速运转。

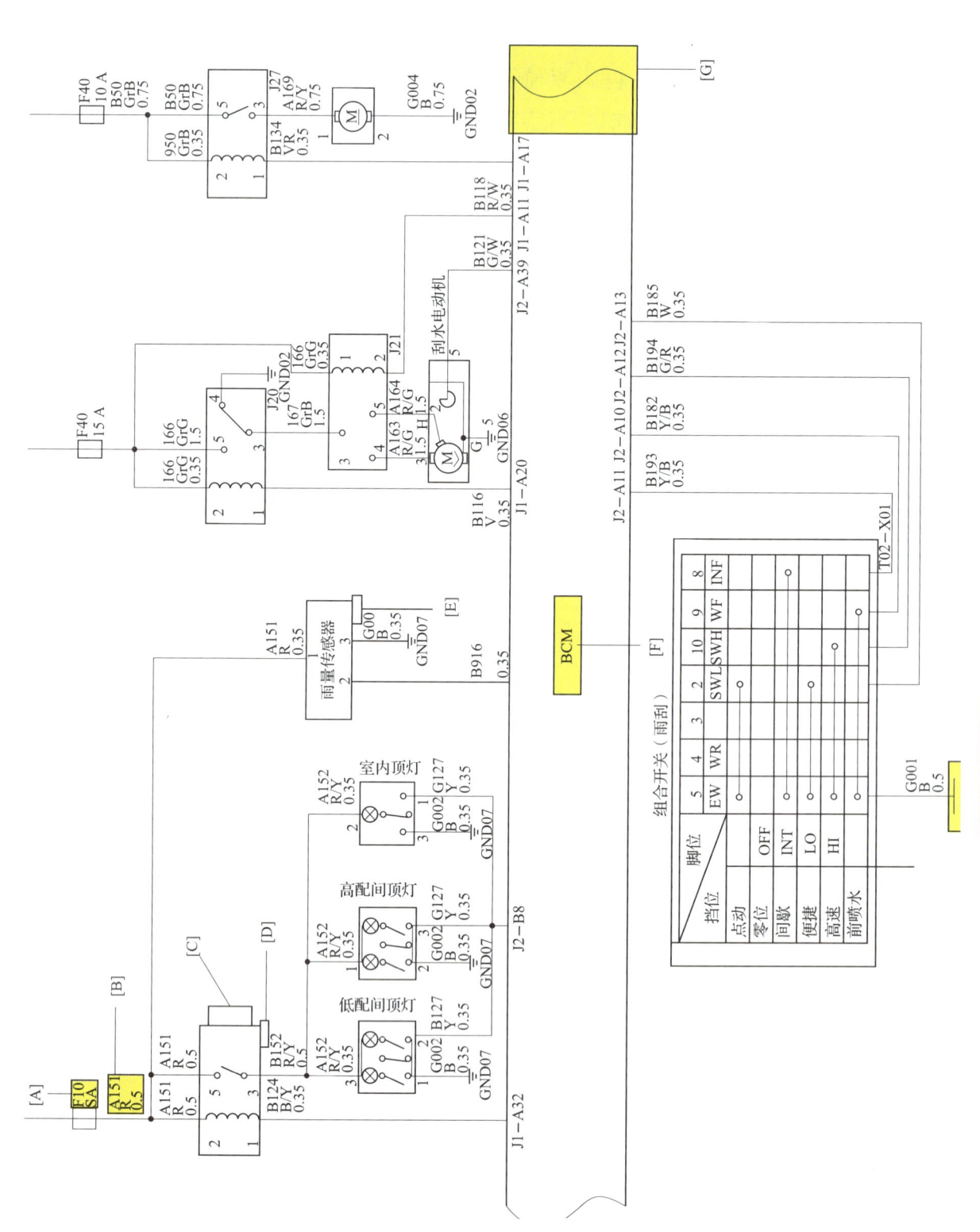

图 5-9 哈弗 M6 电动刮水系统电路图

当车辆组合开关（雨刮）接通高速时，BCM 通过导线 J2-A12 接收到组合开关（雨刮）高速信号，从而判断前雨刮电动机高速挡需要打开。BCM 通过内部的控制芯片控制前雨刮电动机导线 J1-A20 搭铁，从而使前雨刮电动机继电器吸合，此时前雨刮电动机高速运转。

直通高考（知识）

1) 最常用的刮水器电动机是（　　）永磁电动机。
   A. 二刷　　　　　B. 三刷　　　　　C. 四刷　　　　　D. 交流

2)（　　）使雨刮片不停止在中间位置。
   A. 雨刮电动机　　B. 蜗轮蜗杆组织　　C. 自动停位器　　D. 连杆机构

技能实训

由于不同车辆的电动刮水器控制策略相差较大，因而电动刮水器故障诊断的方法和步骤也有较大差异，本任务以哈弗 M6 汽车雨刮和洗涤系统故障诊断为例进行学习。

1. 查阅维修资料

在计算机（或其他信息化终端）上打开电子（或纸质）维修手册。

① 打开维修手册电子（或纸质）目录，如图 5-10 所示。

② 从目录页找到刮水器，如图 5-11 所示。

③ 从雨刮与洗涤系统目录下找到前雨刮电动机。

④ 同样的方法进入子电路图，查找与前雨刮电动机有关的电路图。

⑤ 综合所有与前雨刮有关的电路图，分析其工作过程。

图 5-10　维修手册目录　　　　图 5-11　雨刮系统目录

2. 相关元件的拆装

（1）前雨刮电动机的拆装

打开机舱盖，断开蓄电池负极；撬下前雨刮臂螺栓盖；拆下前雨刮固定螺母；抬起雨刮臂，取下前雨刮臂总成；拆下机舱盖前后密封条，拆卸格栅装饰板，拆卸通风盖板总成，拆8个螺栓，2个螺母，取下通风窗盖板安装板，断开雨刮电动机线束接插件，取下4个螺栓，如图5-12所示，取下前雨刮臂带电动机总成；安装以与拆卸相反的顺序进行。

图5-12 前雨刮臂带电动机固定螺栓

（2）雨刮片拆装

从风挡玻璃上抬起雨刮臂，注意：抬起至极限位置，防止回弹击碎风挡玻璃。

（3）后雨刮电动机的拆装

打开后背门，断开蓄电池负极，打开后雨刮臂装饰帽拆下1个螺母，取下后雨刮臂总成，取下后雨刮胶堵，拆下后背门内护板总成，取下3个螺栓，如图5-13所示，断开线束接插件，取下后雨刮电动机；安装以与拆卸相反的顺序进行。

（4）风挡玻璃洗涤器电动机拆装

清空风挡玻璃洗涤器中的洗涤液，断开蓄电池负极，拆卸前保险杠总成，断开风挡玻璃洗涤器电动机总成的线束和水管，如图5-14所示，拆下风窗洗涤器电动机总成；安装以与拆卸相反的顺序进行。

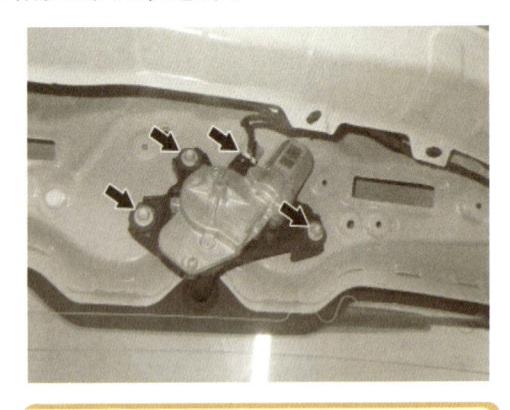

图5-13 固定螺栓和线束接插件

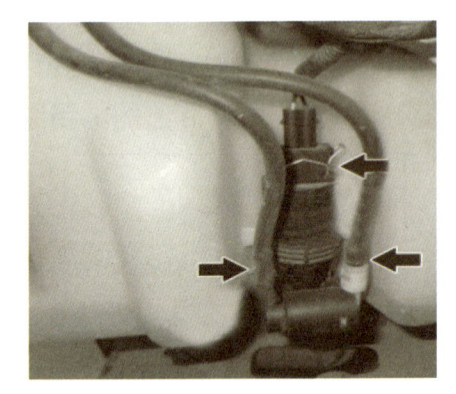

图5-14 电动机总成线束

（5）洗涤器储液壶拆卸与安装

断开蓄电池负极，拆卸前保险杠总成，清空洗涤液，拆卸4个固定螺栓，拆卸部分防溅垫，拆下1个子母扣，断开洗涤器电动机接插件，断开洗涤水管连接，拆下洗涤器储液壶（见图5-15）；安装以与拆卸相反的顺序进行。

（6）洗涤器喷嘴拆卸与安装

断开蓄电池负极。断开前洗涤器软管，拆卸格栅装饰板，拆卸通风窗盖板总成，拆下洗涤器喷嘴总成，如图 5-16 所示；安装以与拆卸相反的顺序进行。

图 5-15　洗涤器储液壶

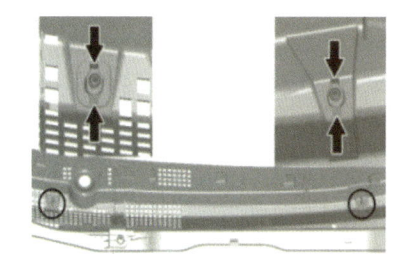

图 5-16　洗涤器喷嘴

（7）雨刮组合开关拆卸与安装

断开蓄电池负极，拆下组合开关上护罩，拆下 3 个螺栓，拆下组合开光下护罩，断开线束接插件，拆下 2 个螺钉，向右侧取下雨刮组合开关，如图 5-17 所示；安装以与拆卸相反的顺序进行。

图 5-17　取下组合开关

3. 雨刮系统故障诊断

由于哈弗 M6 汽车的雨刮和洗涤系统，是通过车身控制模块（BCM）来控制前后雨刮电动机和洗涤电动机，故系统出现故障时，BCM 将以故障码形式进行储存。雨刮系统常见的故障代码如表 5-1 所示。

表 5-1　雨刮系统常见的故障代码

序号	故障代码	故障描述
1	B104094	前雨刮开关输入错误
2	B101012	后雨刮继电器短路到电源
3	B101514	前雨刮速度继电器短路到地或开路
4	B101512	前雨刮速度继电器短路到电源
5	B101914	前雨刮电源继电器短路到地或开路
6	B101912	前雨刮电源继电器短路到电源
7	B102977	前雨刮电动机堵转

（1）B104094

故障代码 B104094 的含义是前雨刮开关输入错误。这类故障代码报码的条件是前雨刮系统工作异常。

故障可能原因：前雨刮开关线束异常；前雨刮损坏；BCM 故障。

前雨刮开关 B104094 故障诊断步骤如表 5-2 所示。

表 5-2　前雨刮开关 B104094 故障诊断步骤

步骤	操作	是	否
1	检查前雨刮开关线路是否有异常	正确安装线束，故障排除	转第 2 步
2	检查前雨刮开关是否损坏	更换前雨刮开关，故障排除	转第 3 步
3	更换 BCM，查看故障是否排除	故障排除	转第 4 步
4	用诊断仪读取车身控制器是否有故障代码	排除其他故障代码	故障排除

（2）B101012

故障代码 B101012 的含义是后雨刮继电器对正极短路故障，故障代码报码的条件是 BCM 检测到后雨刮继电器负载对正极短路或者负载过流。

故障可能原因：后雨刮继电器负载线束发生对正极短路；后雨刮继电器负载过流。

后雨刮继电器 B101012 故障诊断步骤，如表 5-3 所示。

表 5-3　后雨刮继电器 B101012 故障诊断步骤

步骤	操作	是	否
1	关闭所有负载用电器	转第 2 步	—
2	用诊断仪读取车身控制器是否有故障代码	转第 3 步	排查其他故障代码
3	检查后雨刮继电器负载回路线束	检查线束并正确安装，转第 5 步	转第 4 步
4	检查后雨刮继电器负载	更换后雨刮继电器，转第 5 步	转第 5 步
5	清除故障代码，重起车辆并做检测，查看故障是否消除	故障排除，系统正常	重复第 1 步

（3）B101512/ B101514

故障代码 B101512 的含义是前雨刮速度继电器对正极短路故障，B101514 的含义且前雨刮速度继电器短路到地或开路；故障代码报码的条件是打开点火开关，BCM 检测到前雨刮速度继电器负载对正极短路或者负载过流／对地短路或开路。

故障可能原因：前雨刮速度继电器负载线束发生对正极／对地短路；前雨刮速度继电器负载过流。

前雨刮速度继电器 B101512/ B101514 故障诊断步骤如表 5-4 所示。

表 5-4　前雨刮速度继电器 B101512/ B101514 故障诊断步骤

步骤	操作	是	否
1	关闭所有负载用电器	转第 2 步	—
2	用诊断仪读取车身控制器是否有故障代码	转第 3 步	排查其他故障代码
3	检查前雨刮速度继电器负载回路线束	检查线束并正确安装，转第 5 步	转第 4 步

续表

步骤	操作	是	否
4	检查前雨刮速度继电器负载	更换前雨刮速度继电器，转第5步	转第5步
5	清除故障代码，重起车辆并做检测，查看故障是否消除	故障排除，系统正常	重复第1步

（4）B101914 /B101912

故障代码 B101914/B101912 的含义是前雨刮电源继电器对地短路或开路，故障代码 B101912 的含义是前雨刮电源继电器对正极短路。故障代码报码的条件是打开点火开关，BCM 检测到前雨刮电源继电器负载对地短路或开路，对正极短路或者负载过流故障。

故障可能原因：前雨刮电源继电器负载线束发生对正极短路；前雨刮电源继电器负载过流。

前雨刮电源继电器 B101914 /B101912 故障诊断步骤如表 5-5 所示。

表 5-5　前雨刮电源继电器 B101914 /B101912 故障诊断步骤

步骤	操作	是	否
1	关闭所有负载用电器	转第2步	—
2	用诊断仪读取车身控制器是否有故障代码	转第3步	排查其他故障代码
3	检查前雨刮电源继电器负载回路线束	检查线束并正确安装，转第5步	转第4步
4	检查前雨刮电源继电器负载	更换前雨刮电源继电器，转第5步	转第5步
5	清除故障代码，重起车辆并做检测，查看故障是否消除	故障排除，系统正常	重复第1步

（5）B102977

故障代码 B102977 的含义是前雨刮堵转。故障代码报码的条件是打开点火开关，前雨刮电动机堵转。

故障可能原因：线束异常；前雨刮电动机损坏；BCM 故障。

前雨刮 B102977 故障诊断步骤如表 5-6 所示。

表 5-6　前雨刮 B102977 故障诊断步骤

步骤	操作	是	否
1	前雨刮线路是否异常	正确安装线束，故障排除	转第2部
2	检查前雨刮电动机是否损坏	更换前雨刮电动机，故障排除	转第3部
3	更换 BCM，查看故障是否排除	故障排除	转第4步
4	用诊断仪读取车身控制器是否有故障代码	排除其他故障代码	故障排除

小贴示

拥有梦想的人，不做选择题，他们只做证明题。电动刮水器检修过程中希望你通过努力证明自己，认真进行故障诊断，规范做好每一步，严格按维修手册要求进行操作。

直通高考（技能）

1）调整洗涤器喷嘴的工具端部是（　　）。

A. 尖头形的　　　　B. 扁条形的　　　　C. 圆形的　　　　D. 方形的

2）洗涤器喷嘴更换时，甲说：一定要拆卸蓄电池负极；乙说：不用拆卸蓄电池负极。你认为（　　）。

A. 甲对　　　　B. 乙对　　　　C. 甲乙都对　　　　D. 甲乙都不对

任务实施

扫码并参照本教材配套工作页中的项目五任务 1——雨刮系统检修，实施任务。

任务 2　电动车窗检修

任务导入

客户李先生驾驶一辆哈弗 M6 汽车来到 4S 店服务站进行检修。据李先生反映得知：汽车可以正常起动运行，但是主驾左前方电动车窗无法自动关上，其余电动车窗操作都正常。假如你是负责接待李先生汽车工作的负责人，请为李先生解释该车故障的可能原因，介绍汽车电动车窗的组成和特点，并对该车进行检修，排除故障。

任务目标

素养目标：

1）培养汽车维修车间安全第一的工作安全意识，具备分析总结能力。

2）养成勤动手动脑的好习惯，培养坚韧不拔的意志品质。

知识目标：

1）了解电动车窗的功用、组成和特点。

2）理解电动车窗升降器系统的工作原理。

3）掌握电动车窗升降器检修过程中的安全隐患和规避方法。

技能目标：

1）能够了解各种常见维修工具和检测仪器的使用方法和技术特点。

2）能够正确分析电动车窗的电路图和认知结构零部件。

3）能够正确找到电动车窗的升降器和系统开关的位置。

4）能够检修电动车窗的各种故障问题。

知识准备

汽车电动车窗又称自动车窗，是由电动机提供动力使车窗玻璃自动升降的车窗，现在汽车普遍安装该装置。它既可以防止驾驶员操作车窗开关时分散注意力和方便其余乘客操作，也缓解了驾驶员和乘客的疲劳，从而提高了驾乘的舒适度和安全性。

一、汽车电动车窗功用

汽车电动车窗由电力驱动玻璃升降器控制玻璃升降，实现车窗玻璃在行程范围内的任意位置停靠、锁止。主驾位置操作时，可以控制所有车窗的上升或下降，其余位置只能由乘客操作靠近的车窗升降。该系统操纵简单，方便驾驶员和乘客操作，降低疲劳强度，有利于行车安全。

车窗锁止功能：按压车窗锁止开关，可以开启或关闭车窗锁止功能。开启车窗锁止功能后，将无法使用副驾和两后车门上的车窗开关，仅可以使用主驾车门上的开关控制相应的车窗，如图5-18所示。

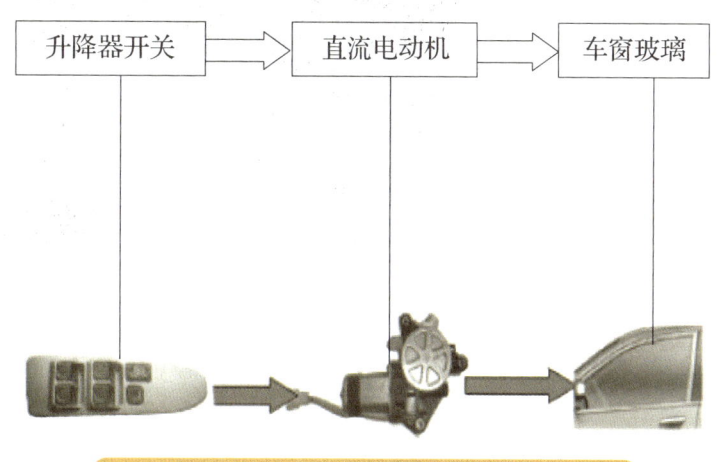

图5-18　汽车电动车窗功用

二、汽车电动车窗组成

汽车电动车窗主要由左前、右前、左后、右后控制开关，各车门中的车窗玻璃、电动机、升降器，以及继电器、指示灯、控制电路等组成。国产汽车左前控制开关一般为总控制开关，如图 5-19 所示。

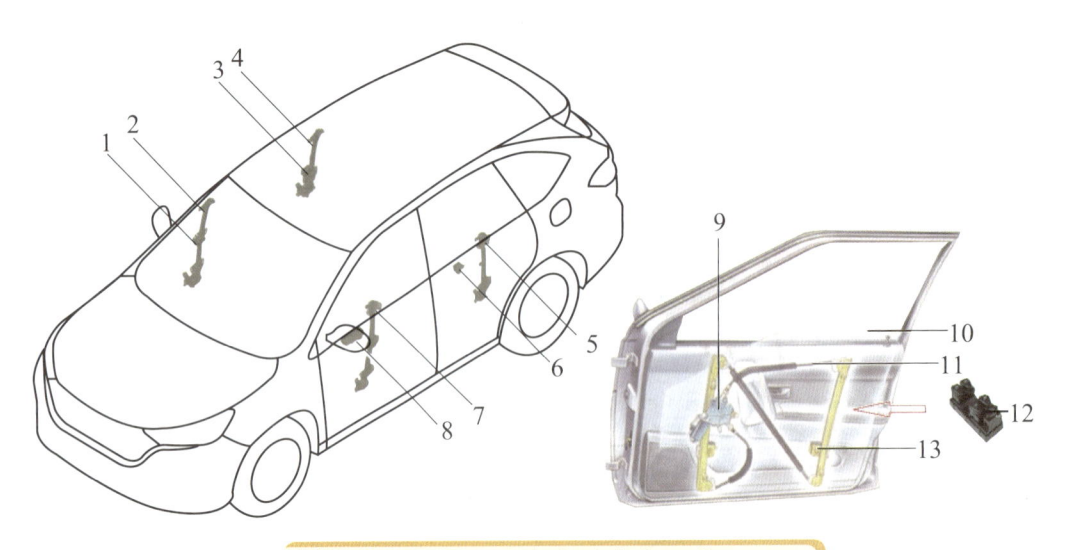

图 5-19　汽车电动车窗组成

1—右前门窗开关总成；2—右前门玻璃升降器总成；3—右后门窗开关总成；4—右后门玻璃升降器总成；
5—左后门玻璃升降器总成；6—左后门窗开关总成；7—左前门玻璃升降器总成；8—左前门窗开关总成；
9—直流电动机；10—车窗玻璃；11—车窗玻璃升降器；12—控制开关；13—玻璃托架

1. 控制开关

电动车窗系统装有两套控制开关，一套装在主驾驶员侧车门扶手上，为总开关，驾驶员可以利用控制开关使全部车窗玻璃自动升降，还装有车窗锁开关（也称安全开关），可以锁住全车车窗，此时其余车窗不能操纵；另一套分别装在其他车门扶手上，为分开关，由乘客分别进行操作，单独控制某个车窗自动升降。汽车电动车窗开关如图 5-20 所示。

（a）　　　　　　　　（b）

图 5-20　汽车电动车窗开关
（a）总开关；（b）分开关

驾驶员操作总开关可以控制所有电动车窗的升降或锁止，其他乘员操作分开关，仅能控制相应车门的电动车窗升降。

2. 电动机

电动机是用来为车窗的升降提供动力的装置，能够正、反双向转动，每个车窗都配备有一个电动机，如图 5-21 所示。它有永磁式和双绕组串励式两种。永磁式是外搭铁，通过改变电枢的电流方向来改变电动机的旋转方向使车窗玻璃升降。双绕组串励式则是各绕组搭铁，有两个绕向相反的磁场绕组，一个称为"上升"绕组，另一个称为"下降"绕组。这两种电动机都是通过改变电流方向来改变转动方向从而实现车窗的升或降。

图 5-21　汽车电动车窗电动机

3. 升降器

升降器可将电动机的旋转运动转变为带动玻璃升降的直线运动。

（1）组成

玻璃升降器由操纵机构、传动机构、升降机构、玻璃托架组成。

（2）类型

①齿扇式玻璃升降器（见图 5-22）。齿扇式玻璃升降器又称臂式玻璃升降器，齿扇上连接螺旋弹簧。当车窗玻璃上升时，螺旋弹簧伸展，放出能量，以减轻电动机负荷；车窗玻璃下降时，弹簧压缩，吸收能量，因此，车窗玻璃无论是上升还是下降，电机的负荷都基本相同。当电动机转动时，通过蜗轮蜗杆减速并改变旋转方向，使齿扇转动，故能带着车窗升降。

②齿条式玻璃升降器（见图 5-23）。齿条式玻璃升降器采用了柔性齿条和小齿轮，车窗连在齿条的一端，当电动机转动时，蜗轮蜗杆减速机构将动力传给小齿轮，带动齿条移动，再通过拉绳带着车窗玻璃升降。

图 5-22　齿扇式玻璃升降器

图 5-23　齿条式玻璃升降器

③绳轮式玻璃升降器（见图 5-24）。电动机带动一个带槽的绳轮，驱动绳缆缠绕在绳轮上，当绳轮转动时，通过绳缆的缠绕运动来实现上下移动。一般的动力传递线路为：直流电动机→减速装置→绳轮→绳缆→玻璃安装支架→玻璃升降。

图 5-24　绳轮式玻璃升降器

三、电动车窗电路分析

驾驶员或乘员通过操纵电动车窗开关，接通车窗升降的逻辑电路，电动机产生动力，驱动玻璃升降器，再通过一系列的机械传动，使车窗玻璃按要求进行自动升降。

1. 传统电动车窗电路分析

为了防止电动机因电流过大而烧毁，传统电动车窗电路装有断路器。传统车窗为开关直接控制，不带电子控制单元。

如图5-25所示是传统汽车电动车窗电路图，它采用的是永磁式直流电动机。当点火开关处于IG位置时，电动车窗继电器线圈通电，继电器触点吸合，接通电源蓄电池至各个车窗控制电动机的线路。位于驾驶员侧的门窗开关控制驾驶员侧的车窗玻璃，同时也能控制其他的车窗玻璃，其他车窗控制开关只能控制相应的车窗玻璃。

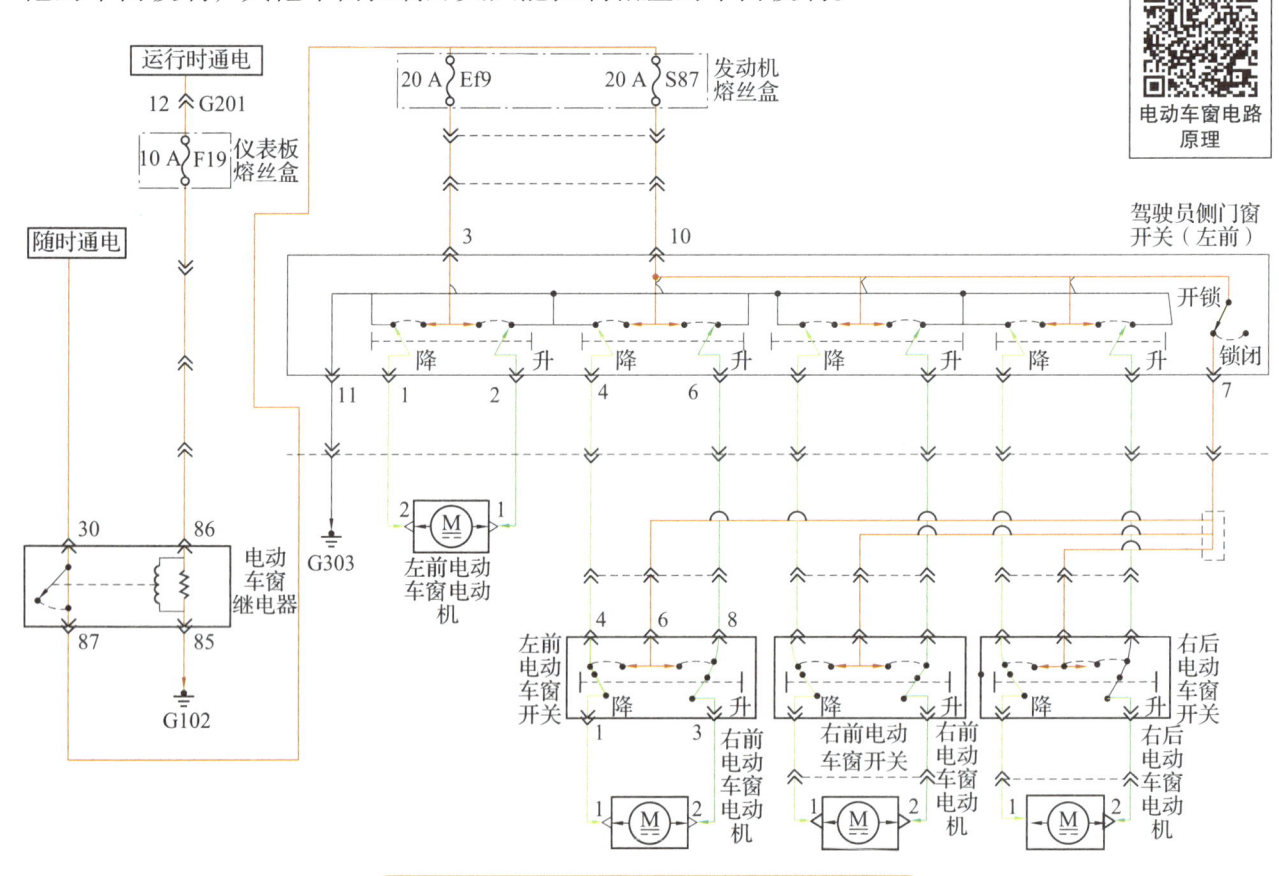

图5-25 传统汽车电动车窗电路图

（1）驾驶员侧车窗玻璃的控制

驾驶员侧车窗玻璃的升降由驾驶员侧门窗开关控制电动机的正反向运转。

①按下驾驶员侧门窗开关时，主控开关端子3—1、2—11接通。电流路径为：蓄电池电源→电动车窗继电器触点→发动机熔丝盒Ef9（20 A）熔断器→主控开关3号端子→下降触点→主控开关1号端子→左前电动车窗电动机2号端子、1号端子→主控开关2号端子→上

升触点→主控开关11号端子→搭铁。电动机控制回路接通，电动机正转工作，带动车窗玻璃升降器向下运动。

②当驾驶员提升主控开关内的驾驶员侧车窗玻璃开关时，主控开关端子3—2、1—11接通。电流路径为：蓄电池电源→电动车窗继电器触点→发动机熔丝盒Ef9（20 A）熔断器→主控开关3号端子→上升触点→主控开关2号端子→左前电动车窗电动机1号端子、2号端子→主控开关1号端子→下降触点→主控开关11号端子→搭铁。电动机控制回路接通，电动机反转工作，带动车窗玻璃升降器向上运动。

（2）乘客侧车窗玻璃的控制

乘客侧车窗玻璃的控制与驾驶员侧基本相同，以副驾乘客车窗玻璃控制为例，副驾车窗玻璃的控制可分为副驾开关控制和主控开关控制。副驾开关控制的前提条件是主控开关的安全开关必须闭合。其余车窗也是如此，如图5-25所示。

①副驾乘客侧车窗玻璃的控制：

当副驾乘客提升右前电动车窗玻璃开关时，右前电动车窗开关端子6—3、4—1接通。电流路径为：蓄电池电源→电动车窗继电器触点→发动机熔丝盒S87（20 A）熔断器→主控开关10号端子→安全开关触点→主控开关7号端子→右前电动车窗开关6号端子→上升触点→右前电动车窗开关3号端子→右前电动车窗电动机2号端子、1号端子→右前电动车窗开关1号端子→下降触点→右前电动车窗开关4号端子→主控开关4号端子→下降触点→主控开关11号端子→搭铁。电动机控制回路接通，电动机反转工作，带动车窗玻璃升降器向上运动。

当副驾乘客按下右前电动车窗玻璃开关时，右前电动车窗开关端子6—1、8—3接通。电流路径为：蓄电池电源→电动车窗继电器触点→发动机熔丝盒S87（20 A）熔断器→主控开关10号端子→安全开关触点→主控开关7号端子→右前电动车窗开关6号端子→下降触点→右前电动车窗开关1号端子→右前电动车窗电动机1号端子、2号端子→右前电动车窗开关3号端子→上升触点→右前电动车窗开关8号端子→主控开关6号端子→上升触点→主控开关11号端子→搭铁。电动机控制回路接通，电动机正转工作，带动车窗玻璃升降器向下运动。

②副驾乘客侧车窗玻璃的主控开关控制：

当驾驶员按下主控开关内的右前电动车窗开关时，主控开关端子10—4、11—6接通。电流路径为：蓄电池电源→电动车窗继电器触点→发动机熔丝盒S87（20 A）熔断器→主控开关10号端子→下降触点→主控开关4号端子→右前电动车窗开关4号端子→下降触点→右前电动车窗开关1号端子→右前电动车窗电动机1号端子、2号端子→右前电动车窗开关3号端子→上升触点→右前电动车窗开关8号端子→主控开关6号端子→上升触点→主控开关11号端子→搭铁。电动机控制回路接通，电动机正转工作，带动车窗玻璃升降器向下运动。

当驾驶员提升主控开关内的右前电动车窗开关时，主控开关端子 10—6、11—4 接通。电流路径为：蓄电池电源→电动车窗继电器触点→发动机熔丝盒 S87（20 A）熔断器→主控开关 10 号端子→下降触点→主控开关 6 号端子→右前电动车窗开关 8 号端子→下降触点→右前电动车窗开关 3 号端子→右前电动车窗电动机 2 号端子、1 号端子→右前电动车窗开关 1 号端子→上升触点→右前电动车窗开关 4 号端子→主控开关 4 号端子→上升触点→主控开关 11 号端子→搭铁。电动机控制回路接通，电动机反转工作，带动车窗玻璃升降器向上运动。

2. 哈弗 M6 汽车电动车窗电路分析

哈弗 M6 汽车电动车窗的控制采用模块接收信号，控制电动机升降，与传统电动车窗电路有较大区别。其控制电路是蓄电池通过熔断器直接给电动车窗控制单元（ECU）供电，电动车窗控制单元与电动机集成在一起，每个车窗电动机带一个控制单元。电动车窗控制单元得到控制开关的指令后，由控制单元控制流经各车窗电动机的电流方向，来实现车窗升降。同时还增加了儿童锁、防夹功能和离车自动关闭车窗等功能，人性化、智能化和安全性得到大幅提升。

哈弗 M6 汽车的电动车窗电路，主驾驶位置具有一键升降和防夹功能，如图 5-26 所示。

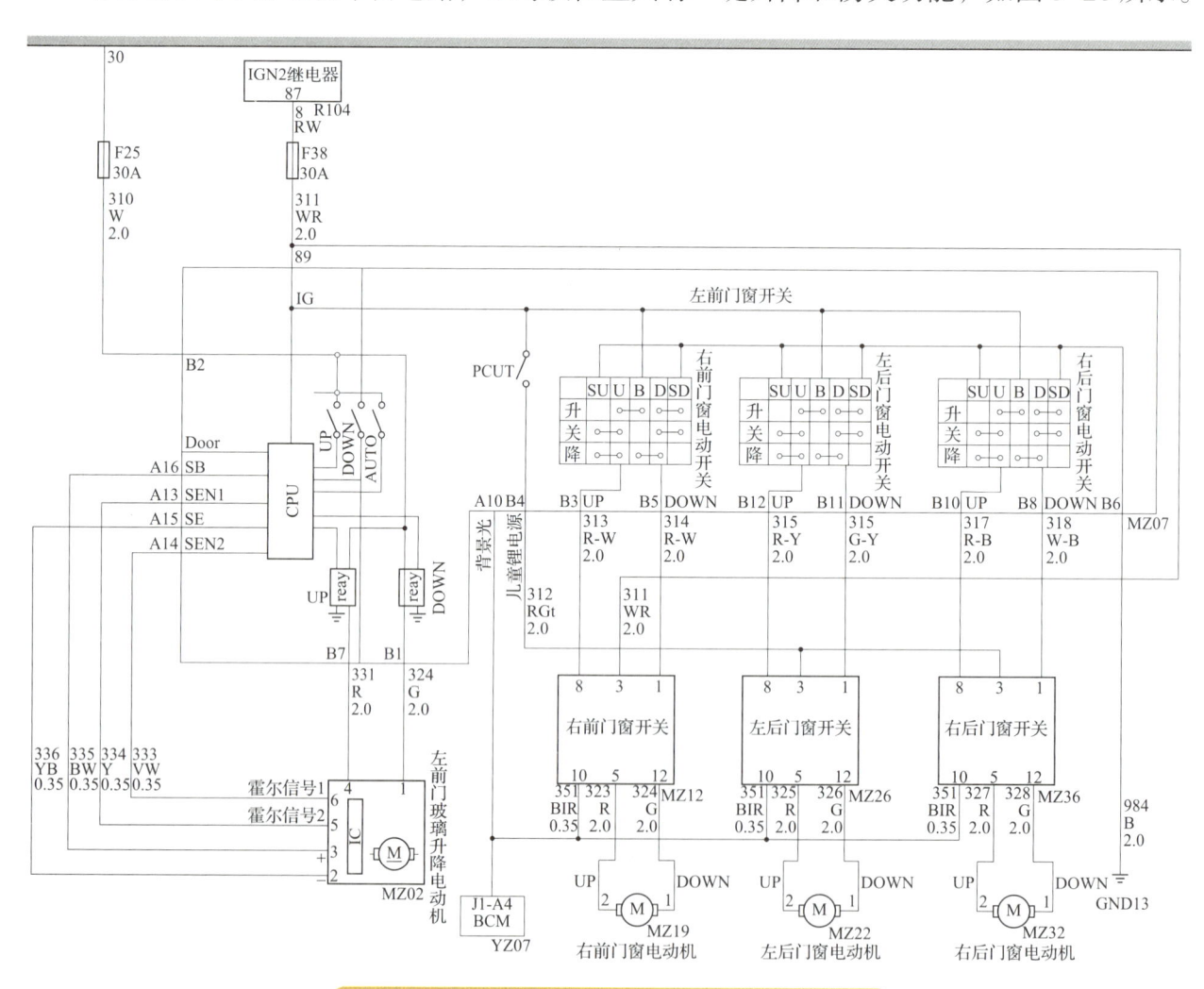

图 5-26 哈弗 M6 汽车的电动车窗电路

（1）驾驶员侧车窗玻璃的控制

如图 5-27 所示是哈弗 M6 汽车驾驶员侧主控开关示意图。驾驶员侧车窗玻璃的升起和降落是驾驶员通过控制电动车窗开关和一键锁车开关，使驾驶员侧车门电动机正或反向运转实现的，另外驾驶员侧车窗玻璃还有防夹手功能。

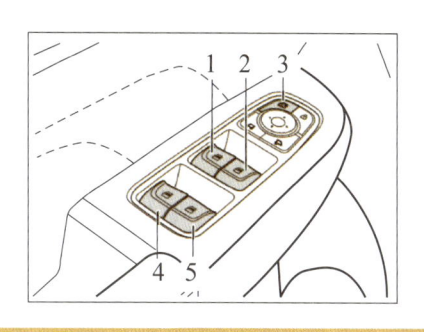

图 5-27　哈弗 M6 汽车驾驶员侧主控开关示意图
1—驾驶员侧车窗开关；2—副驾驶员侧车窗开关；
3—车窗锁止开关；4—后排左侧车窗开关；
5—后排右侧车窗开关

①驾驶员按下主控开关内的驾驶员侧的车窗玻璃开关时，主控开关 DOWN 接通。电流路径为：蓄电池电源→熔断器 F25（30 A）→开关 DOWN→中央处理器 CPU→继电器 DOWN→B1→左前门玻璃升降电动机 1 号端子→4 号端子→B7→继电器 UP→搭铁。电动机控制回路接通，带动车窗玻璃升降器向下运动。

②当驾驶员提升主控开关内的驾驶员侧车窗玻璃开关或汽车钥匙的锁车键时，主控开关 UP 或 AUTO 接通。电流路径为：蓄电池电源→熔断器 F25（30 A）→开关 UP→中央处理器 CPU→继电器 UP→B7→左前门玻璃升降电动机 4 号端子、1 号端子→B1→继电器 DOWN→搭铁。电动机控制回路接通，带动车窗玻璃升降器向上运动。

③防夹功能。车窗防夹是汽车人性化的一个重要组成部分，其主要功能是在车窗上升过程中夹持到障碍物后，可以识别出车窗处于夹持状态，并令车窗玻璃回退释放夹持物，防止车辆乘员被夹伤以及防止电动机长时间堵转导致烧毁。该功能的原理是：当车窗夹到异物时车窗电动机就会增大阻力，转速放慢，通过车窗电动机的电流发生变化，霍尔传感器感应到电流变化时就给中央处理器 CPU 发送信息，中央处理器 CPU 向继电器发出指令，控制车窗电动机反转，车窗玻璃下降一段距离（如 120~150 mm）后停止。

（2）乘客侧车窗玻璃的控制

3 个乘客侧车窗玻璃的控制基本相同，现以副驾乘客侧车窗玻璃控制为例进行描述，副驾乘客侧车窗玻璃的升降控制可分为：副驾侧开关控制和主驾侧主控开关控制。副驾侧和两个后侧车窗玻璃升降开关控制的前提条件是：打开点火开关并且主控开关上的车窗锁止开关必须打开。

①副驾乘客侧车窗玻璃的控制：

当副驾乘客提升右前电动车窗玻璃开关时，右前电动车窗开关端子 3—5、12—1 接通。电流路径为：蓄电池电源→IGN2 继电器→熔断器 F38（30 A）→B9→右前门窗开关 3 号端子、5 号端子→右前门窗电动机→右前门窗开关 12 号端子、1 号端子→主控开关 SD 引脚→D 引脚→搭铁。电动机控制回路接通，带动车窗玻璃升降器向上运动。

当副驾乘客按下右前电动车窗玻璃开关时，右前电动车窗开关端子 3—12、5—8 接通。电流路径为：电源蓄电池→IGN2 继电器→熔断器 F38（30 A）→B9→右前门窗开关 3 号端子、12号端子→右前门窗电动机→右前门窗开关5号端子、8号端子→主控开关B引脚→U引脚→搭铁。电动机控制回路接通，带动车窗玻璃升降器向下运动。

②副驾乘客侧车窗玻璃的主控开关控制：

当驾驶员按下主控开关内的右前电动车窗开关时，主控开关端子1—12、5—8接通。电流路径为：蓄电池电源→IGN2继电器→熔断器F38（30 A）→IG→主控开关D引脚→SD引脚→右前门窗开关1号端子、12号端子→右前门窗电动机→右前门窗开关5号端子、8号端子→主控开关B引脚→U引脚→搭铁。电动机控制回路接通，带动车窗玻璃升降器向下运动。

当驾驶员提升主控开关内的右前电动车窗开关时，主控开关端子8—5、12—1接通。电流路径为：蓄电池电源→IGN2继电器→熔断器F38（30 A）→IG→主控开关U引脚→B引脚→右前门窗开关8号端子、5号端子→右前门窗电动机→右前门窗开关12号端子、1号端子→主控开关SD引脚→D引脚→搭铁。电动机控制回路接通，带动车窗玻璃升降器向上运动。

直通高考（知识）

1）在电动车窗中，为车窗玻璃升降提供动力的是（　　）。

　A. 直流电动机　　　B. 控制开关　　　C. 玻璃导轨　　　D. 电控单元

2）车窗锁止功能开启后，可以操作的车窗开关是（　　）。

　A. 主驾侧开关　　　B. 副驾侧开关　　　C. 左后侧开关　　　D. 右后侧开关

3）电动机是通过改变（　　）来改变转动方向从而实现车窗的升或降。

　A. 电压方向　　　B. 电流方向　　　C. 电流大小　　　D. 电阻大小

4）在电动车窗中，车窗玻璃运动的执行器是（　　）。

　A. 电动机　　　B. 升降器　　　C. 车窗开关　　　D. 继电器

技能实训

虽然不同汽车的电动车窗控制策略类似，但采用模块控制的电动车窗与未采用模块控制的传统电动车窗电路原理有较大差别，诊断方法和步骤也有差异，本任务以哈弗M6汽车电动车窗故障诊断为例进行练习。

1. **查阅维修资料**

在计算机（或其他信息化终端）上打开电子（或纸质）维修手册。

①打开维修手册电子（或纸质）目录。

②从目录页找到电动车窗目录，如图5-28所示。

③从电动车窗目录下找到电动车窗系统目录，如图5-29所示。

④同样的方法进入子电路图，查找与电动车窗有关的电路图，如图5-30所示。

⑤综合所有与电动车窗有关的电路图，分析其工作过程。

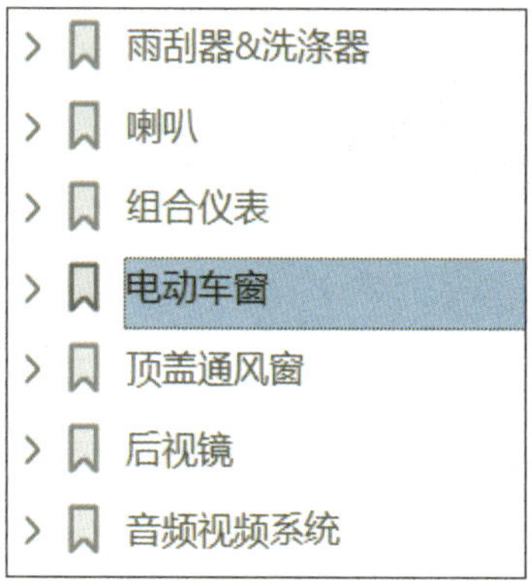

图 5-28 电动车窗目录

图 5-29 电动车窗系统目录

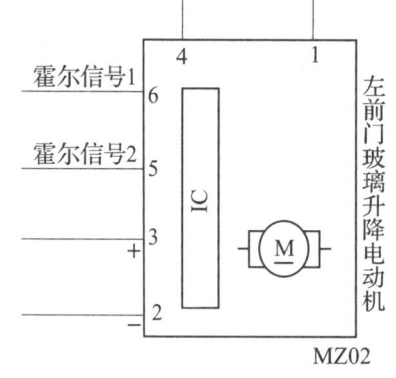

图 5-30 电动车窗电路

2. 相关元件的拆装

（1）车窗玻璃升降器拆装

①前门玻璃升降器拆装。将玻璃从下止点上升约 230 mm，关闭点火开关，断开蓄电池负极，拆卸内饰板，揭开前门防水膜，拆卸前门玻璃，断开线束接插件，拆下拉手盒安装支架 2 个固定螺栓、玻璃升降器 5 个固定螺栓，如图 5-31 所示；取下拉手盒安装支架，取下玻璃升降器。玻璃升降器的安装，以与拆卸相反的顺序进行。

②后门玻璃升降器拆装。将玻璃从下止点上升约 25 mm，关闭点火开关，断开蓄电池负极，拆卸后门内饰板，揭开后门防水膜，拆卸后门玻璃，断开线束插件，拆下 5 个螺栓，如图 5-32 所示；取下后门玻璃升降器。后门玻璃升降器的安装，以与拆卸相反的顺序进行。

图 5-31 前门玻璃升降器拆卸

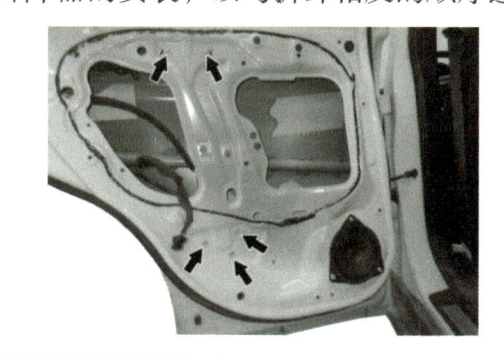

图 5-32 后门玻璃升降器拆卸

（2）车窗开关拆装

①驾驶侧车窗开关拆装。关闭点火开关，断开蓄电池负极，拆卸驾驶侧门内饰板总成，拆下 4 个螺钉，如图 5-33 所示；取下驾驶侧车窗开关。驾驶侧车窗开关的安装，以与拆卸相反的顺序进行。

②其他侧车窗开关拆装。关闭点火开关，断开蓄电池负极，拆卸后门内饰板总成，拆下 3 个螺钉，如图 5-34 所示；取下其他侧车窗开关。其他侧车窗开关的安装，以与拆卸相反的顺序进行。

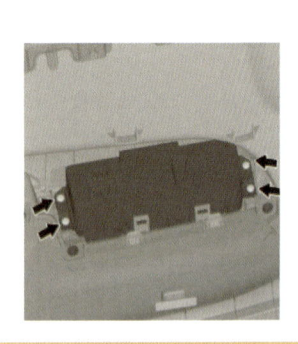

图 5-33　驾驶侧车窗开关拆装 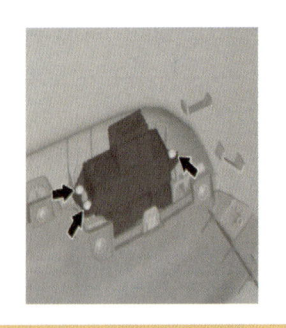　　　　　　　图 5-34　其他侧车窗开关拆装

3. 电动车窗系统故障诊断

哈弗 M6 汽车的电动车窗系统常见故障诊断如表 5-7 所示。此车不存在故障码，下面针对每种情况进行逐一分析。

表 5-7　哈弗 M6 汽车的电动车窗系统常见故障诊断

症状	症状可疑部位
四门车窗升降不工作	BCM
	线束或接插件
	主控开关
单个车窗升降不工作	BCM
	线束或接插件
	车窗开关
	玻璃升降电动机
无防夹功能	车窗开关
	升降霍尔信号

（1）四门车窗升降不工作

故障可能原因：BCM 故障；主控开关故障；线束脱落；接插件脱落；熔断器、继电器故障等。

四门车窗升降不工作故障诊断步骤如表 5-8 所示。

表 5-8　四门车窗升降不工作故障诊断步骤

步骤	操作	是	否
1	检查主控开关是否有异常	正确更换主控开关，故障排除	转第 2 步
2	检查熔断器 F25、F38 和 IGN2 继电器是否正常	更换对应新件，故障排除	转第 3 步
3	检查 BCM 是否损坏	更换 BCM，故障排除	转第 4 步
4	检查接插件是否脱落	修复接插件，故障排除	转第 5 步
5	检查线束是否脱落	修复接插件，故障排除	系统正常

(2)单个车窗升降不工作

故障可能原因:BCM故障;车窗开关故障;线束脱落;接插件脱落或电动机故障等。因为每个车窗各有差别,诊断过程也不相同。

左前车窗升降不工作故障诊断步骤如表5-9所示;左后车窗升降不工作故障诊断步骤如表5-10所示;右前车窗和右后车窗故障诊断步骤与左后车窗故障诊断步骤类似,不同之处是电动开关线束和开关针脚不一样。

表5-9 左前车窗升降不工作故障诊断步骤

步骤	操作	是	否
1	检查主控开关是否有异常	正确更换主控开关,故障排除	转第2步
2	检查电动机是否工作	转第3步	转第5步
3	检查玻璃升降器是否工作	转第4步	更换玻璃升降器
4	检查电动机线束是否脱落	修复线束,故障排除	系统正常
5	检查车窗开关线束是否脱落	修复线束,故障排除	转第6步
6	检查熔断器F25是否损坏	更换熔断器,故障排除	转第7步
7	检查接插件是否脱落	修复接插件,故障排除	系统正常

表5-10 左后车窗升降不工作故障诊断步骤

步骤	操作	是	否
1	检查车窗开关是否有异常	正确更换车窗开关,故障排除	转第2步
2	检查电动机是否工作	无法上升转第3步,无法下降转第4步	转第5步
3	检查左后门窗电动开关B12号线到左后门窗开关8号针脚是否断路	修复线束,故障排除	转第5步
4	检查左后门窗电动开关B11号线到左后门窗开关1号针脚是否断路	修复线束,故障排除	转第5步
5	检查左后门窗开关12号针脚到MZ22的1号针脚是否断路	修复线束,故障排除	系统正常

(3)防夹功能

故障可能原因:CPU的霍尔信号故障;主控开关故障。

左前门无防夹功能故障诊断步骤如表5-11所示。

表 5-11 左前门无防夹功能故障诊断步骤

步骤	操作	是	否
1	检查主控开关是否有异常	正确更换主控开关,故障排除	转第 2 步
2	检查 CPU 的 SEN1 针脚是否脱落	修复线束,故障排除	转第 3 步
3	检查 CPU 的 SEN2 针脚是否脱落	修复线束,故障排除	转第 4 步
4	检查 CPU 的 SEN1 线到左前门窗玻璃升降电动机 5 号针脚是否断路	修复线束,故障排除	转第 5 步
5	检查 CPU 的 SEN2 线到左前门窗玻璃升降电动机 6 号针脚是否断路	修复线束,故障排除	系统正常

小贴士

我们不应该像蚂蚁,单只收集;也不可像蜘蛛,只从自己肚中抽丝;而应该像蜜蜂,既采集又整理,这样才能酿出香甜的蜂蜜来。在电动车窗检修过程中,发现每个车窗功能越来越多,不仅要考虑驾驶员和乘客的舒适性,还要考虑方便性。汽车朝着越来越高端化、智能化、绿色化发展,我们要多动手动脑,提高理论和实践能力,紧跟时代步伐,做到自立自强。

直通高考（技能）

1）拆卸车窗玻璃升降器时,甲说将玻璃调到任意位置都可以,乙说不行。说法正确的是（　　）。

A. 甲正确　　　　　　　　　　B. 乙正确

C. 甲乙都正确　　　　　　　　D. 甲乙均不正确

2）4 个车窗玻璃升降器都不工作时,以下可能性最小的故障情况是（　　）。

A. BCM　　　　　　　　　　　B. 线束或接插件

C. 车窗开关　　　　　　　　　D. 电动机损坏

任务实施

扫码并参照本教材配套工作页中的项目五任务 2——电动车窗检修,实施任务。

工作页 - 电动车窗检修

任务3　电动后视镜检修

任务导入

客户王先生开着一辆哈弗M6汽车来到4S店。王先生反映车辆电动后视镜无法调整。假如你负责王先生车辆的接待工作，请为王先生解释该车故障的可能原因，介绍汽车电动后视镜系统的组成和类型，并对该车进行检修，排除故障。

任务目标

素养目标：
1）养成吃苦耐劳的工作态度，具有良好的职业道德。
2）培养有理想、敢担当、能吃苦、肯奋斗的时代好青年。

知识目标：
1）了解汽车电动后视镜的组成和作用。
2）理解汽车电动后视镜的工作原理。
3）掌握电动后视镜检修过程中的安全隐患和规避方法。

技能目标：
1）能够了解各种常见维修工具和检测仪器的使用方法和技术特点。
2）能够正确分析汽车电动后视镜系统的电路图。
3）能够操作和正确使用汽车电动后视镜。
4）能够进行汽车电动后视镜系统的检修。

知识准备

汽车后视镜按照安装位置通常分为内后视镜和外后视镜，如图5-35所示。按照操作方式分为手动后视镜和电动后视镜。通过调节后视镜角度，可以让驾驶员更方便地判断行车安全影响因素。由于电

图5-35　汽车外部及内部后视镜

动后视镜比手动后视镜更便于调整，因此得到广泛应用。

一、电动后视镜系统的功能及组成

装有电动后视镜系统的汽车，驾驶员通过操纵安装在驾驶员侧车门上的电动后视镜开关，在车内就可以方便地调节两侧后视镜的角度，获得最佳的位置。电动后视镜系统由电动后视镜、控制电路和操纵开关等组成，安装位置如图5-36所示。

1. 电动后视镜

汽车的电动后视镜一般由镜片、驱动电机、支架、外壳等组成，如图5-37所示。后视镜驱动电机一般为永磁式直流电动机，安装在后视镜外壳内。电动后视镜系统内装有两个永磁电动机，上下方向的转动用一个电动机控制，左右方向的转动由另一个电动机控制。通过改变电动机的电流方向，即可完成后视镜的上下及左右调整，来改变后视镜的角度，以满足驾驶员调整需求，有些电动后视镜还具备自动折叠、转向指示、加热等功能。

图5-36 汽车后视镜系统位置

2. 操纵开关

电动后视镜操纵开关结构和安装位置，如图5-38所示。主要作用是按驾驶员的意图，通过选择和操纵调节按钮，接通相应驱动电机电路，对镜片进行方向调整。

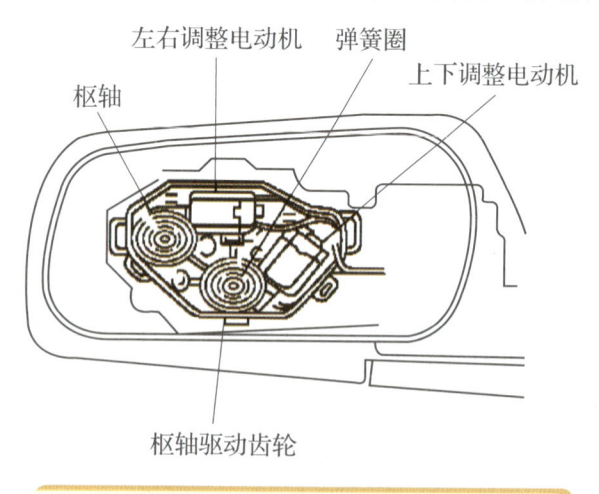

图5-37 汽车后视镜的组成

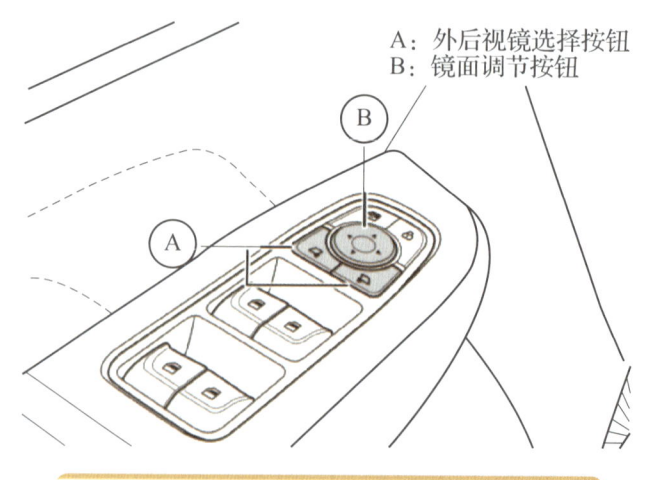

图5-38 汽车电动后视镜操纵开关

二、防眩目后视镜

车内后视镜一般具备防眩目功能，目的是防止在后方车辆前照灯的照射下产生眩光。按照调整方式分为手动防眩目车内后视镜和自动防眩目车内后视镜两种形式。

1. 手动防眩目车内后视镜

车内后视镜调整至防眩目位置时，镜片可以将来自车辆后方照射的强光反射到周围，降低对驾驶员视线的干扰，更便于驾驶员观察路况，保障车辆行驶安全，如图5-39所示。

2. 自动防眩目车内后视镜

自动防眩目车内后视镜，由玻璃、导电涂层、电介质层等组成，其结构如图5-40所示。导电涂层通入微小电流，在两块玻璃间形成平行电场，使电介质层的电致变色材料产生电化学反应而变色，实现玻璃透光率的瞬态变化，达到防眩目目的。停止通电，材料内部进行逆向反应，玻璃短时恢复透明态。

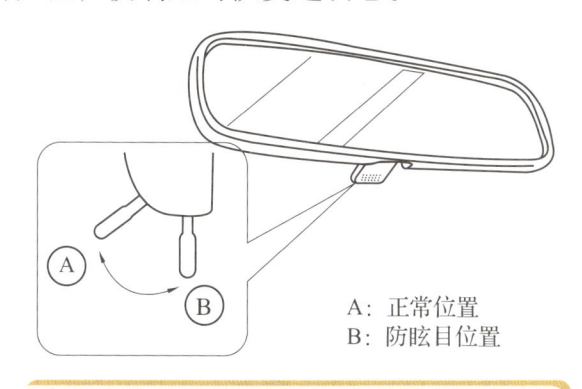

A：正常位置
B：防眩目位置

图5-39 汽车手动防眩目车内后视镜

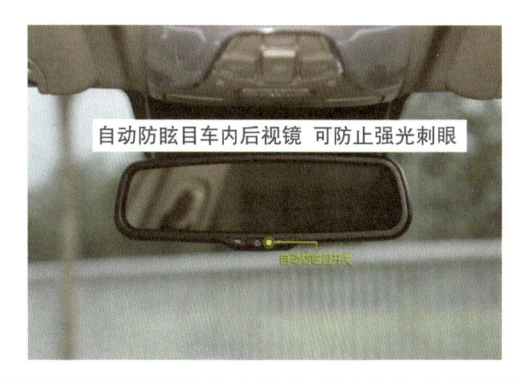

图5-40 汽车自动防眩目车内后视镜

三、后视镜电动折叠功能

后视镜电动折叠功能是指汽车两侧的后视镜在必要时可以通过电动折叠收缩起来。后视镜折叠后可以适当减小车辆宽度，降低后视镜意外损伤风险，如图5-41所示。

图5-41 汽车后视镜折叠功能

四、后视镜加热（除霜）功能

后视镜加热功能是指当汽车在雨、雪、雾等天气行驶时，后视镜可以通过镶嵌于镜片后的电热丝加热，蒸发掉镜面附着的水渍。车主打开后视镜电加热功能，镜片会在几分钟内迅速被加热至设定的温度范围，起到对镜片除雾、除霜的效果，如图5-42所示。

五、双曲率后视镜

双曲率后视镜外侧约 1/3 的位置会有一条虚线，虚线以外的曲率半径较小，主要用来观察车身侧面较远位置的情况，虚线以内曲率半径较大，用来观察车身侧面较近位置的情况，两种曲率的结合可以尽量减少后视镜的盲区，如图 5-43 所示。

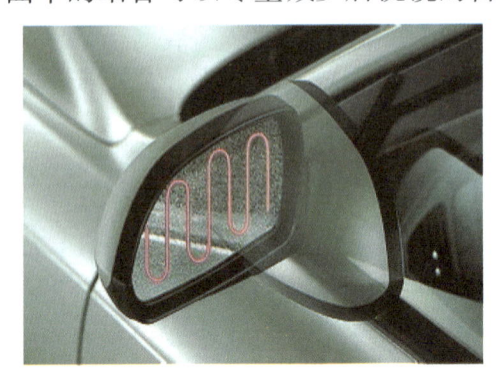

图 5-42　汽车后视镜加热（除霜）功能

图 5-43　汽车双曲率后视镜

六、电动后视镜的控制电路及工作过程

1. 典型电动后视镜的控制电路

如图 5-44 所示为典型轿车电动后视镜控制电路。每个后视镜都用一个独立的开关控制。操纵开关能使一个电动机单独工作，也可使两个电动机同时工作。电动后视镜开关中用实线框和虚线框分别表示操作时总开关内部的联动情况。以一侧后视镜中调节上下倾斜功能的电动机为例，分析其控制电路工作原理。

（1）电动后视镜向上倾斜的工作过程

当按下"升降"开关"升"按钮时，实线框"升/降"开关中的箭头开关均和"升"接通，此时电流的方向为：电源→熔断丝 30→开关端子 3→"升右"端子→选择开关中的"左"→端子 7→左电动后视镜连接端子 8→"升/降"电动机→端子 6→开关端子 5→升 1→开关端子 6→搭铁，形成回路，这时左后视镜向上倾斜。

（2）电动后视镜向下倾斜的工作过程

当按下"升降"开关"降"按钮时，实线框"升/降"开关中的箭头开关均与"降"接通，此时的电流方向为：电源→熔断丝 30→开关端子 3→降 1→开关端子 5→左电动后视镜连接端子 6→"升/降"电动机→左电动后视镜连接端子 8→开关端子 7→选择开关中的"左"→"左"降端子→开关端子 6→搭铁，形成回路，此时后视镜向下倾斜。

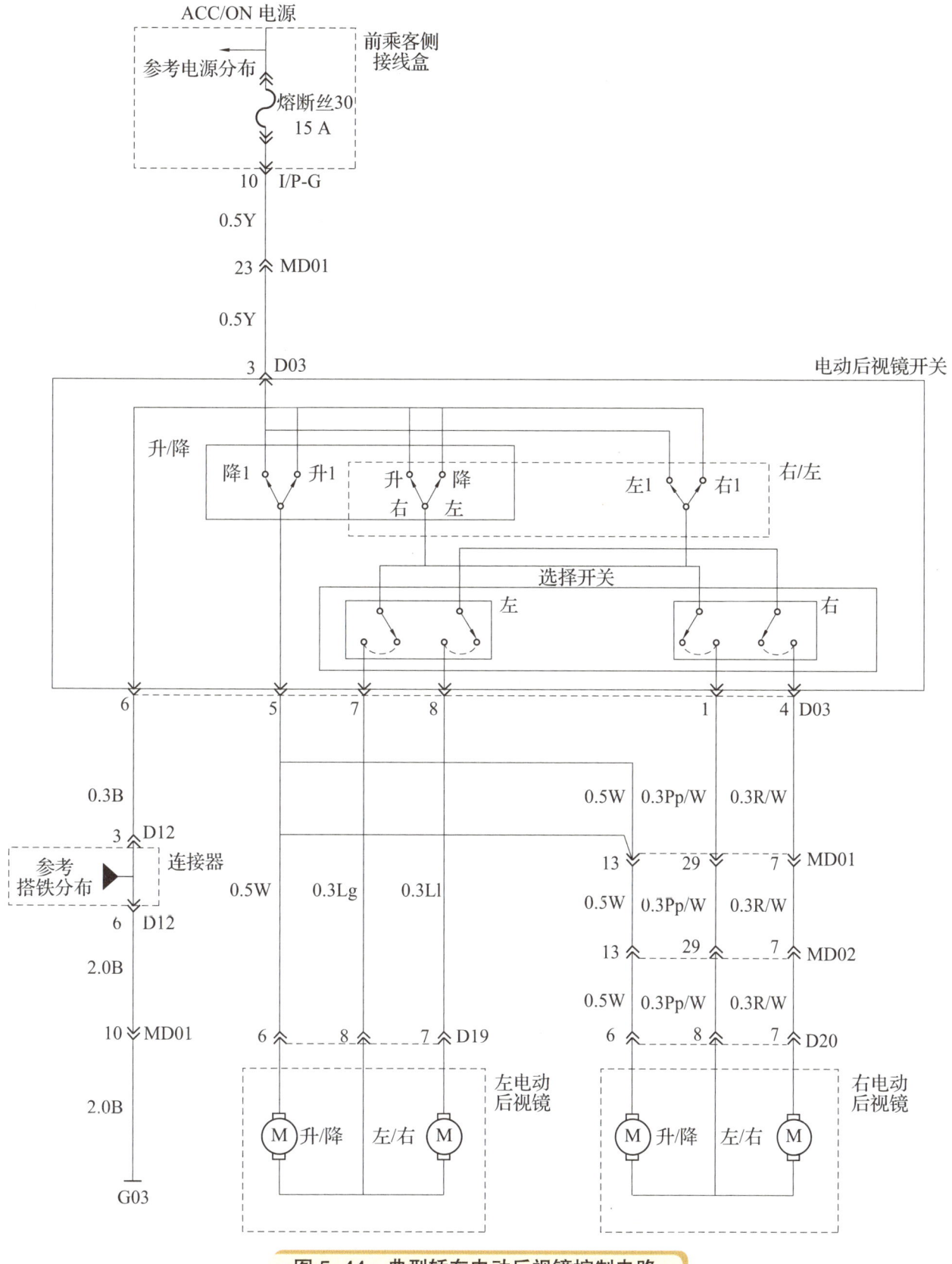

图 5-44 典型轿车电动后视镜控制电路

2. 哈弗 M6 汽车电动后视镜电路图分析

哈弗 M6 汽车电动后视镜系统电路图如图 5-45 所示。哈弗 M6 汽车电动后视镜系统由主驾玻璃升降开关和左右外后视镜组成。主驾玻璃升降开关和左右外后视镜分别由 3 根导线连接，分别是电动调节公共端、电动调节上下、电动调节左右。

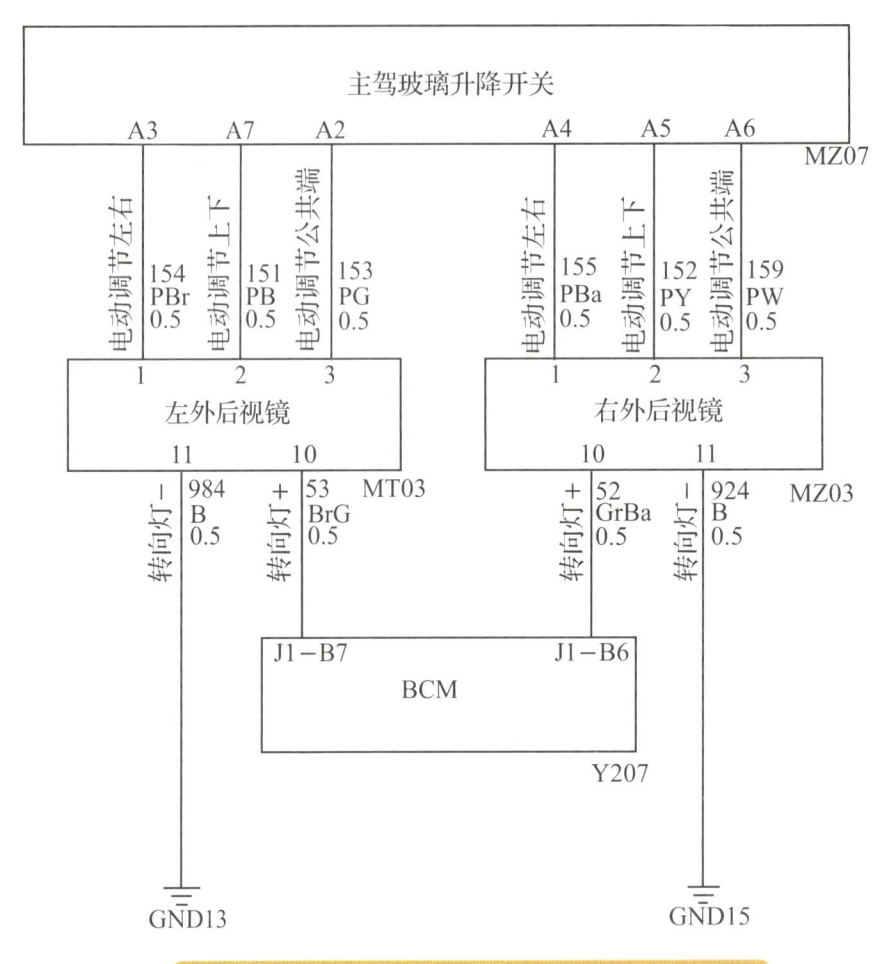

图 5-45 哈弗 M6 汽车电动后视镜系统电路图

当进行左外后视镜上下调节时，电流经主驾玻璃升降器开关 A7 端子、电动调节上下线束、左外后视镜 2 端子进入上下调节电动机，从左外后视镜 3 端子、电动调节公共端线束进入主驾玻璃升降器开关 A2 端子搭铁，此时电动机旋转，左外后视镜向一侧偏摆。反之电流从主驾玻璃升降器开关 A2 端子流出，经电动调节公共端线束，从左外后视镜 3 端子进入上下调节电动机，从左外后视镜 2 端子、电动调节上下线束、主驾玻璃升降器开关 A7 端端子搭铁，左外后视镜向另一侧偏摆。

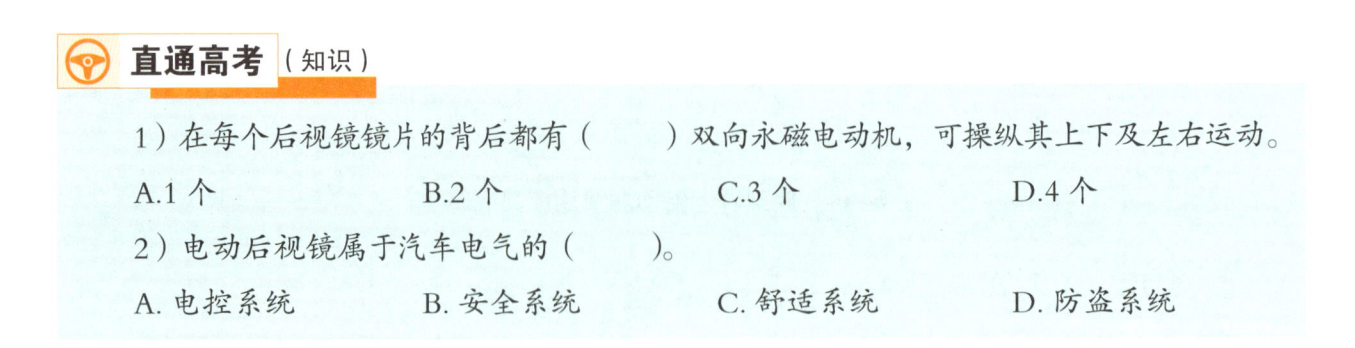

直通高考（知识）

1) 在每个后视镜镜片的背后都有（ ）双向永磁电动机，可操纵其上下及左右运动。

A.1 个 B.2 个 C.3 个 D.4 个

2) 电动后视镜属于汽车电气的（ ）。

A. 电控系统 B. 安全系统 C. 舒适系统 D. 防盗系统

3）电动后视镜的位置调整通过改变电动机的（　　）来实现。

A. 电压大小　　　　B. 电流大小　　　　C. 输入脉冲　　　　D. 电流方向

4）防眩目后视镜主要是提高（　　）以降低眩目效果。

A. 反射率　　　　B. 折射率　　　　C. 辐射率　　　　D. 透光率

技能实训

不同车辆的电动后视镜控制原理类似，故障诊断的方法和步骤差异不大，本任务以哈弗 M6 汽车电动后视镜故障诊断为例进行讲解。

电动后视镜检修

1. 查阅维修资料

在计算机（或其他信息化终端）上打开电子（或纸质）电路图。

①打开电子（或纸质）电路图目录，如图 5-46 所示。

②从目录页找到后视镜系统目录，如图 5-47 所示。

③找到后视镜系统电路图，如图 5-47 所示。

④综合所有与电动后视镜有关的电路图，分析其工作过程。

图 5-46　电路图目录

图 5-47　后视镜系统目录

2. 相关元件的拆装

（1）拆装后视镜

断开蓄电池负极；拆卸前门内三角板，如图 5-48 所示；拆卸前门内三角板固定支架；拆卸门拉手螺钉，如图 5-49 所示；拆卸前扶手螺钉，如图 5-50 所示；拆卸前门内饰板，如图 5-51 所示；拆卸后视镜三颗固定螺栓及线束连接器；后视镜的安装，以与拆卸相反的顺序进行。

（2）电动后视镜开关拆装

电动后视镜开关的拆卸同后视镜拆卸步骤一致，需要在拆卸的前门内饰板上分离电动后视镜开关。电动后视镜开关的安装，以与拆卸相反的顺序进行。

图 5-48　拆卸前门内三角板

图 5-49　拆卸门拉手螺钉

图 5-50　拆卸前扶手螺钉

图 5-51　拆卸前门内饰板

3. 电动后视镜系统故障诊断

（1）电动后视镜常见故障

由于哈弗 M6 汽车的电动后视镜系统不通过车身控制模块（BCM）来控制，故系统出现故障时，不会以故障码的形式出现。电动后视镜常见故障如表 5-12 所示。

表 5-12　电动后视镜常见故障

序号	症状	症状可疑部位
1	电动外后视镜开关无法操作驾驶侧后视镜镜面调节	1）驾驶侧外后视镜； 2）电动外后视镜开关； 3）线束或接插件
2	电动外后视镜开关无法操作副驾驶侧后视镜镜面调节	1）副驾驶侧外后视镜； 2）电动外后视镜开关； 3）线束或接插件
3	电动外后视镜开关无法操作外后视镜镜面调节	1）保险丝； 2）电动外后视镜开关； 3）外后视镜； 4）线束或接插件

（2）电动后视镜总成检查

电动后视镜的接插器，如图 5-52 所示；查阅维修手册确认各端子的作用，对电动后视镜进行检查，如表 5-13 所示。

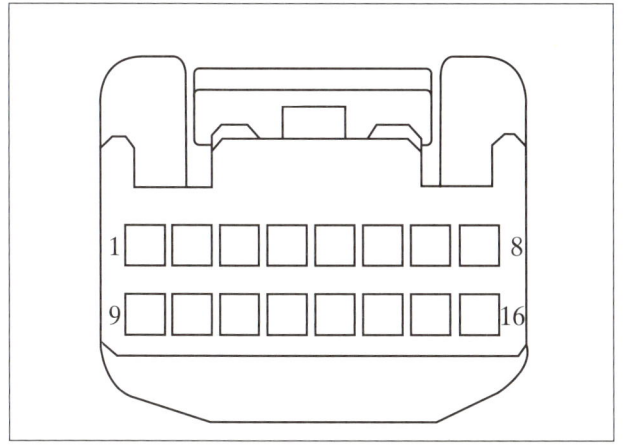

引脚号	功能
1	镜面调节向左+/向右-
2	镜面调节向上+/向下-
3	镜面调节向左-/向右+/向上-/向下+

图 5-52 电动后视镜的接插器

表 5-13 电动后视镜检查

测量条件	规定状态
蓄电池正极（+）接端子1 蓄电池负极（-）接端子3	左转
蓄电池正极（+）接端子3 蓄电池负极（-）接端子1	右转
蓄电池正极（+）接端子2 蓄电池负极（-）接端子3	上翻
蓄电池正极（+）接端子3 蓄电池负极（-）接端子2	下翻

如果检查情况与规定状态不符，则更换电动后视镜总成。

直通高考（技能）

1）对于电动后视镜，甲说所有的电动后视镜都具有折叠功能，乙说所有的电动后视镜都具有电加热功能，你认为（　　）。

A. 甲正确　　　　　　　　　　B. 乙正确

C. 甲乙都正确　　　　　　　　D. 甲乙均不正确

2）带有转向灯功能的电动后视镜，转向灯的电源来自（　　）。

A. 车身 BCM　　　　　　　　B. 发动机 ECU

C. 后视镜电动机电源　　　　　D. 转向灯开关

3）在检修电动后视镜连接线束时，发现有3条控制线，其中1条是公共端，则另外2条分别用来控制电动后视镜的（　　）。

A. 上下摆动　　　　　　　　　B. 左右摆动

C. 上下和左右摆动　　　　　　D. 正转和反转

任务实施

扫码并参照本教材配套工作页中的项目五任务3——电动后视镜检修，实施任务。

工作页-电动后视镜检修

拓展阅读

汽车外部电气设备新要求

国家标准号为 GB 15084—2022 的《机动车辆间接视野装置性能和安装要求》正式发布，并于 2023 年 7 月 1 日起正式实施，全面取代了现行的于 2013 年发布的 GB 15084—2013 版本标准。汽车制造厂商在生产制造汽车时，可以合法采用电子后视镜了。随着新技术的不断普及，其安全性逐渐得到认可，经过长时间的安全验证，国家现已正式批准让电子外后视镜合法上路。

电子外后视镜的车外部分，仅安装带有摄像头的传感器件，其体积远小于传统车外后视镜，有效减轻了风阻和风噪，从而降低了整车的能耗，并且还能在外部环境恶劣的情况下，通过车内屏幕清晰显示车外环境状况，同时还可以与主动安全等功能相结合，全方位地提升安全性。

目前，由于电子外后视镜需要利用较多的传感器，较多的电子芯片，导致电子外后视镜造价较高，增加了消费者的购车成本。若停车时或者在行驶途中，电子外后视镜意外损坏，对于同等价位的车辆，维修费还会明显高于普通外后视镜。

主题探究

电动车窗、雨刮器等是车辆使用过程中经常用到的一类设备，由于这类设备都存在频繁使用的特点，使用一段时间后部分设备会出现升降或者摆动变慢，尤其是驾驶侧位车窗容易出现升降变慢的现象，需要定期保养以保持其使用效能不降低。优秀的员工也是一样，工作时间长了就会逐渐进入职业倦怠期，需要具备吃苦耐劳、积极进取的劳模精神，不断为自己充电，保持自己的职业能力与时俱进。全国劳动模范吕义聪，初入吉利汽车某下属公司，在较短时间内成长为汽车装配能手，他没有停止前进的步伐，通过勤学苦练，又逐渐成长为一名整车调试、维修高手，有一次公司一批亟待出口的汽车在调试时出现大范围异响，他迎难而上，连夜排除了故障，在关键时候为公司挽回了损失，没有平时勤学苦练、不断进取练就的优秀品质，以及深厚的经验积累，是做不到的。请同学们将电动车窗的维护保养与大国工匠的成长过程相对比，思索其中所蕴含的道理，然后互相分享自己的感悟。

项目小结

1. 知识小结

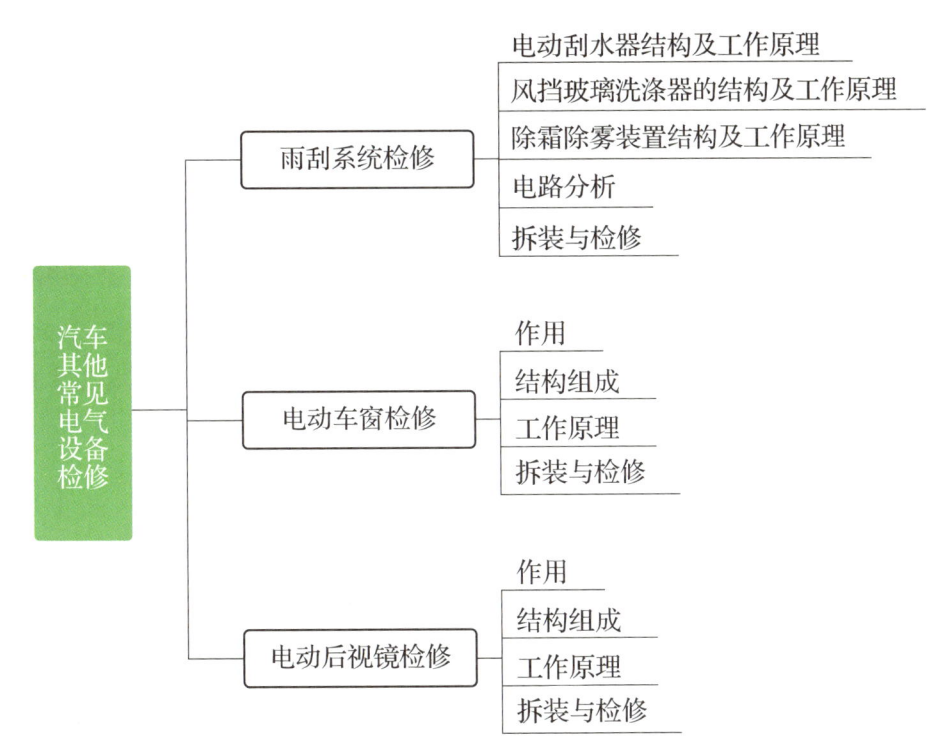

```
汽车其他常见电气设备检修
├── 雨刮系统检修
│   ├── 电动刮水器结构及工作原理
│   ├── 风挡玻璃洗涤器的结构及工作原理
│   ├── 除霜除雾装置结构及工作原理
│   ├── 电路分析
│   └── 拆装与检修
├── 电动车窗检修
│   ├── 作用
│   ├── 结构组成
│   ├── 工作原理
│   └── 拆装与检修
└── 电动后视镜检修
    ├── 作用
    ├── 结构组成
    ├── 工作原理
    └── 拆装与检修
```

2. 技能小结

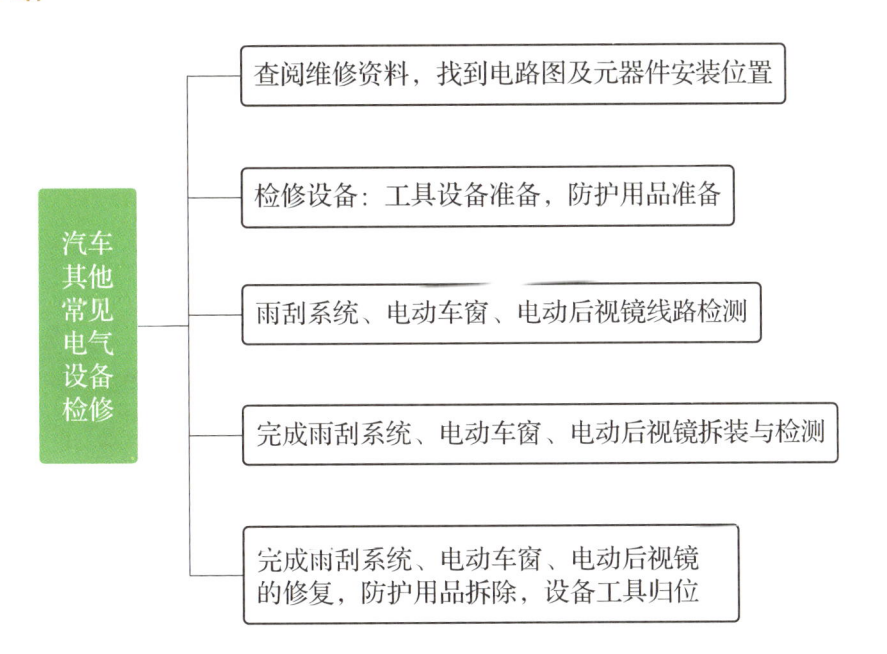

```
汽车其他常见电气设备检修
├── 查阅维修资料，找到电路图及元器件安装位置
├── 检修设备：工具设备准备，防护用品准备
├── 雨刮系统、电动车窗、电动后视镜线路检测
├── 完成雨刮系统、电动车窗、电动后视镜拆装与检测
└── 完成雨刮系统、电动车窗、电动后视镜的修复，防护用品拆除，设备工具归位
```

项目六

汽车空调系统检修

项目描述

汽车空调可以有效提升驾乘人员乘坐舒适性。空调系统可以对车厢内的空气温度、湿度、清洁度、流通速度、流通方向进行调节和控制,并实现通风和换气,它可以为车内人员提供舒适的驾乘环境,降低驾驶员的疲劳强度,提高行车安全,常见的故障有制冷效果降低、无制冷效果、开关损坏、异响等。

任务1 汽车空调系统认知与维护

任务导入

客户李先生开着一辆哈弗 M6 汽车来到 4S 店。李先生反映车辆在正常行驶时,打开空调开关,空调指示灯正常点亮,空调无法制冷。假如你负责李先生车辆的接待工作,请为李先生解释该车故障的可能原因,介绍汽车空调系统的组成和作用,并对该车进行检修,排除故障。

项目六　汽车空调系统检修

任务目标

素质目标：
1. 养成认真负责的工作习惯，具有良好的职业道德。
2. 养成安全操作习惯，培养良好的服务意识。

知识目标：
1. 了解空调系统的组成和作用。
2. 掌握空调系统的维护内容和标准。
3. 掌握空调系统维护工作中存在的安全隐患和规避方法。

能力目标：
1. 能够正确使用各种空调维修工具和检测仪器。
2. 能够正确分析空调系统的电路图。
3. 能够操作和正确使用空调系统。
4. 能够进行空调系统的维护。

知识准备

汽车空调是普通空调技术在汽车上的应用。它通过对进入车内的空气进行过滤、净化、加热、冷却和除湿等过程，调节车内空气的洁净度、温度、湿度、风速、风向、气味等指标，保证车内环境的舒适性。汽车空调有利于保障驾乘人员的身心健康，提高汽车行驶的安全性及运输效率。另外，对前风挡玻璃还具有加热除霜的功能。空调系统属于汽车舒适系统。

一、汽车空调系统组成

汽车空调系统一般由采暖装置、送风系统、制冷装置、控制系统和空气净化系统等组成。

1. 采暖装置

汽车采暖装置主要由暖风散热器、风机、操纵开关及管路等组成，如图6-1所示。一般分为余热式和独立加热式两种。余热式是利用汽车发动机的余热（冷却水或排气）作为热源；独立加热式有电加热和燃油加热等类型，是以电能或燃油为能源的独立暖风装置。一般燃油轿车都以发动机冷却液为热媒进行

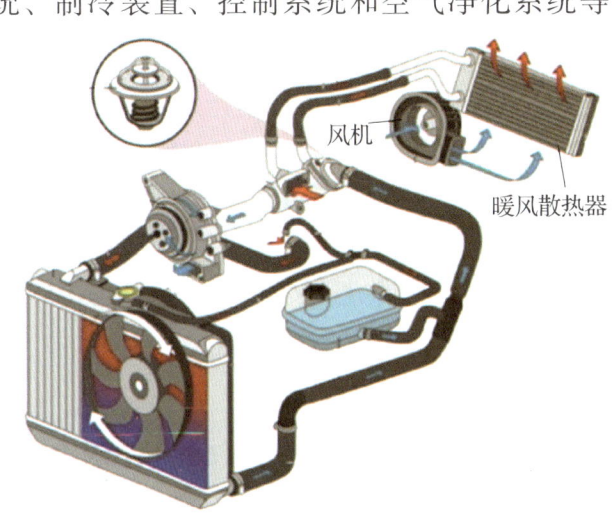

图 6-1　采暖装置的组成

采暖，纯电动汽车一般以电加热进行采暖，有些房车设置了独立的燃油加热器进行采暖，如图 6-2 所示。

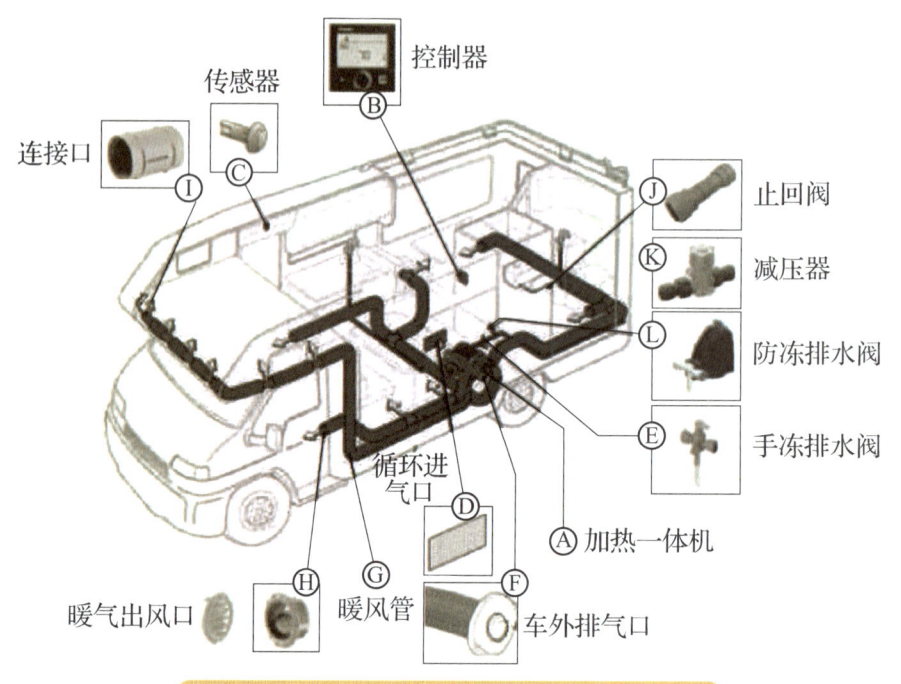

图 6-2 房车燃油采暖系统组成示意图

2. 送风系统

送风系统（见图 6-3）按其功能分为冷气送风、暖气送风、新风与换气（即通风系统）。通风系统又分车辆本身的自然通风及强制通风，有的还带有空气净化装置。车内冷气送风、暖气送风、新风与换气一般共用管道及出风口。新风进风口一般安排在车身正压区，排气孔安排在负压区。

3. 制冷装置

制冷装置主要功能是降低车内空气温度，主要由压缩机、冷凝器、储液干燥器、膨胀阀、蒸发器、输液（气）软管，以及风机（冷凝器风扇、蒸发器风机）组成，如图 6-4 所示。

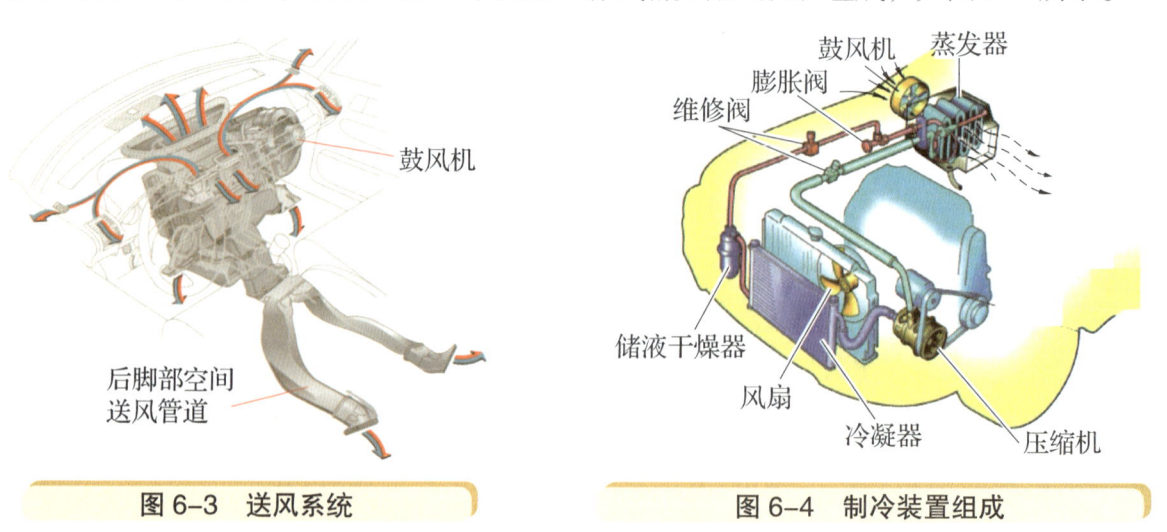

图 6-3 送风系统

图 6-4 制冷装置组成

4. 控制系统

控制系统主要包括空调开关（见图6-5）、电磁离合器、风机转换开关及电阻器、各种温度控制器、高/低压力开关、阀门控制及操纵装置等。其作用一方面是用以对制冷和暖风系统的温度、压力进行控制；另一方面是对车室内空气的温度、风量、流向进行操纵，以完善空调系统的各项功能。

5. 空气净化系统

空气净化系统的作用是对引入的空气进行过滤，保持车内空气清洁，如图6-6所示。

图 6-5 空调开关

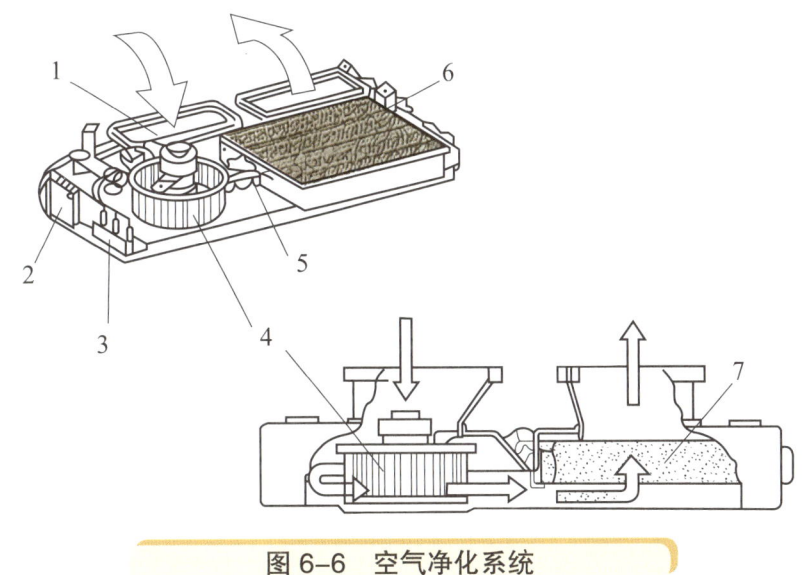

图 6-6 空气净化系统
1—风机马达；2—放大器；3—调速电阻；4—鼓风机风扇；
5—烟雾传感器；6，7—滤清器

> **小贴示**
>
> 夏季气温较高，车载空调容易滋生带有过敏物质的病原体和微生物，引发呼吸道感染，长时间不清洗，会影响车内乘员身体健康和乘坐舒适度。

二、汽车空调系统的类型

汽车空调按控制方式分为手动空调、半自动空调和自动空调；按功能不同分为单一供暖空调、单一制冷空调和冷暖空调；按驱动方式分为独立式和非独立式空调；按温度可调节区域分为单区、双区和多区调节空调。

三、汽车空调制冷系统的工作原理

汽车空调制冷系统工作时，制冷剂以不同的状态在密闭系统内循环流动，每一循环包括压缩、冷凝放热、节流膨胀、蒸发吸热4个基本过程，将车内的热能传递到车外散发到大气中，如图6-7所示。

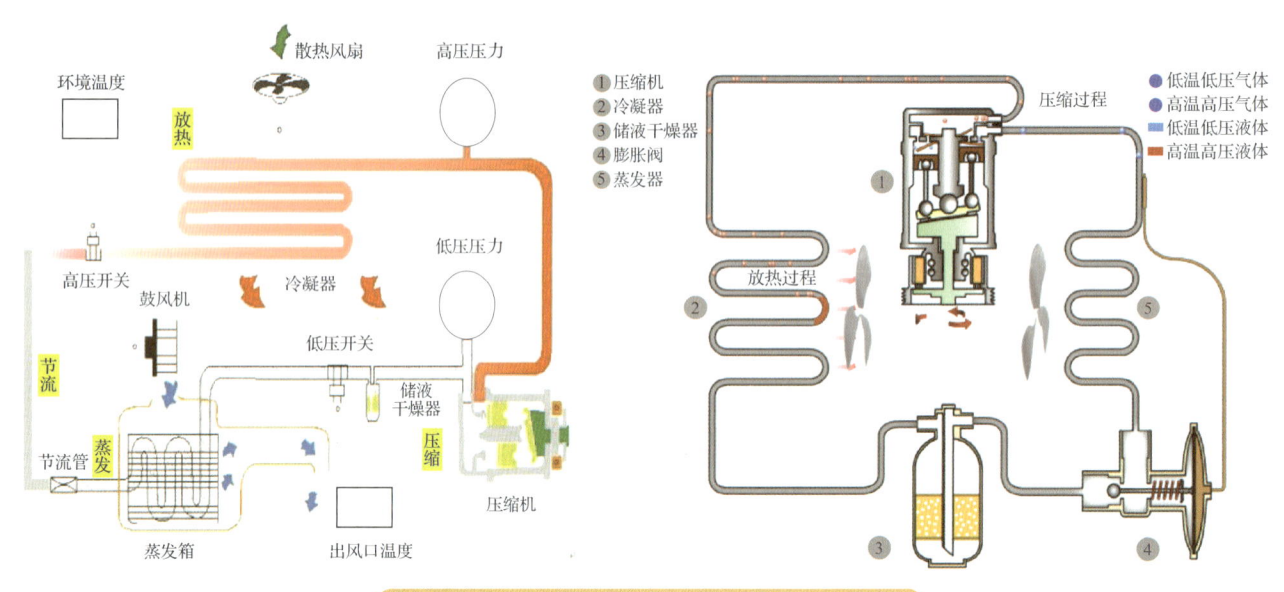

图 6-7 汽车空调制冷系统的工作原理

1. 压缩过程

当发动机带动压缩机运转时，压缩机吸入蒸发器出口处常温常压的气态制冷剂，将其压缩成高温高压的气态制冷剂，排出压缩机。

2. 冷凝放热过程

高温高压的气态制冷剂进入冷凝器，进行冷却凝结，当气态制冷剂的温度降至临界温度以下时，制冷剂由气态变为液态，在此过程中释放大量的热量。

3. 节流膨胀过程

液态制冷剂流到储液干燥器中除去水分和杂质，由管道流入膨胀阀。高压的液态制冷剂通过膨胀阀装置后体积变大，压力急剧下降，以气液混合状态进入蒸发器。

4. 蒸发吸热过程

低温低压的制冷剂进入蒸发器后，吸收蒸发器外表面周围空气的热量而完全汽化，从而降低车内空气温度。在鼓风机的作用下，车内的冷、热空气加速对流，提高了空调制冷效果。

在蒸发器内吸热汽化后的气态制冷剂再次被压缩机吸入，然后重复上述过程。

汽车空调制冷系统实际上是一个传热系统，通过制冷剂把车内的热量传送到车外，使车内温度降低。

四、汽车空调制冷系统部件认知

1. 压缩机

压缩机（见图6-8）是制冷系统的心脏元件，它吸入蒸发器中低温低压的气态制冷剂，将其压缩成高温高压状态并输入冷凝器。其分类如图6-9所示。

图6-8 压缩机

图6-9 压缩机分类

2. 冷凝器

冷凝器（见图6-10）的功用是将空调压缩机送来的高温高压气态制冷剂中的热量散发到车外，使制冷剂冷凝成低温高压液体再进入储液干燥器。冷凝器主要有管片式、管带式等几种，管片式一般用在大、中型客车上，管带式一般用在小型轿车上。轿车的冷凝器一般安装在发动机冷却系统散热器之前。

3. 蒸发器

蒸发器（见图6-11）安装在热力膨胀阀高压通道出口与低压通道入口之间，其功用是产生冷气、降温除湿。蒸发器和冷凝器一样，也是一种热交换器，一般用铝材料制造。

4. 储液干燥器

储液干燥器又称储液器（见图6-12），安装在冷凝器和膨胀阀之间。储液干燥器有过滤杂质、吸收水分、防止堵塞的作用，还可以储存由冷凝器送来的高压液态制冷剂。

图6-10 冷凝器 　　　　图6-11 蒸发器 　　　　图6-12 储液干燥器

5. 膨胀阀

膨胀阀又称节流阀，安装在蒸发器入口前，为制冷循环高压与低压之间的分界点。其作用是将高压制冷剂液体节流减压，由冷凝压力降至蒸发压力，以便于制冷剂的蒸发；还可以调节制冷剂进入蒸发器的流量，以适应制冷负荷变化的需要，防止制冷剂液体进入压缩机而导致压缩机损坏。

五、汽车空调系统的正确使用

①夏季使用车内空调时不要把温度设定过低；开冷气时将出风口向上，开暖气时将出风口向下。

②在炎热的夏天，若车在烈日下停放时间较长，应该先开窗通风，并开启外循环，把热气都排出去。等车厢内温度下降之后，再换成内循环。

③定期开大风能将空调风道内表面的浮尘吹出来，这是保持空调清洁的一种简单的方法。

④在停车前几分钟关掉冷气，稍后开启自然风，使空调管道内的温度回升，消除与外界的温差，保持空调系统的相对干燥，避免因潮湿造成大量霉菌的繁殖。

⑤发动机超负荷运转时，建议暂时关闭空调，降低发动机发生过热风险。

⑥停车时要避免以怠速工况在夏日高温下长时间使用空调。

⑦应经常清洗冷凝器。清洗时使用压缩空气或冷水冲洗，不可用热蒸汽冲洗。

⑧冬季不使用空调的制冷功能时，建议定期开启空调压缩机，保持系统机械部件的润滑。

直通高考（知识）

1）汽车空调系统工作过程顺序正确的是（　　　）。

A. 压缩、放热、节流、吸热　　　　　B. 压缩、节流、吸热、放热

C. 压缩、吸热、节流、放热　　　　　D. 压缩、节流、放热、吸热

2）在空调系统中，将气态制冷剂凝结，同时释放热量的元件是（　　　）。

A. 储液干燥器　　　B. 膨胀阀　　　C. 冷凝器　　　D. 压缩机

技能实训

1. 在计算机（或其他信息化终端）上打开电子（或纸质）维修手册

①打开维修手册电子（或纸质）目录。

②从目录页找到空调系统目录，如图6-13所示。

③从空调系统目录下找到相关内容，如图6-14所示。

④同样的方法进入子电路图，查找与空调系统有关的电路图，如图6-15所示。

⑤综合所有与空调系统有关的电路图，分析其工作过程。

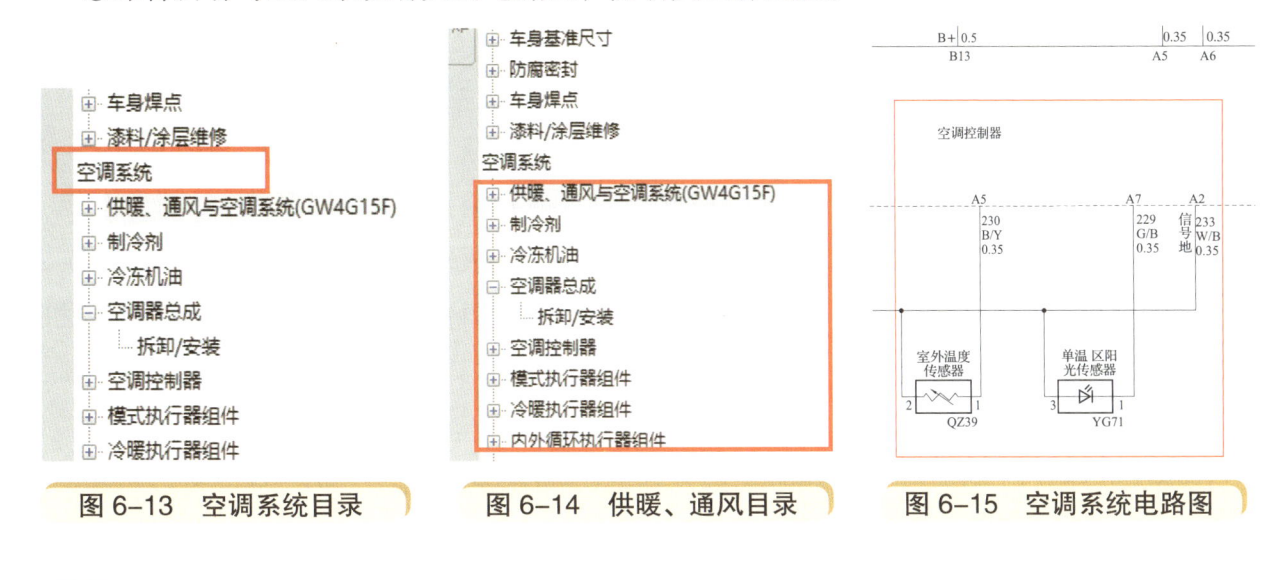

图6-13　空调系统目录　　图6-14　供暖、通风目录　　图6-15　空调系统电路图

2. 制冷剂回收作业

（1）回收原则

在汽车维修过程中，涉及制冷剂循环系统的作业，在维修前对制冷装置中的制冷剂进行回收。

（2）制冷剂检测

①类型鉴别。查阅《车辆使用手册》，检查汽车发动机舱内的空调系统标识、标牌或标签，查看压缩机、膨胀阀等部件上的标牌或标识，确认制冷装置规定的制冷剂类型（HFC-134a 或 CFC-12），如图6-16所示；再采用制冷剂鉴别仪检测制冷装置中制冷剂的类型，如6-17所示，确认是否与其规定的制冷剂类型一致。

②纯度检测。采用制冷剂鉴别仪对制冷装置中的制冷剂纯度进行检测，如图6-18所示。

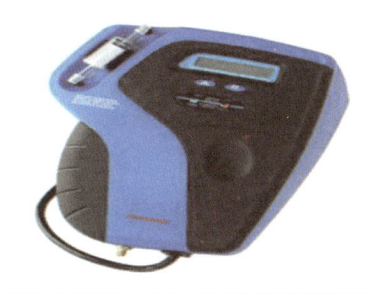

图6-16　制冷剂标签　　图6-17　制冷剂类型检测　　图6-18　制冷剂纯度检测

③检测结果。制冷装置中存在一种制冷剂，且与制冷装置规定的制冷剂类型相符，应进行回收。纯度低于96%时，应按要求进行净化；制冷装置中存在"未知制冷剂"或两种以上类型的制冷剂，表明制冷装置中是多种制冷剂的混合物，这种情况下，不应使用作业用的回收/净化/加注设备进行操作，应采用另外的制冷剂回收设备进行回收或请专业机构进行回收和处理。

（3）回收操作

启动空调制冷系统运行 3~5 min。

采用回收／净化／加注设备进行制冷剂回收。

将带快速接头的高压侧软管连接到车辆空调系统的高压侧接头上，如图 6-19 所示；打开高压侧接头阀；将带快速接头的低压侧软管连接到车辆空调系统的低压侧接头上；打开低压侧接头阀，如图 6-20 所示；检查加注机控制面板上的高压侧和低压侧压力表，如图 6-21 所示，确保空调系统有压力。如果没有压力，则系统中没有可回收的制冷剂；打开高压侧和低压侧阀门；打开制冷剂罐上的气体和液体阀；排空油液分离器中的制冷剂油；关闭放油阀；将加注机连接到合适的电源插座上；接通主电源开关；开始回收过程；等候 5 min，然后检查控制面板低压侧压力表，如果空调系统保持真空，如图 6-22 所示，则回收完毕；如果低压侧压力表从零开始回升，则系统中还有制冷剂，回收剩下的制冷剂。重复本步骤，直到系统能保持真空 5 min。

图 6-19　连接高低压管路

图 6-20　打开低压侧接头阀

图 6-21　检查系统压力

图 6-22　检查真空度

按设备的操作提示结束回收操作。

3. 制冷剂加注作业

（1）检漏

①真空检漏。启动回收／净化／加注设备的真空泵，抽真空至系统真空度低于 -90 kPa。关闭歧管表阀门，停止抽真空，并保持真空度至少 15 min，如图 6-23 所示，检查压力表示值变化：如压力未回升，继续按要求进行微小泄漏量的检查；如压力回升，则继续抽真空，如累计抽真空时间超过 30 min，压力仍回升，可以判定制冷装置有泄漏，检修制冷装置。

②电子检漏。制冷装置中充入 0.5~1.5 MPa 的氮气或 0.35~0.5 MPa 的制冷剂（以检漏设备要求的介质压力为准），采用相应的制冷剂检漏设备（见图 6-24）进行检漏，应反复检查 2~3 次。

③加压检漏。用加压设备在制冷装置中充入 1.5 MPa 的氮气，保持压力 1 h，如压力表示值下降，则制冷装置存在泄漏，在各接头处和可疑位置涂抹肥皂水进一步检查，如图 6-25 所示。

④荧光检漏。制冷装置中充入含有荧光剂的制冷剂，如图 6-26 所示。运行 10~15 min 后，用紫外线灯照射各接头处和可疑位置，如有黄绿色或蓝色荧光，证明该处存在泄漏。

图 6-23 设置抽真空时间　　图 6-24 电子检漏仪　　图 6-25 加压检漏　　图 6-26 加注荧光剂

（2）抽真空

抽真空前，检查压力表示值，制冷装置中的压力应低于 70 kPa，如超过该压力，应重新进行回收操作，直到压力达到要求；抽真空至系统真空度低于 -90 kPa，如图 6-27 所示；在达到要求的真空度时，应继续抽真空操作，持续时间应不少于 15 min，以充分排除制冷装置中的水分。

（3）补充冷冻机油

在加注制冷剂前，应补充冷冻机油，建议的补充量为：制冷剂净化时的排出量 +20 mL，如图 6-28 所示。

（4）加注制冷剂

查阅《车辆使用手册》，确认制冷装置的制冷剂的类型及加注量；检查制冷剂储罐中的制冷剂质量，不足 3 kg 时，应予以补充，如图 6-29 所示；按设备使用手册进行管路连接及操作；按设备提示结束加注作业。

图 6-27 检查真空度　　图 6-28 加注冷冻机油　　图 6-29 调整加注量

4. 检验

完成制冷剂加注作业后，应进行检验。在制冷装置工作状态下，检测加注阀处有无泄漏。

可参照以下方法：车辆停放在阴凉处，将温度计放置在空调进风口位置；打开车窗、车门；打开发动机盖；打开所有空调出风口，调节到全开；设置空调控制器：外循环位置、强冷、A/C开、风机转速最高（HI），如图6-30所示；将温度计探头放置在空调出风口内50 mm处起动发动机，将发动机转速控制在 1 500~2 000 r/min，使压力表指针稳定，如图6-31所示；待温度计显示数值趋于稳定后，读取压力表和温度计的显示值，将所测得的高、低侧压力、相对湿度、空调进风温度、出风温度与汽车制造商提供的空调性能的参数比较，如压力表、温度计显示的高、低侧压力和空调出风温度不在规定的范围内，应对制冷装置做进一步的诊断和检修。

图 6-30　设置空调控制器

图 6-31　压力表读数

小贴示

在操作制冷剂时，不应使之与皮肤接触。应戴护目镜，以免冻伤皮肤和眼球。

直通高考（技能）

1）汽车空调系统的低压开关一般安装在（　　　）。

A. 低压管路中　　　B. 压缩机上　　　C. 储液干燥器上　　　D. 蒸发器上

2）轿车空调的冷凝器通常安装在（　　　）。

A. 发动机散热器前部　　　　　　B. 发动机散热器后部

C. 驾驶舱内鼓风机上　　　　　　D. 驾驶舱内空调出风口处

3）关于制冷剂离开蒸发器后在管路中的状态描述，甲说是高压液态，乙说是低温气态。正确的是（　　　）。

A. 甲正确　　　B. 乙正确　　　C. 两人均正确　　　D. 两人均不正确

任务实施

扫码并参照本教材配套工作页中的项目六任务1——汽车空调系统认知与维护，实施任务。

工作页－汽车空调系统认知与维护

任务2 汽车空调系统检修

📝 任务导入

客户李先生开着一辆哈弗 M6 汽车来到 4S 店,李先生反映打开空调开关后,车辆空调系统不制冷。假如你负责李先生车辆的接待工作,请根据哈弗 M6 汽车空调系统的结构和原理,分析可能存在的故障原因,并对该车进行检修,排除故障。

📝 任务目标

素养目标:
1) 养成换位思考的习惯,培养有效沟通的能力。
2) 培养环境保护意识,增强社会责任感。

知识目标:
1) 了解汽车空调系统检修工具、设备使用方法和操作要求。
2) 掌握汽车空调系统检修常用方法。
3) 掌握汽车空调系统常见故障的诊断与排除方法。
4) 掌握汽车空调系统检修过程中的安全隐患及规避方法。

技能目标:
1) 能正确、熟练地使用汽车空调系统检修工具和设备。
2) 能采用正确、合理的方法实施汽车空调系统检修。
3) 能够独立、规范地实施汽车空调系统常见故障检修作业。
4) 能够根据安全生产相关要求做好防护,避免工作中的不安全因素。

📝 知识准备

汽车空调系统中,虽然具备必要的安全报警装置和控制系统,但因系统工作环境恶劣,工作条件复杂,其出现故障的概率仍然较高,特别是汽车空调的制冷系统。汽车空调的制冷系统是一个完全封闭的循环系统,系统中每个部件出现问题都可能导致制冷能力下降或不能制冷。另外从机械的角度来讲,汽车行驶过程中的颠簸振动以及汽车空调管路冷热变化、热胀冷缩、压力变化等都是引起空调管路泄漏的潜在因素，所以对制冷循环系统的密封性要求较高。在实施汽车空调系统检修之前，应该在结合汽车空调系统结构、原理的基础上，掌握常用汽车空调系统检修工具设备使用方法、常用故障诊断方法、常见故障诊断排除的能力，查阅维修技术资料，根据故障现象，确定检修流程。

一、空调系统检修工具设备

实施汽车空调系统检修作业，需要配备通用工量具和专用的仪器设备进行拆装和检修。汽车空调系统在具体的维修过程中，一般需要进行检漏、抽真空、加注制冷剂、加注冷冻机油以及排出空气等基本操作。涉及的通用检修工具和设备有万用表、电烙铁、喷灯、手电钻、扳手、螺丝刀、钢锯、锉刀、铁锤、钢凿、各种钳子、焊割设备等。涉及的专用检修工具和设备有双表修理阀总成、制冷剂注入阀等，具体如下。

1. 双表修理阀总成

双表修理阀总成在行业内有多种叫法，也称歧管压力表、歧管压力计、压力表组等，它是汽车空调系统检修的重要设备，其外观如图 6-32 所示。

双表修理阀总成的具体结构是由 2 个压力表（低压表和高压表）、2 个手动阀（高压手动阀和低压手动阀）、3 个软管接头（1 个接低压工作阀，1 个接高压手动阀，1 个接制冷剂罐或真空泵吸入口）组成的。这些部件都装在表座上，形成一个压力计量装置。2 个压力表中，红色表用于检验制冷系统高压侧的压力，蓝色表用于检测低压侧的压力。低压侧压力表既能显示低压侧的压力，又能显示真空度。2 个压力表都装在 1 个阀体上，阀体的两端各有 1 个手动阀，下部有 3 个通路接口。

图 6-32 双表修理阀总成外观

表阀用软管一般是氯丁橡胶软管，它属于多层结构。里层是柔软而质地紧密的氯丁橡胶层，光滑无气孔，能承受一定的压力，高压软管耐压 3.5 MPa 以上，低压软管耐压 1.6 MPa，破裂压力高达 13.8 MPa 以上。

软管有不同的颜色，低压软管为蓝色，高压软管用红色，中间软管为黄色或白色，双表修理阀总成结构如图 6-33 所示。

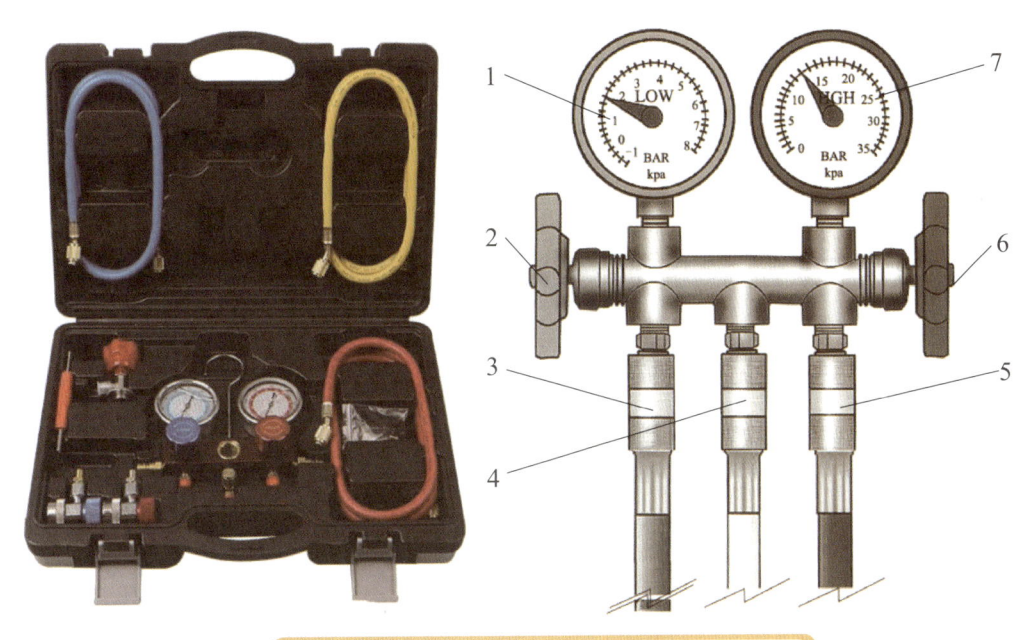

图 6-33 双表修理阀总成结构

1—低压表；2—低压手动阀；3—低压软管接头；4—维修软管接头；
5—高压软管接头；6—高压手动阀；7—高压表

双表修理阀总成使用时注意事项：双表修理阀总成属于精密设备，需要细心维护，且要保持清洁；不使用时，软管要与接头连起来，防止灰尘、杂物等进入管内；使用时要把管中的空气排出；压力表接头与软管连接时，只能用手拧紧，不能用工具拧紧。

2. 制冷剂注入阀

制冷剂注入阀主要用于开启小罐装的制冷剂罐，如图 6-34 所示。

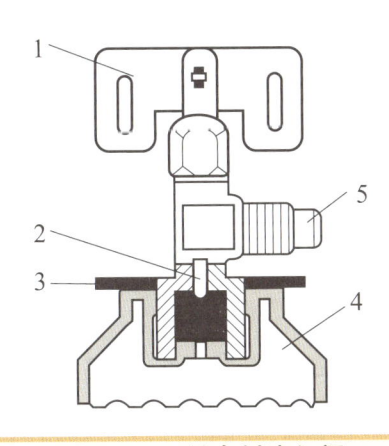

图 6-34 制冷剂注入阀

1—注入阀手柄；2—阀针；3—板状螺母；4—软管接头；5—制冷剂罐

制冷剂注入阀分为两种，一种为 R12 注入阀，另一种为 R134a 注入阀，这两种注入阀的阀口尺寸不相同。如图 6-35 所示为 R134a 注入阀。制冷剂注入阀的使用方法如下：

①按逆时针方向旋转注入阀手柄，直至针阀完全缩回。

②将注入阀装到小型制冷剂罐上，逆时针方向旋转板状螺母（圆板）直至最高位置，然

后将制冷剂注入阀顺时针拧动，直到注入阀嵌入制冷剂密封塞。

③将板状螺母顺时针旋到底，再将歧管压力表上的中间软管固定在注入阀接头上。

④用手充分拧紧板状螺母。

⑤顺时针方向旋转手柄，使针阀在小罐上开个小孔。

⑥若要加注制冷剂，就逆时针方向旋转手柄，使针阀抬起，同时打开歧管压力表的相应手动阀。

⑦若要停止加注制冷剂，就顺时针方向旋转手柄，使针阀下落到刚开的小孔里，使小孔封闭，起密封制冷剂作用，同时关闭歧管压力表上的手动阀。

图 6-35　R134a 注入阀

3. 汽车空调性能诊断仪

汽车空调性能诊断仪可以对汽车空调系统综合性能进行检测，以便分析系统状态，近几年汽车赛事中也常用到此设备，其操作界面与结构如图 6-36 所示。

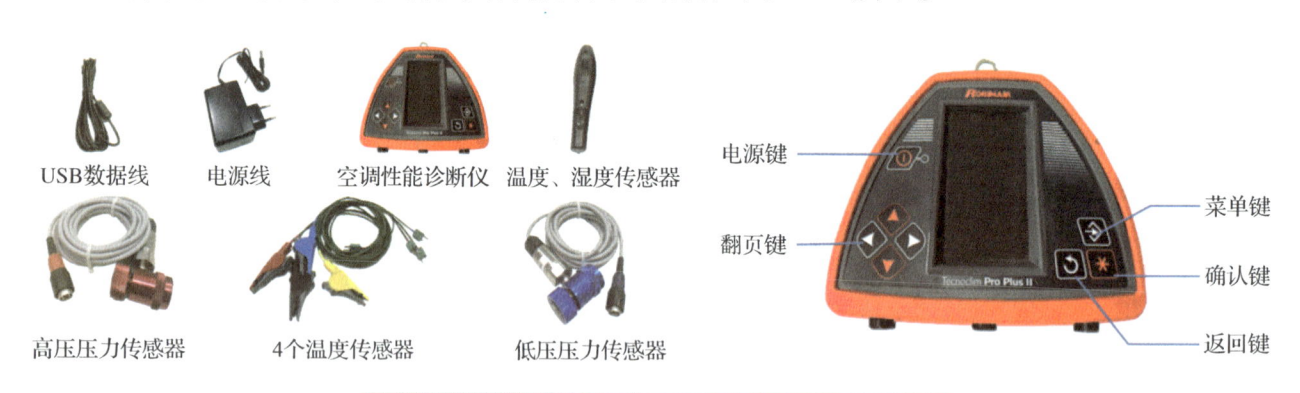

图 6-36　汽车空调性能诊断仪操作界面与结构

（1）组成

汽车空调性能诊断仪主要有主机、高压传感器、低压传感器、温度传感器、电源线和 USB 数据线等组成。

（2）功用

汽车空调性能诊断仪主机用来对空调系统进行诊断、监控、测量；高压压力传感器用来测量空调系统高压侧压力；低压压力传感器测量空调系统低压侧压力；4 个温度传感器分别为：TK1 测量冷凝器入口温度，TK2 测量冷凝器出口温度，TK3 测量膨胀阀入口温度，TK4 测量蒸发器出口温度；温度、湿度传感器（THR 探针）用来测量室内外空气的温度及湿度；电源线给诊断仪充电；USB 数据线用来导出诊断数据。

测量功能：可以对汽车空调系统高、低压侧压力，制冷剂温度，环境温度，通风口空气温度和湿度等进行测量，并同步显示图形或详细数据。

监控功能：可以对汽车空调系统效率、制冷剂液体容量、压缩机进行监控；对膨胀阀、孔型管和蒸发器监控；对线性压力传感器监控（选配）；对变频压缩机监控（选配）。

诊断功能：可以对汽车空调系统测量结果进行自动分析和解释；显示高、低压制冷剂温度，初始状况，效率（出风口）及过热和低温状况。

4. 真空泵

在安装、检修汽车空调制冷系统时，必定会有一定量的空气进入系统，故对系统抽真空十分重要。真空泵的作用就是对制冷系统进行抽真空，抽出制冷系统的空气与水分。真空泵大多采用叶片泵，如图 6-37 所示。

5. 制冷剂回收充注一体机

制冷剂回收充注一体机可完成制冷剂的回收、加注等工作。内部结构包括压力表组、真空泵、回收单元、存储罐、控制模块等。该设备在使用过程中，只能选定一种类型的制冷剂进行操作。制冷剂回收充注一体机外观如图 6-38 所示。

图 6-37 真空泵

图 6-38 制冷剂回收充注一体机外观

6. 制冷剂纯度鉴别仪

制冷剂种类有很多，有 R12（CFC）、R22（HCFC）、R134a（HFC）等类型。汽车空调系统中目前普遍使用的是 R134a（HFC）型。制冷剂的质量对车辆空调系统是否正常运行非常重要，其常用检测设备为制冷剂纯度鉴别仪。可以检验制冷剂的类型、纯度、非凝性气体以及其他杂质；可以鉴别 5 种气体成分，分别是 R134a、R12、R22、HC、AIR（空气），检测结果以纯度百分比显示，精度为 0.1%。常用制冷剂纯度鉴别仪外形如图 6-39 所示。

制冷剂纯度鉴别仪具体操作步骤如下：

①预热。连接电源后设备将自动开机、预热，时间约为 2 min。

②海拔高度设定。在预热过程中根据所在地的海拔高度进行设定，默认为 100 ft（1 ft = 0.304 8 m）。

图 6-39 常用制冷剂纯度鉴别仪外形

③系统标定。预热完成后，系统自动进行标定，时间约为 1 min。

④连接管路。将检测管路与车辆空调系统低压检查口相连。

⑤检测纯度。按 A 键进行检测，约 1 min 后屏幕显示检测结果，检测结果有以下 4 种类型：PASS——制冷剂纯度达到 98% 或更高，通过检验，可以回收；FAIL——R12 或 R134a 的混合物，任一种纯度达不到 98%，混合物太多；FAIL CONTAMINATED——未知制冷剂，如 R22 或 HC 含量 4% 或更多；NO REFRIGERANT—CHK HOSE CONN——空气含量达到 90% 或更高。

当检测出制冷剂中存在"未知制冷剂"或两种以上类型的制冷剂时，表明循环系统中是多种制冷剂的混合物，这种情况下应采用专门的制冷剂回收设备进行回收，或请专业机构进行回收和处理。

7. 切管器

切管器也称割管器，主要用于铜管或铝管等较软金属的切断，如图 6-40 所示。用切管器切出的管口整齐光洁，易于涨管，切割时将要切断的管子夹在刀片与滚轮间，刀刃与管子垂直按顺时针方向旋紧把手，然后将割刀旋转几周，直到管子被切断为止。切割铜管时，要将刀口垂直压向铜管，不要扭歪或扭动，否则很容易将刀口边缘崩裂。

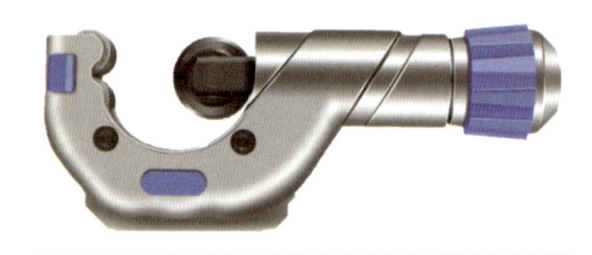

图 6-40 切管器

8. 扩口器

扩口器也称涨管器，主要用于铜管或铝管的扩口（制喇叭口），如图 6-41 所示，将割下的平齐的管子放入与管径相同的孔中，管口朝向喇叭面，旋紧夹具，在顶尖部涂少许润滑油，然后用手柄旋紧，先使其顶尖向下旋 3/4 圈，然后退出 1/4 圈，如此反复进行直到变成 60° 喇叭口。注意：其接触面不应有裂纹和麻点，以防密封不严。

9. 离合器毂夹持器

离合器毂夹持器主要用于拆装空调电磁离合器压盘时，对离合器毂进行固定，如图 6-42 所示。

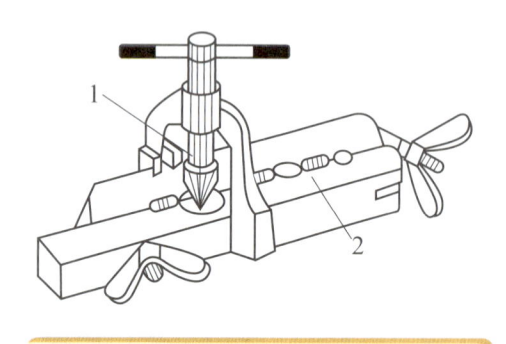

图 6-41 扩口器
1—扩口工具；2—制冷剂固定架

图 6-42 离合器毂夹持器

项目六 汽车空调系统检修

10. 离合器皮带轮拔出器

离合器皮带轮拔出器主要用于拆装空调离合器皮带轮时，把离合器皮带轮与转轴分离，如图 6-43 所示。

11. 空调管路密封塞

空调管路密封塞：汽车空调系统连接管路的维修操作被中途停止时，用于封住管子和部件，以防止污染物或湿气进入，如图 6-44 所示。

图 6-43　离合器皮带轮拔出器

图 6-44　空调管路密封塞

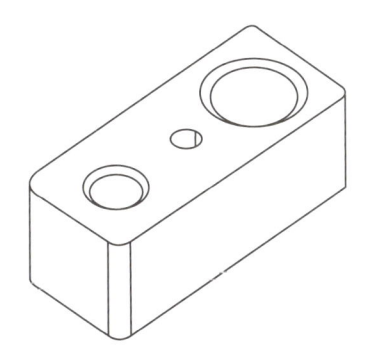

12. 空调管路密封专用工具

空调管路密封专用工具：在断开防火墙处的空调高低压管路与膨胀阀的连接后，用于同时密封此处的高低压管路，以防止污染物或湿气进入，如图 6-45 所示。

13. 蒸发器芯体气密性检测工具

当怀疑蒸发器芯存在泄漏故障时，蒸发器芯体气密性检测工具用于密封蒸发器芯，接通压缩空气后，通过观察气压变化情况来进行蒸发器密封性检测，如图 6-46 所示。

图 6-45　空调管路密封专用工具

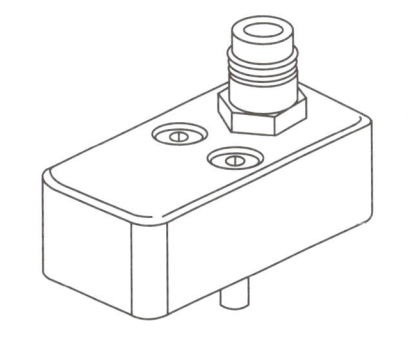

图 6-46　蒸发器芯体气密性检测工具

14. 检漏设备

汽车空调系统检漏设备的作用是对制冷系统进行泄漏检测。汽车空调系统在故障诊断中或者充注制冷剂后，必须进行泄漏检测。汽车空调系统检漏设备主要有电子检漏仪与荧光检

177

漏设备。

使用电子检漏仪对汽车空调系统进行检漏时，若某一位置出现泄漏，仪器会发出蜂鸣声以示警告，通过蜂鸣声的急促程度反映泄漏程度，可以进行灵敏度调节。电子检漏仪外形与操作说明如图6-47所示。

使用荧光检漏设备对汽车空调系统进行检漏时，首先向空调管路中充入定量荧光剂，配合紫外光灯，检查微小渗漏。荧光检漏设备组套工具如图6-48所示。

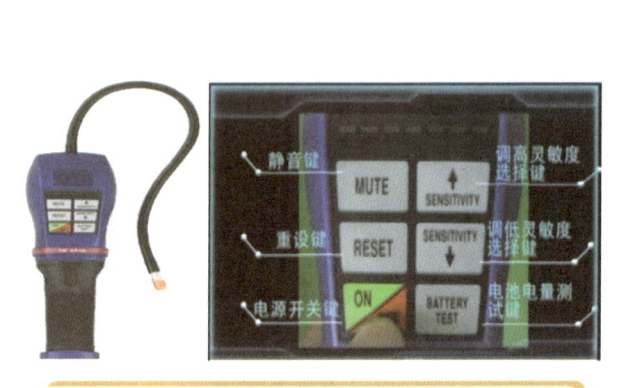

图6-47　电子检漏仪外形与操作说明

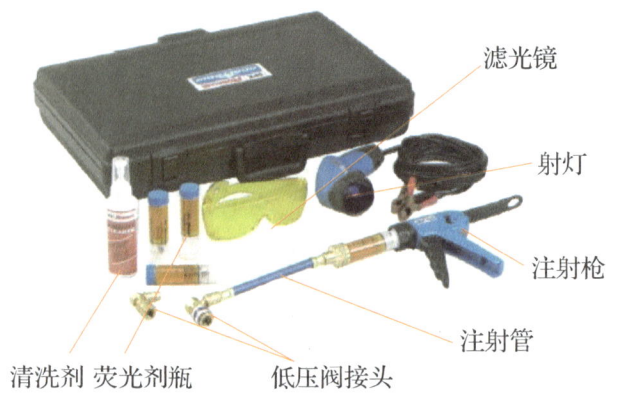

图6-48　荧光检漏设备组套工具

15. 弯管器

弯管器是用于弯曲管径小于20 mm的铜管或铝管的专用工具（若管径大于20 mm，则需用弯管机），如图6-49所示。

操作弯管器时，先将已退火的管子放入弯管器的轮子槽沟内，将槽管沟锁紧（锁上搭扣），慢慢旋转手柄，直至弯曲到所需的角度为止，然后将弯曲好的管子退出弯管器。

16. 倒角器

倒角器是用于去除管内凹收口毛刺的专用扩口工具，如图6-50所示。

使用倒角器去除管内凹收口毛刺时，将倒角器锥形刀刃放入管口内，一手握紧管子，另一手握紧倒角器沿圆周刀刃方向慢慢旋转即可。

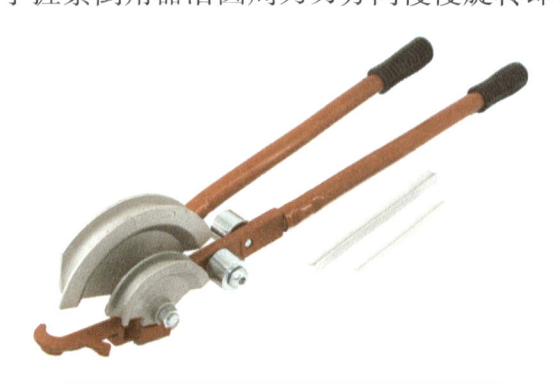

图6-49　弯管器

图6-50　倒角器

17. 扩口器

扩口器是对空调管路进行扩口的专用工具，俗称"支喇叭口"，如图6-51所示。

将管口割平去除毛刺，放于管径相同的孔中，管口朝向喇叭面，管断面露出喇叭口斜面高度1/3的尺寸，将扩口工具两头的螺母旋紧，然后用顶压器的锥形支头压在管口上，其弓架脚卡在扩口夹具内，慢慢旋动螺杆，使管口挤压出喇叭口形。

图6-51 扩口器

二、空调系统常用诊断方法

汽车空调系统类型多样，对其维修的过程中，汽车维修人员总结了许多共性的诊断方法，即"看、听、摸、测"。通过看现象，听声音，摸温度，测数据来进行空调系统故障诊断，总体遵循先易后难，先外后内的检修原则。先进行看、听、摸操作，再进行设备测量，具体应用如下：

1. 看现象

首先通过看故障现象，观察能否发现故障部位和发生故障的器件。在观察空调系统时，首先运转空调系统一段时间，观察储液干燥器观察窗上制冷剂流动状况，正常情况下制冷剂在流动中存在非常轻微的气泡，若存在大量气泡，说明制冷剂不足，应进行制冷剂补充。若观察窗中无任何气泡，呈透明状态表示制冷剂加注过量，应缓慢释放制冷剂直至规定量。如果观察窗中制冷剂流动呈雾状，说明制冷剂中含水量偏高，应更换储液干燥器，重新安装工艺流程加注制冷剂。另外还可以通过观察制冷系统各部件与管路连接处是否存在油渍以判断其密封性。若未能通过观察发现故障部位，则进一步采取其他诊断方法。

2. 听响声

通过听响声可以判断压缩机电磁离合器有无打滑现象，若有打滑噪声，则多为电磁离合器线圈故障，通电后所产生的电磁吸力不足或离合器片磨损引起其间隙过大等原因造成离合器打滑。通过听还可以判断压缩机在运转中是否有液压撞击声，如果存在液压撞击声一般是制冷剂过多或膨胀阀调节开度功能失效导致，液压撞击对压缩机的危害很大，长期运转可能导致压缩机严重机械损坏，应及时加以排除。若系统无异响，则再采取其他诊断方法。

3. 摸温度

利用手的触觉可感受空调系统各部件及连接管路的表面温度，一般情况下空调系统高压管路应呈较热状态，若在某一部位特别热或有较大的温差，说明此处存在堵塞现象。触摸空调系统低压回路应呈现较冷状态，并且管路表面出现冷凝水为正常。左右手同时触摸空调系统高压侧管路和低压侧管路应存在明显温差，若无明显温差，说明空调系统存在泄漏或制冷剂不足的故障。若未能通过触摸方式准确判断故障范围，则继续采取其他诊断方法。

4. 测数据

通过看、听、摸这些方法，只能对系统的运行状态作出定性判断，但要作定量判断，还要借助于仪器和仪表来进行检测。可使用检漏仪检查空调系统各接头处是否泄漏；用万用表检查空调电路故障；用温度计检测蒸发器、冷凝器、储液干燥器的温差变化；用歧管压力表检查空调系统的高、低压侧的压力值。

三、空调系统常见故障诊断与排除

1. 基本检查

制冷系统机械故障主要有皮带打滑、电磁离合器打滑、风扇干涉、机械噪声、系统密封不良等，本着由简到繁的故障诊断原则，应该先对系统进行基本的检查，基本检查参考项目如下：

①检查皮带是否松动，压缩机的安装是否牢固，如图6-52（a）所示。

②检查熔断器、继电器安装是否牢固，是否损坏，开关、线插、接头是否松动、脏污、锈蚀，如图6-52（b）所示。

③冷凝器散热片被灰尘、草叶、昆虫堵塞，应冲洗清除，蒸发器过脏也应清洗，如图6-52（c）所示。

④通过视液窗检视系统内制冷剂量，压缩机刚接通时有少量气泡属正常。管路有否变形、擦伤破损，管路或接头处有油渍表明有泄漏，应检漏，如图6-52（d）所示。

⑤检查各控制元件工作是否正常，控制电路是否正常。

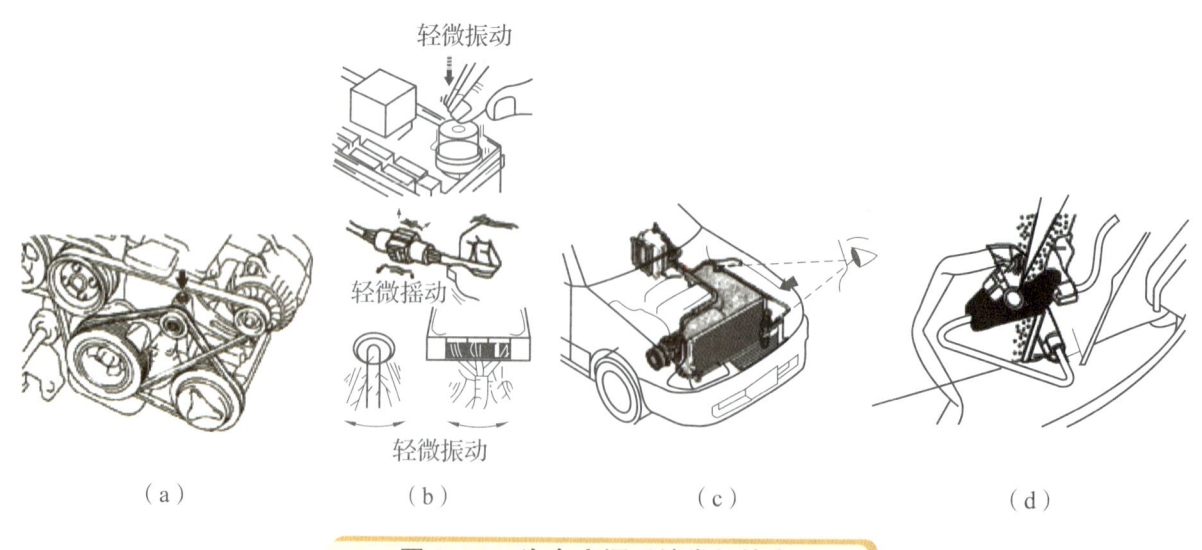

（a）　　　　　　（b）　　　　　　（c）　　　　　　（d）

图6-52　汽车空调系统常规检查

在基本检查结束后，为检查空调的工作状态，还应进行空调的动态检查，核实空调的故障现象，分析可能的故障点，便于进一步检查与维修。动态初步检查的条件是：起动发动机 5~10 min 后启用空调，将进气模式调至外循环，风量调至最大，温度调至最低，运转 5~10 min 后，在运转状态下，运用基本检查方法对空调系统重新进行检查，判断是否发生故障及初步判断故障部位。

2. 制冷系统压力诊断

（1）测试条件

制冷系统压力测试条件如图 6-53 所示。测试条件：发动机处于热车状态；所有车门打开；气流选择器处于 FACE；循环方式位于内循环；发动机转速稳定在 1 500 r/min；鼓风机转速处于最高挡；温度调节处于最冷状态；打开空调（A/C）开关。

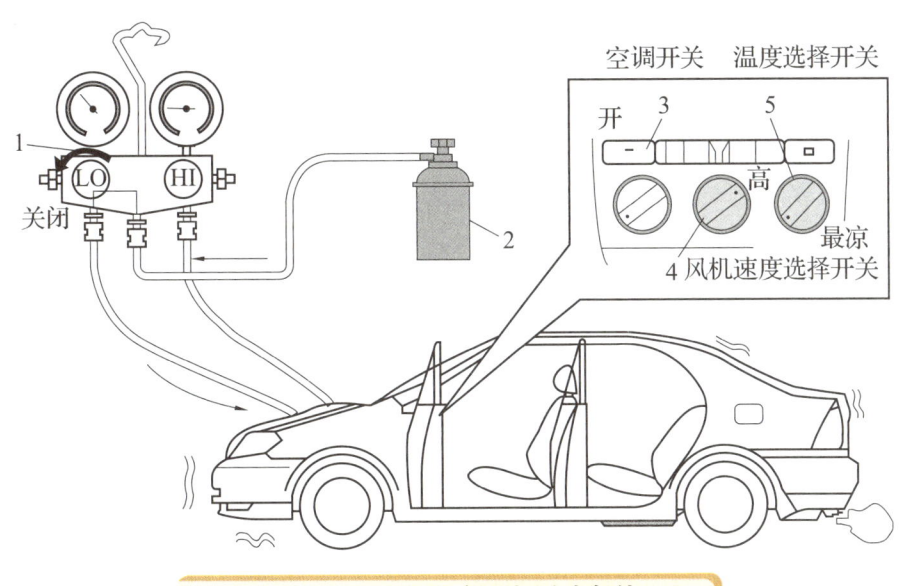

图 6-53 制冷系统压力测试条件

1—歧管压力表；2—制冷剂加注罐；3—空调开关；4—风机速度选择开关；5—温度选择开关

（2）读取测量数值

关闭高、低压手动阀，读取高、低压侧压力表的数值，高压端正常压力值一般为 1.422~1.471 MPa，低压端正常压力值一般为 0.147~0.196 MPa，如图 6-54 所示。

3. 不制冷故障的诊断

故障现象：环境温度高于 4℃时，起动发动机并使转速稳定在 1 500 r/min，运行 2 min 后，打开空调开关、鼓风机开关及冷风开关，此时冷风口无冷风吹出。空调装置不制冷的

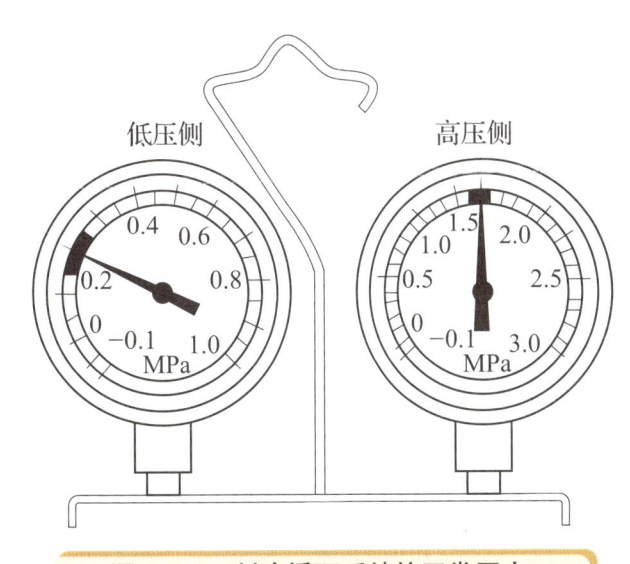

图 6-54 制冷循环系统的正常压力

主要原因有制冷剂完全泄漏、压缩机不工作、管路系统阻塞等原因，对于前两类故障可通过基本检查进行故障判断，对于管路系统阻塞需要借助仪表进行检测判断，如图6-55、图6-56所示。

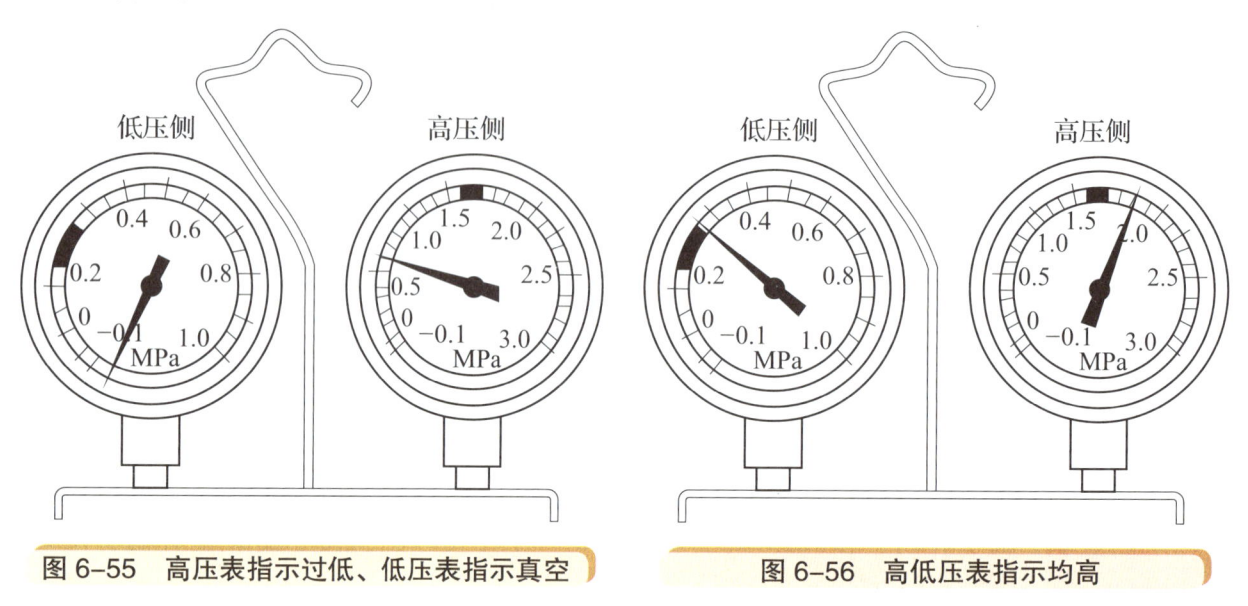

图6-55 高压表指示过低、低压表指示真空

图6-56 高低压表指示均高

管路系统阻塞故障原因分析：对于完全阻塞情况，由于制冷剂没能循环（由于冷冻剂循环阻塞），低压侧表压立刻指示一真空压力，高压侧表压变得低于标准值；阻塞部位前后有温差。对于不完全阻塞情况，若高低压管路测量值与标准值出现偏差，则进一步结合温度测量等方式综合判断故障部位。

故障排除：弄清楚阻塞的原因，如果膨胀阀、冷凝器脏堵，清洗或更换；如果感温包松动，重新绑紧；如果管路折弯，恢复或更换。彻底对系统排空、清洗。

四、空调系统电路分析

汽车空调系统电气故障一般多为电磁离合器、鼓风机、冷却风扇电动机、控制系统元件故障及相关电路故障。尤其是采用自动空调系统的线路较传统手动空调系统复杂了许多，与传统手动空调系统诊断维修存在差异，自动空调系统控制单元具有自诊断和失效保护功能，通过自诊断系统可以方便读取系统故障代码，便于进行下一步的检查和维修。长城哈弗M6汽车采用了自动空调系统，其电路如图6-57所示。

长城哈弗M6汽车空调系统执行元件主要有压缩机、鼓风机、散热风扇、风窗加热等。

长城哈弗M6汽车空调系统传感器主要有车外温度传感器、车内温度传感器、阳光传感器、蒸发器温度传感器等。通过采集传感器信号传递给空调控制单元，空调中压开关和空调高低压开关将空调系统压力信号传递给发动机控制单元，空调控制单元与发动机控制单元通过网关实现通信。

由于压缩机起动会给发动机带来额外负荷，发动机本身也需要利用冷却风扇散热，因此影响压缩机和冷却风扇起动的条件信号（空调高低压开关）直接传送给发动机控制单元，压缩机和冷却风扇由发动机控制单元来具体控制，鼓风机和风窗加热则由空调控制单元来具体控制。

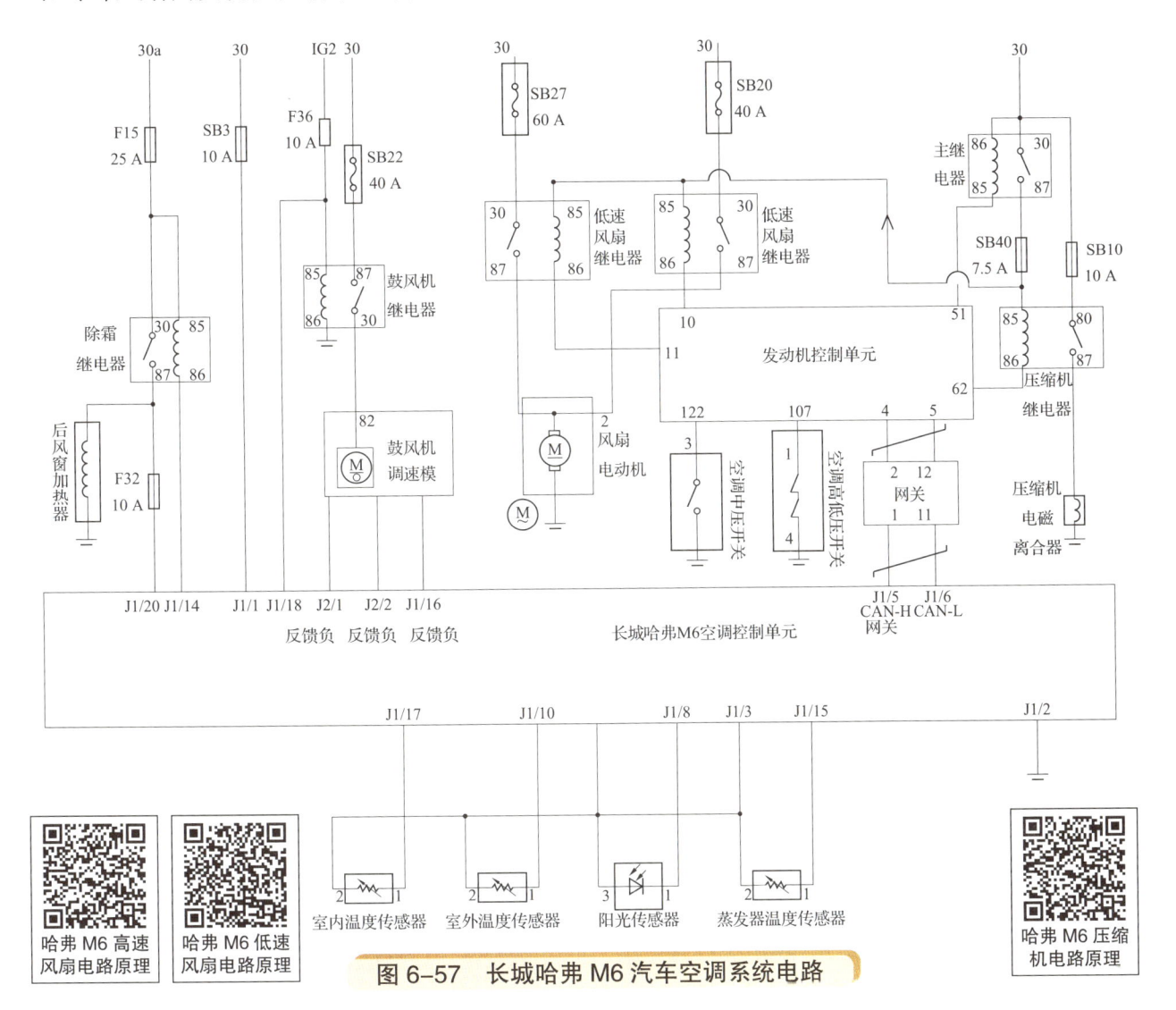

图 6-57 长城哈弗 M6 汽车空调系统电路

1. 压缩机控制

影响压缩机电磁离合器吸合的因素很多，如空调开关信号、室外温度信号、蒸发器表面温度信号、空调管路压力信号等。

空调控制器收到压缩机电磁离合器吸合信号后，首先通过室内外温度传感器、蒸发器表面温度传感器判断温度条件是否符合要求，然后通过 BD-CAN 网络将压缩机电磁离合器吸合信号传送至网关模块，再由网关模块通过 PT-CAN 网络传送至发动机控制单元，发动机控制单元通过空调高中低压开关判断空调管路压力是否符合要求（低压压力 ≥ 0.196 MPa 且高压压力 ≤ 3.14 MPa），以上条件均满足（如果发动机为怠速工况应首先适当提高怠速转速，防止空调压缩机突然介入的额外负荷导致抖动甚至熄火）由发动机控制单元 62 号端子低电平控制压缩机继电器 86 号端子实现搭铁，压缩机继电器触点吸合，电磁离合器工作电流：30 电源 → SB12 → 压缩机继电器触点 → 压缩机电磁离合器 → 搭铁。

2. 鼓风机控制

鼓风机调速模块又称功率模块，长城哈弗 M6 鼓风机调速模块位于杂物箱后侧靠近鼓风电动机位置，鼓风机调速模块与鼓风电动机串联，空调控制单元以占空比的形式控制调速模块的导通程度，从而控制鼓风机的转速，实现无级变速。

首先打开点火开关 IG2 → F36 熔断器 → 给鼓风机继电器线圈和空调控制单元 J1/18 端子完成供电；另一路电流由 30 常火电源 → SB22 熔断器 → 鼓风机继电器触点 87 → 鼓风机继电器触点 30 → 鼓风电动机 → 空调控制模块 J2/2 内部搭铁。空调控制单元通过 J1/16 端子向鼓风机调速模块发送占空比控制信号，从而控制鼓风机实现无级变速。

3. 散热风扇控制

长城哈弗 M6 汽车发动机控制单元，根据空调管路压力等信号，通过控制风扇高速继电器和风扇低速继电器吸合动作，实现散热风扇低速运转和高速运转两级调速，为了保护电路，高速运转电源由 SB27 熔断器供电，低速运转电源由 SB20 熔断器供电。

低速运转：发动机控制单元 10 号端子低电平控制低速风扇继电器 86 号端子，低速风扇继电器触点吸合。风扇低速工作电流：30 电源 → SB20 熔断器 → 低速风扇继电器触点 30 → 低速风扇继电器触点 87 → 风散电动机 2 端子 → 搭铁。

高速运转：发动机控制单元 11 号端子低电平控制高速风扇继电器 86 号端子，高速风扇继电器触点吸合。风扇高速工作电流：30 电源 → SB27 熔断器 → 低速风扇继电器触点 30 → 低速风扇继电器触点 87 → 风散电动机 1 端子 → 搭铁。

4. 风窗加热控制

空调控制单元通过控制除霜继电器实现对后风窗加热器的控制。工作电路：空调控制单元 J1/14 端子低电平控制除霜继电器 86 号端子，除霜继电器触点吸合，加热电流由 30 A 电源 → F15 熔断器 → 除霜继电器触点 30 → 除霜继电器触点 87，之后分两条线路，其中一条线路经后风窗加热器 → 搭铁；另一条经 F32 熔断器 → 空调控制单元 J1/20 端子，空调控制单元以此对后窗加热供电进行监测反馈。

直通高考（知识）

1）以下属于空调系统的元器件是（　　）。
A. 蒸发器温度传感器　　　　　　B. 爆振传感器
C. 水温传感器　　　　　　　　　D. VVT 电磁阀

2）控制空调系统压缩机的控制单元是（　　）。
A. 空调控制单元　　B. 发动机控制单元　　C. 空调面板　　D. BCM

3）空调控制单元以占空比形式通过鼓风机调速模块可以实现鼓风机转速（　　）。
A. 两级变速　　　　B. 三级变速　　　　C. 五级变速　　　　D. 无级变速

4. 影响压缩机工作的是（　　）。
A. 空调高低压开关　　B. 阳光传感器　　C. 鼓风机调速模块　　D. 除霜继电器

技能实训

由于不同车辆的空调系统控制策略有一定差异，因而空调系统电路故障诊断方法和步骤在具体应用时也有差异，本任务以哈弗 M6 汽车空调系统电路故障为例进行练习。

1. 查阅维修资料

在计算机（或其他信息化终端）上打开电子（或纸质）维修手册。

①打开维修手册电子（或纸质）总目录，如图 6-58 所示。

②从目录页找到空调系统目录，如图 6-59 所示。

③从空调系统子目录下可以找到待检修具体部件的引脚定义和拆卸安装方法等，如图 6-60 所示。

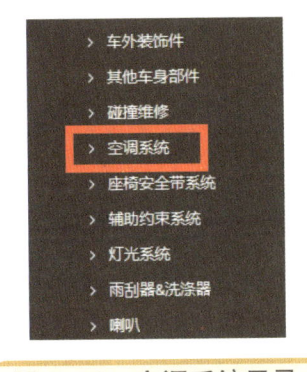

图 6-58　维修手册目录　　图 6-59　空调系统目录　　图 6-60　空调系统子目录

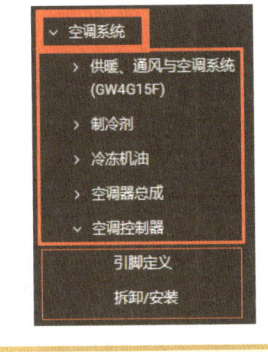

④同样的方法进入子电路图，查找空调系统有关的电路图，如图 6-61 所示。

⑤综合所有与空调系统有关的电路图，分析其工作过程。

压缩机和散热风扇受发动机控制单元的控制，检修这两部分故障时，应在维修手册目录页查询发动机控制系统子目录，查阅方法同上。

2. 相关元件的拆装

（1）空调控制器

①空调控制器的拆卸。断开蓄电池负极；拆卸仪表板左下护板（见图 6-62）；拆卸转向柱护罩（见图 6-63）；断开线束接插件，拆下空调控制器（见图 6-64）。

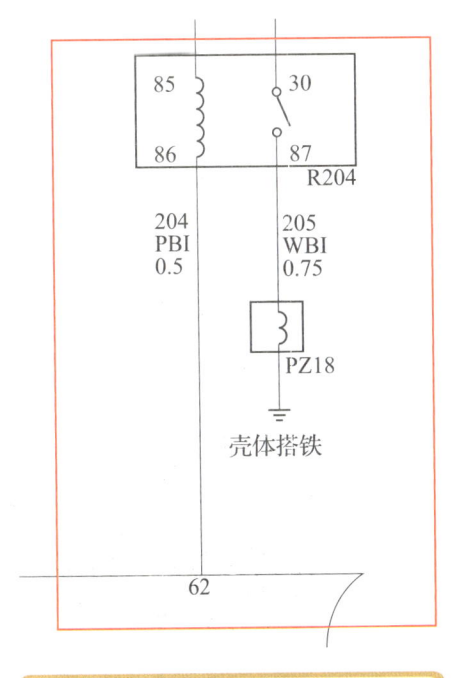

图 6-61　压缩机相关电路

图 6-62　拆卸仪表板左下护板

图 6-63　拆卸转向柱护罩

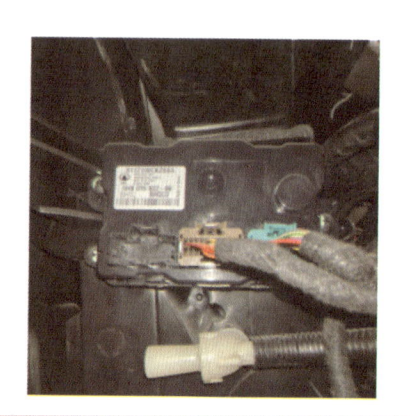

图 6-64　拆下空调控制器

②空调控制器的安装，以与拆卸相反的顺序进行。

（2）发动机控制单元

发动机控制单元插头的拆卸，断开蓄电池负极；断开发动机控制单元线束接插件，如图 6-65 所示。

发动机控制单元插头的安装，以与拆卸相反的顺序进行。

（3）压缩机继电器的位置

如图 6-66 所示，压缩机继电器位于机舱保险盒"R204"位置，具体可以参照保险盒防护罩背面的位置布局图，拆卸时，断电拔下即可。

图 6-65　断开线束接插件

图 6-66　压缩机继电器位置

3. 空调系统故障诊断

由于哈弗 M6 汽车空调系统的压缩机和散热风扇受发动机控制单元的控制，故这两部分故障时，发动控制单元将以故障代码形式进行储存；本部分以散热风扇和压缩机控制部分为例介绍故障诊断流程。发动机控制单元中涉及空调系统故障代码如表 6-1 所示。

表 6-1 发动机控制单元中涉及空调系统故障代码

序号	故障代码	故障描述
1	P063400	冷却风扇 1 驱动芯片过热
2	P063400	冷却风扇 2 驱动芯片过热
3	P064513	A/C 压缩机继电器控制电路开路
4	P064611	A/C 压缩机继电器控制电路对地短路
5	P064712	A/C 压缩机继电器控制电路对电源短路
6	P069100	冷却风扇 1 控制电路电压过低
7	P069200	冷却风扇 1 控制电路电压过高
8	P069300	冷却风扇 2 控制电路电压过低
9	P069400	冷却风扇 2 控制电路电压过高

（1）P063400

故障代码 P063400 的含义是冷却风扇 1 驱动芯片过热，这类故障代码报码的条件是驱动通道自诊断故障。

故障可能原因：冷却风扇继电器控制电路对电源短路；ECM 端对应的冷却风扇继电器控制引脚对电源短路。

空调系统 P063400 故障代码诊断步骤如表 6-2 所示。

表 6-2 空调系统 P063400 故障代码诊断步骤

步骤	操作	是	否
1	把点火开关置于 ON 位置	转第 2 步	—
2	用诊断仪读取 ECM 是否有该故障代码	转第 3 步	排查其他故障代码
3	检查冷却风扇继电器控制电路是否对电源短路	维修线束	转第 4 步
4	检查 ECM 内部芯片是否存在故障	排查故障（ECM）	转第 5 步
5	将点火开关置于"ON"，连接诊断仪发送故障代码清除指令，起动发动机达到检测起动条件，观察故障代码是否再次报出	故障排除，系统正常	重复第 1 步

（2）P064513/ P064611/ P064712

故障代码 P064712 的含义是 A/C 压缩机继电器控制电路对正极短路故障，P064611/P064513 的含义是 A/C 压缩机继电器控制电路对地短路/开路故障；故障代码报码的条件是驱动通道自诊断故障。

故障可能原因：接插件接插不牢或接触不良；空调压缩机继电器控制电路开路；空调压缩机继电器控制电路供电端开路或对地短路；空调压缩机继电器保险熔断或损坏；ECM 端对应的空调压缩机控制引脚开路或内部电路损坏；空调压缩机继电器控制电路发生对正极/对地短路；ECM 端对应的空调压缩机继电器引脚对电源/对地短路。

A/C 压缩机继电器控制电路 P064513/ P064611/ P064712 故障诊断步骤如表 6-3 所示。

表 6-3 A/C 压缩机继电器控制电路 P064513/ P064611/ P064712 故障诊断步骤

步骤	操作	是	否
1	将点火开关置于 ON 位置	转第 2 步	—
2	用诊断仪读取 ECM 是否有该故障代码	转第 3 步	排查其他故障代码
3	检查接插件是否接插不实或接触不良	维修线束	转第 4 步
4	检查空调压缩机继电器控制电路是否开路、对正极/对地短路	维修线束	转第 5 步
5	检查空调压缩机继电器控制电路供电端是否开路或对地短路	维修线束	转第 6 步
6	检查空调压缩机继电器保险丝是否熔断或损坏	更换继电器保险丝	转第 7 步
7	检查 ECM 端对应的空调压缩机控制引脚是否开路或内部电路损坏	检修 ECM	转第 8 步
8	将点火开关置于 ON 位置，连接诊断仪发送故障代码清除指令，起动发动机达到检测起动条件，观察故障代码是否再次报出	故障排除，系统正常	重复第 1 步

（3）P069100/P069200/P069300/P069400

故障代码 P069100/P069200 的含义是冷却风扇 1 控制电路电压过低/过高故障，P069300/P069400 的含义是冷却风扇 2 控制电路电压过低/过高故障；故障代码报码的条件是驱动通道自诊断故障。

故障可能原因：低速/高速冷却风扇继电器控制电路对正极/对地短路；ECM 端对应的低速冷却风扇继电器控制引脚对地短路。

冷却风扇 P069100/P069200/P069300/P069400 故障诊断步骤如表 6-4 所示。

表 6-4 冷却风扇 P069100/P069200/P069300/P069400 故障诊断步骤

步骤	操作	是	否
1	将点火开关置于 ON 位置	转第 2 步	—
2	用诊断仪读取 ECM 是否有该故障代码	转第 3 步	排查其他故障代码
3	检查低速/高速冷却风扇继电器控制电路是否对正极/对地短路	维修线束	转第 4 步
4	检查 ECM 端对应的低速/高速冷却风扇继电器控制引脚是否对正极/对地短路	排查故障（ECM）	转第 5 步
5	将点火开关置于 ON 位置，连接诊断仪发送故障代码清除指令，起动发动机达到检测起动条件，观察故障代码是否再次报出	故障排除，系统正常	重复第 1 步

直通高考（技能）

1）当制冷系统由于某种原因而导致管路内制冷剂压力出现异常时，（　　）会自动切断电磁离合器电路而使压缩机停止工作。

A. 温度控制器　　B. 环境温度开关　　C. 压力开关　　D. 时间-温度继电器

2）A/C 压缩机继电器控制电路相关的故障码应该进入（　　）中读取。

A. 空调控制单元　　B. 发动机控制单元　　C. BCM　　D. 网关

任务实施

扫码并参照本教材配套工作页中的项目六任务 2——汽车空调系统检修，实施任务。

工作页-汽车空调系统检修

拓展阅读

新能源汽车的热管理系统

汽车热管理系统是调节汽车座舱环境（温度、湿度等）以及汽车零部件工作环境的重要系统。热管理系统通过制冷、制热和热量内部传导的集中控制方式，综合提升能源利用效率，提升座舱舒适度，保障车辆驱动系统（电动机、电池系统等）在适宜的温度下工作，优化车内热量传递和利用。

以国产比亚迪新能源汽车为例，如图 6-67、图 6-68 所示。电池热管理系统可以根据电池的物理特性和充电加热系统自动调节温度。在实时监测电池热管理系统、空调系统等热管理系统状态参数的同时，还可以基于电池的数学模型算法，根据电池组模块在当前工况下的温度，预测一定时间内的电池组表面温度和内部温度变化趋势。

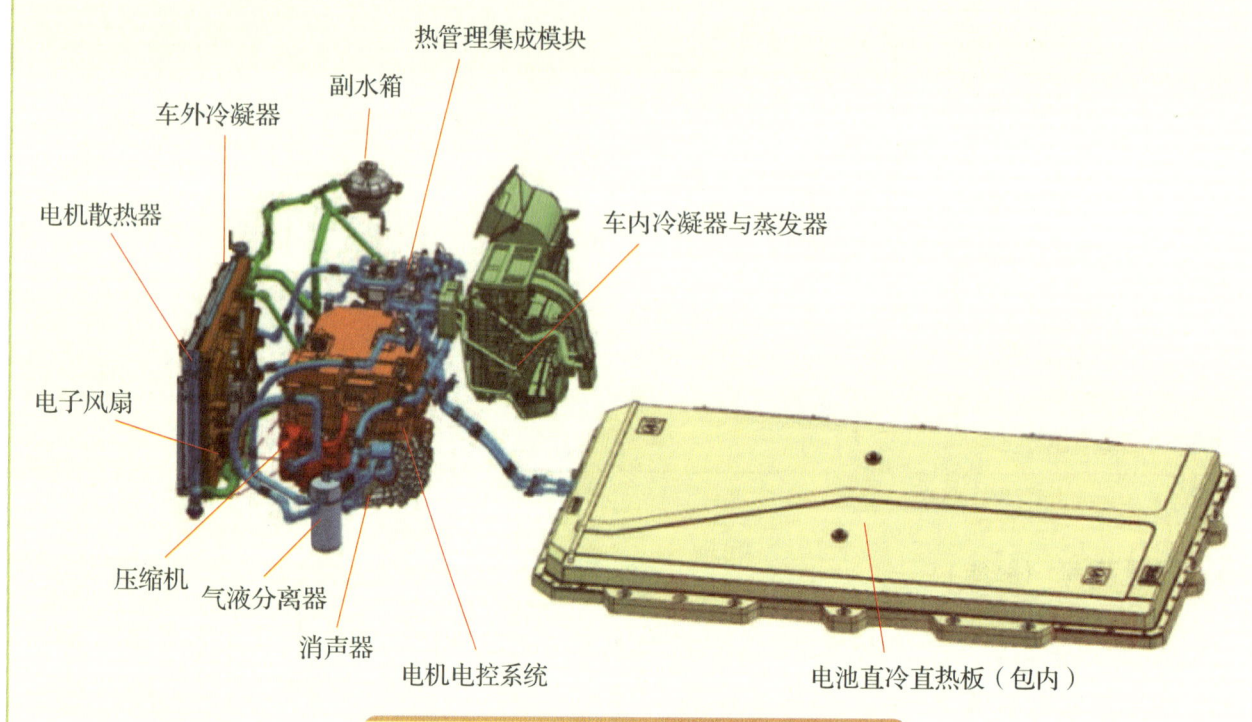

图 6-67 比亚迪汽车热管理系统结构

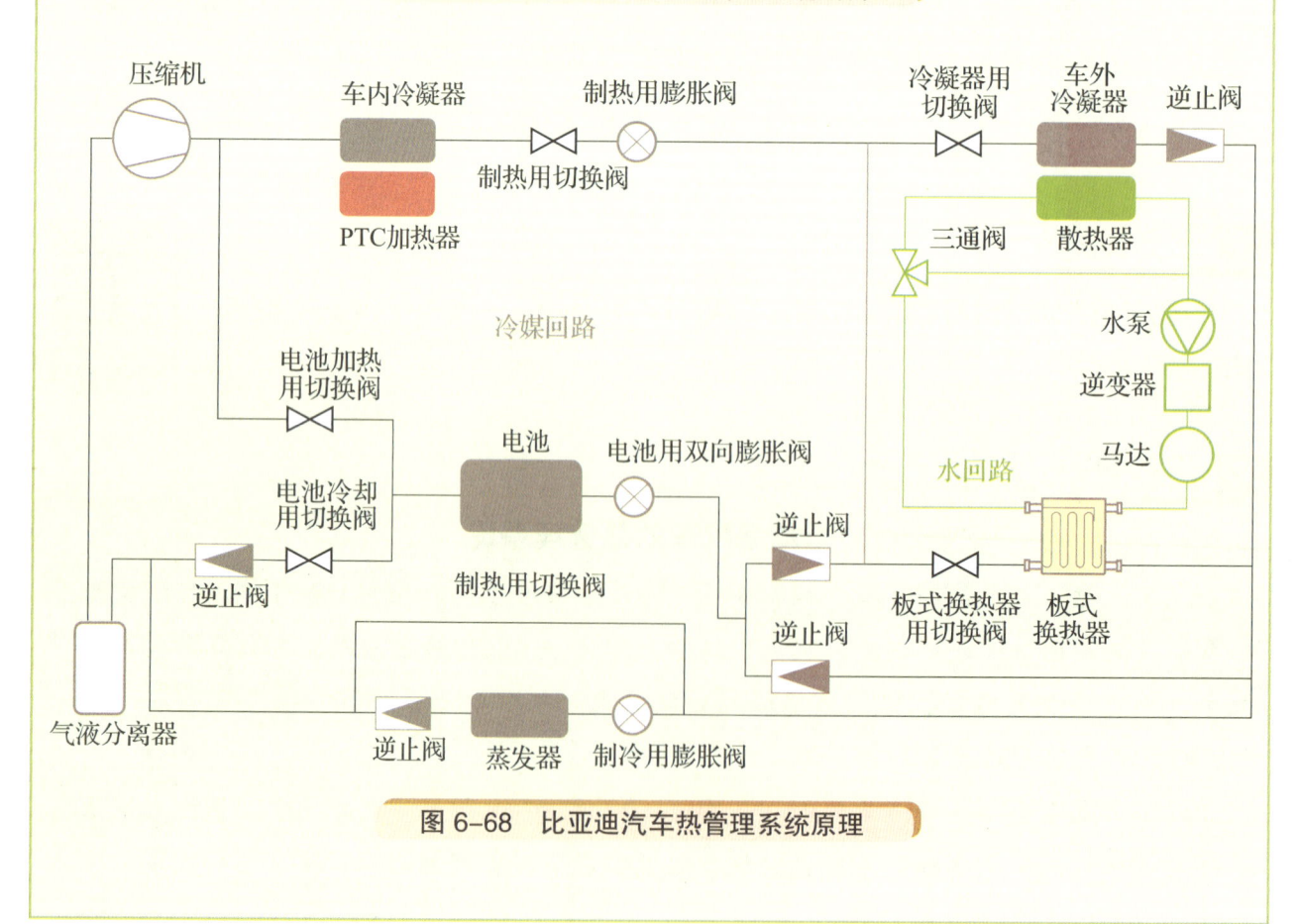

图 6-68 比亚迪汽车热管理系统原理

热管理系统可以在过高或过低的温度下，改变整车的能量控制和冷却策略，提高电池的安全性和使用寿命。当电池的散热需求不高时，通过预测电池温度的变化率，提前控制冷却水泵降速和减少运行时间，从而降低整车能耗，增加续航里程。

热管理系统可以在环境温度过低的状态下，有效地节能并保证整车动力电池系统的安全正常运行；在环境温度偏高时，通过实施多级冷却电池的策略，可以在不同电池温度下合理调整整车的冷却强度，达到调节温度的目的；若电池组温度还偏高，则进一步通过液冷方式将电池组温度控制在35 ℃以内，电池寿命将比50 ℃工况提高30%，从而实现全气候条件下的温度控制。

比亚迪通过自主设计的智能温度控制系统，成功地保证了电池在大多数环境条件下都能在合适的温度范围内工作，解决了电池夏季高温自燃、冬季低温充电不良、容量大幅衰减的难题。通过优化电池系统结构设计，大大改善动力电池系统在低温下的热绝缘性能，减少了低温环境下的充电时间。目前这项技术搭载在比亚迪e3.0平台上。

主题探究

1940年，车用空调第一次搭载在汽车上，空调可以快速降低车内空间的温度，提高驾乘人员的舒适度。经过半个多世纪的发展，汽车空调从最初应用于豪华汽车，逐渐发展成为乘用汽车的标配，随着汽车的大量生产，空调制冷剂使用量也越来越大。人们研究发现，制冷剂如果大量散发到空气中，会严重破坏大气层中的臭氧层，造成温室效应，其替代品的研制已成为近年来国际制冷界的研究重点。

随着科技的进步和人们环保意识的不断提升，汽车空调制冷剂通过人类不断研发改进，目前广泛使用的汽车制冷剂对环境的影响已经得到大幅降低。绿水青山就是金山银山，请你查阅相关资料，阅读相关新闻，向同学们分享汽车上还有哪些技术是响应人们环保意识提升，而不断进行技术革新的。

项目小结

1. 知识小结

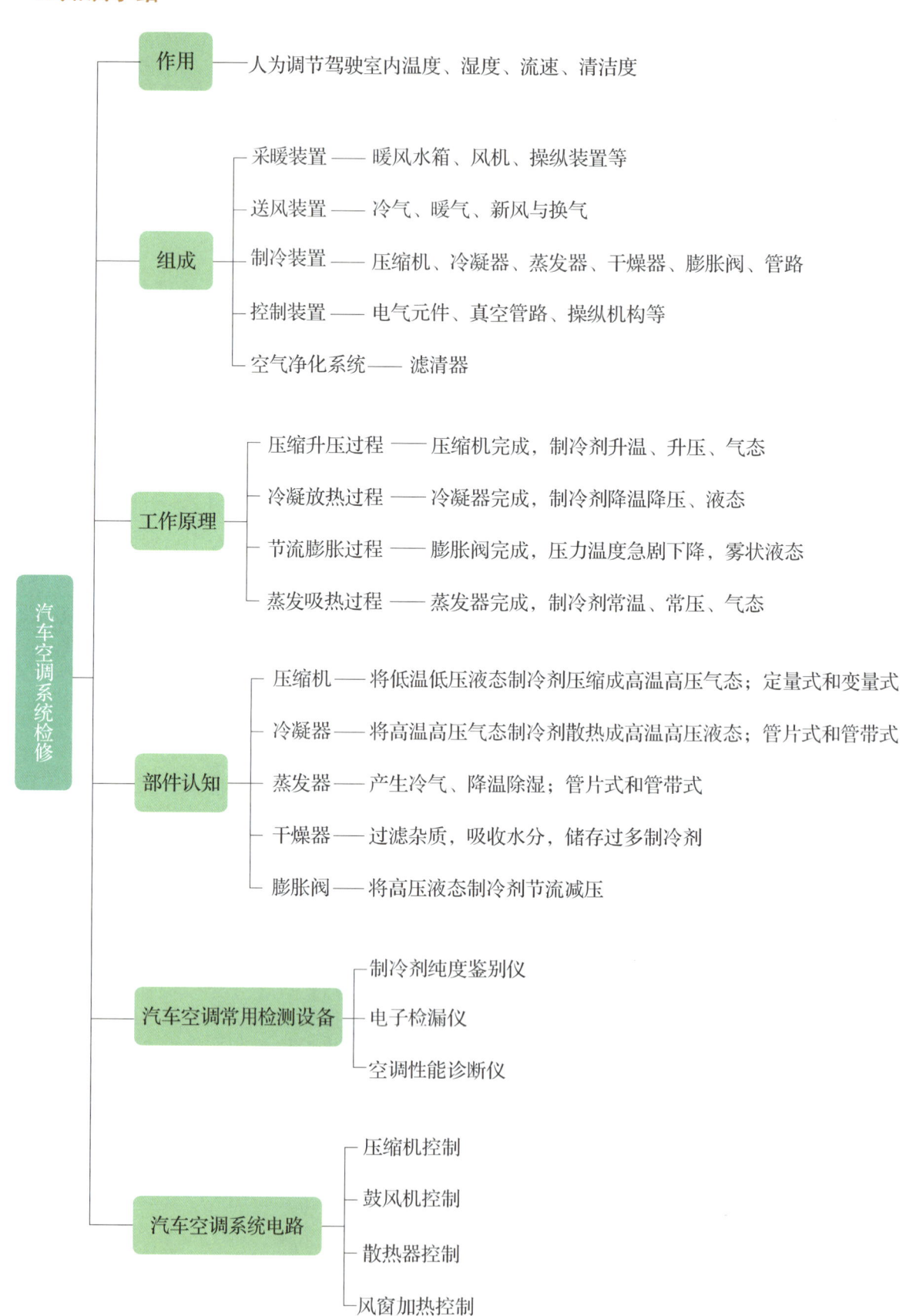

汽车空调系统检修
- 作用 —— 人为调节驾驶室内温度、湿度、流速、清洁度
- 组成
  - 采暖装置 —— 暖风水箱、风机、操纵装置等
  - 送风装置 —— 冷气、暖气、新风与换气
  - 制冷装置 —— 压缩机、冷凝器、蒸发器、干燥器、膨胀阀、管路
  - 控制装置 —— 电气元件、真空管路、操纵机构等
  - 空气净化系统 —— 滤清器
- 工作原理
  - 压缩升压过程 —— 压缩机完成，制冷剂升温、升压、气态
  - 冷凝放热过程 —— 冷凝器完成，制冷剂降温降压、液态
  - 节流膨胀过程 —— 膨胀阀完成，压力温度急剧下降，雾状液态
  - 蒸发吸热过程 —— 蒸发器完成，制冷剂常温、常压、气态
- 部件认知
  - 压缩机 —— 将低温低压液态制冷剂压缩成高温高压气态；定量式和变量式
  - 冷凝器 —— 将高温高压气态制冷剂散热成高温高压液态；管片式和管带式
  - 蒸发器 —— 产生冷气、降温除湿；管片式和管带式
  - 干燥器 —— 过滤杂质，吸收水分，储存过多制冷剂
  - 膨胀阀 —— 将高压液态制冷剂节流减压
- 汽车空调常用检测设备
  - 制冷剂纯度鉴别仪
  - 电子检漏仪
  - 空调性能诊断仪
- 汽车空调系统电路
  - 压缩机控制
  - 鼓风机控制
  - 散热器控制
  - 风窗加热控制

2. 技能小结

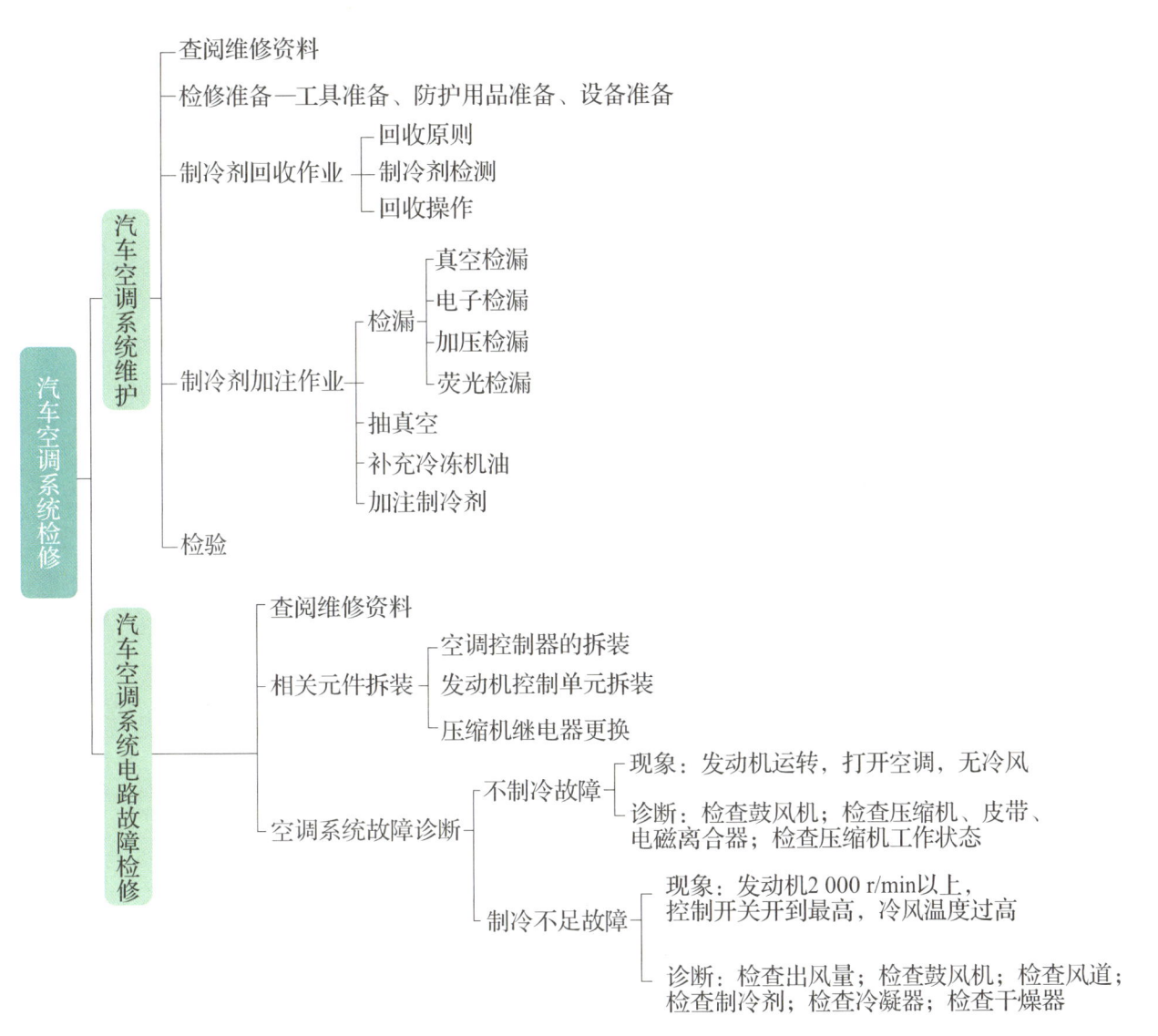

汽车空调系统检修
- 汽车空调系统维护
  - 查阅维修资料
  - 检修准备—工具准备、防护用品准备、设备准备
  - 制冷剂回收作业
    - 回收原则
    - 制冷剂检测
    - 回收操作
  - 制冷剂加注作业
    - 检漏
      - 真空检漏
      - 电子检漏
      - 加压检漏
      - 荧光检漏
    - 抽真空
    - 补充冷冻机油
    - 加注制冷剂
  - 检验
- 汽车空调系统电路故障检修
  - 查阅维修资料
  - 相关元件拆装
    - 空调控制器的拆装
    - 发动机控制单元拆装
    - 压缩机继电器更换
  - 空调系统故障诊断
    - 不制冷故障
      - 现象：发动机运转，打开空调，无冷风
      - 诊断：检查鼓风机；检查压缩机、皮带、电磁离合器；检查压缩机工作状态
    - 制冷不足故障
      - 现象：发动机2 000 r/min以上，控制开关开到最高，冷风温度过高
      - 诊断：检查出风量；检查鼓风机；检查风道；检查制冷剂；检查冷凝器；检查干燥器

参考文献

[1] 陈家瑞. 汽车构造（下册）[M]. 北京：机械工业出版社，2005.

[2] 王升平，胡胜，姚建平. 汽车电气设备构造与维修[M]. 北京：机械工业出版社，2020.

[3] 楚庆华，周胜奇，豆建芳. 汽车电气设备构造与维修[M]. 南京：江苏大学出版社，2017.

[4] 周建平，悦中原. 汽车电气设备构造与维修[M]. 北京：人民交通出版社，2021.

[5] 刘冬生，黄国平，黄华文. 汽车电气设备构造与维修[M]. 北京：机械工业出版社，2022.

[6] 刘淑军，路进乐. 汽车电气设备构造与维修[M]. 北京：机械工业出版社，2021.

[7] 白鹏飞. 汽车电气设备构造与维修[M]. 北京：机械工业出版社，2019.

[8] 徐淼，姚东伟. 汽车电气设备构造与维修[M]. 北京：化学工业出版社，2021.

[9] 朱学军. 汽车电气设备构造与维修[M]. 北京：中国劳动社会保障出版社，2021.

[10] 欧明文，戴璐，熊少华. 汽车电气设备检修[M]. 北京：中国轻工业出版社，2022.

[11] 于万海. 汽车电气设备原理与检修[M]. 北京：电子工业出版社，2019.

[12] 盛国超，徐腾达. 汽车电气设备构造与检修[M]. 北京：机械工业出版社，2021.

[13] 占百春，徐兴振. 汽车车身电气设备检修[M]. 北京：人民交通出版社，2021.